W0069587

Janssens Tee Almanach

Wir danken Herrn Walter Exner und
Herrn Günter W. Peitscher für ihre Unterstützung
bei der bildlichen Ausstattung des Buches.

Herrn Bert Boege danken wir für die
Erstellung der Landkarten im Kapitel 4.

Originalausgabe
Copyright © 2003 by
Felicitas Hübner Verlag GmbH, Lehrte
1. Auflage Mai 2003, Nachdruck November 2005

Lektorat: Peter Hübner, Waldeck

Druck: Fuldaer Verlagsanstalt GmbH & Co. KG, Fulda

Felicitas Hübner Verlag GmbH
Hagenstr. 10, D-31275 Lehrte
Tel. 05132-83 99-0   Fax 05132-83 99-69
E-Mail: info@fh-verlag.de
www.fh-verlag.de

Alle Rechte vorbehalten.
Auch die auszugsweise Veröffentlichung
oder Reproduktion jedweder Art,
abgesehen von Rezensionszitaten,
bedarf der Genehmigung des Verlages.

ISBN 3-927359-85-8

Ernst Janssen

JANSSENS
TEE ALMANACH

Genuss – Gesundheit – Geschichte

Viel Freude u. Genuß
wünscht

Ernst Janssen

Felicitas Hübner Verlag

Auszeit

Gedanken,
unbiegsam heute,
erstarrt im Tag,
gebrochen im Lärm.

Gedankensplitter,
gebohrt ins Gestern,
geschossen ins Morgen,
unachtsam gestreut
auf die Felder der Furcht
und der Fragen.

Und nun ?

Ein Duft ruft,
eine Wärme verheißt,
Zerstreutes
fügt sich zum Ganzen,
gedeiht im Augenblick.
Vor mir
die Tasse Tee.

Sabine Krüger

Inhalt

Vorwort 9
1. Richtig Trinken 11
2. Die Geschichte des Teetrinkens 15
    Die Wurzeln der Teekultur 15
    Tee erobert das Abendland 32
3. Die Teepflanze 72
    Camellia sinensis var. bohea – die Chinapflanze 78
    Camellia sinensis var. japonica – die Japanpflanze 80
    Camellia sinensis var. assamica – die Assampflanze 81
    Teepflanzungen in Europa und Nordamerika 86
    Konventioneller oder ökologischer Teeanbau 86
4. Teeanbaugebiete 91
    China 92
    Japan 100
    Indien 101
    Sri Lanka (Ceylon) – Insel südlich des indischen Kontinents 106
    Afrika 111
    Teeanbau – andere Länder 115
5. Echter Tee – die unterschiedlichen Arten 121
    Grüner Tee 121
    Postfermentierter Tee (Pu' Erh Tee) 122
    Halbfermentierter Oolong Tee (Brauner Tee) 123
    Vollfermentierter Schwarzer Tee (Roter Tee) 124
    Blüten- und Gewürztee 126
    Aromatisierter Grüner und Schwarzer Tee 126
6. Der Teemarkt heute 127
    Weltwirtschaftliche Fakten 128
    Ökologische Hintergründe – soziale Vernetzungen 132
    Teatasting – das Teeverkosten 135
    Teatasters Jargon – Fachsprache der Teekoster 138
    Qualitätsbezeichnende Fachausdrücke 139
    Das Märken von Teepartien 152
7. Tee medizinisch und ernährungsphysiologisch 154
    Wirkstoffe in Grünem und Schwarzem Tee 154
    Beschreibung einiger Teewirkstoffe 155
    Medizingeschichtliches rund um das Teetrinken 163
    Neue medizinische Erkenntnisse über Grünen und Schwarzen Tee 170
    Rückstandsbelastungen in Tee 175

8.   Tipps und Tricks fürs Teetrinken 179

    Teekanne und Teetasse, welches Material ist geeignet? 179

    Wie viel Teeblätter pro Liter? 182

    Die richtige Ziehzeit 182

    Welche Aufbrühtemperatur ist richtig? 184

    Aufbrühmethoden – Tipps und Tricks aus der Praxis 186

    Hartes oder weiches Wasser 188

    Planung der täglichen Trinkmenge 190

    Tee auf Eis – Tee heiß 192

    Ist Tee für Kinder geeignet? 193

    Teegenuss in der Schwangerschaft und Stillzeit 194

    Wer darf keinen Tee trinken? 195

    Zucker, Sahne, Zitrone, Alkohol in Tee? 197

    Süßen mit Süßstoff 201

    Stevia rebaudiana – zuckersüßes Kraut 205

    Nützliches Zubehör für mehr Teegenuss 212

9.   Welche Teeart – Hilfe zur Entscheidungsfindung 217

    Die verschiedenen Teearten 219

    Die Teesorten verschiedener Anbaugebiete 221

    Teeähnliche Erzeugnisse 227

10.   Weitere Teearten 231

    Rooibostee – das Nationalgetränk Südafrikas 231

    La Pacho – Tee vom »Baum des Lebens« 236

    Mate Tee – Folia Mate – Jesuitertee 242

    Pu' Erh Tee – postfermentierter Tee 246

    Cystus 254

11.   Tee in der Gastronomie und Hotellerie 258

12.   Verschiedene Teerituale 260

    Chinesische Teestunden 260

    Japanische Teestunden 264

    Tibetanischer Buttertee 269

    Englische Teestunden 270

    Orientalische Teestunden 272

    Russische Teestunden 273

    Friesische Teestunden 274

Zum Ausklang 276

Literaturangaben 279

Bildquellen 280

Index 281

Vorwort

Viele Jahre habe ich die mir erreichbare populäre und Fachliteratur zu Tee gesammelt, gesichtet und für mich bewertet. Von Quelle zu Quelle gewahrte ich zunehmend widersprüchliche Aussagen. Insbesondere in der vermeintlich richtigen Aufbrühtechnik, der Beachtung von Ziehzeiten und Blattmengen, der Aufbrühtemperatur, sowie in der Beschreibung von Anbau und Produktionsprozessen tat sich ein Widerspruch nach dem anderen auf. Unterschiedliche Meinungen auch in den medizinischen Ansichten zu Tee. Auch stimmten Fakten zur Teegeschichte unterschiedlicher Quellen nicht miteinander überein.

Vor einigen Jahren beschloss ich, alles relevante Wissen über Tee datenbankgestützt zu erfassen. Insbesondere auch die Daten, welche die geschichtliche Entwicklung des Teekults betreffen. Und so entstand aus einem anfänglich groben Raster ein immer feineres. Und die Sache wurde angesichts des tieferen Einblicks immer spannender.

Ich fand heraus, dass Tee gleichermaßen Konsum- wie Kulturprodukt ist. Ein Getränk, das enger mit der soziokulturellen und medizinischen Entwicklung unserer abendländischen Welt verbunden ist, als es oberflächlich scheint.

Ich fand Antworten, die mich immer tiefer ins Thema führten und die mehr und mehr neue Fragen aufwarfen. So wurde aus dem einmal locker begonnenen Buchprojekt eine über sechs Jahre währende Expedition. Und die Herausgabe meines Teebuches, auf das viele Teefreunde warten, wurde dann noch durch ein privates Ereignis, das mich zeitlich zurückwarf, weiter hinausgeschoben.

Mir liegt besonders daran, Teekonsum im Licht der modernen Ernährungskunde einer auf Fitness und körperlich-geistigen Leistungserhalt bedachten Leserschaft näher zu bringen. Altes, längst überholtes Teewissen möchte ich neu bewerten und gegebenenfalls korrigieren, anstatt, wie in vielen Büchern leider immer noch gegeben, selbiges neu verpackt nochmals aufzuwärmen.

Manch Teehändler mag mit einigen meiner Äußerungen, z. B. in Bezug auf den meiner Meinung nach bedenklichen Konsum feinkrümelig gebröselter Schwarzer Tees oder wenn es mir um konsequentere Förderung bio-organischen Teeanbaus geht, nicht konform gehen. Doch wir können es uns heutzutage nicht mehr leisten, alles einfach so zu lassen, wie es war und ist. Mit dieser Einstellung käme man nie zu neuen An- und Einsichten, die in jeder Branche bitter nötig zur Bewältigung dringender Zukunftsprobleme sind.

Der vorliegende TeeAlmanach bedarf künftiger Fortschreibung. In diesem Sinne bin ich allen Lesern für eine Benennung und Überlassung von neuen Quellen und Hinweisen zur gesamten Teekultur und den wissensverwandten Gebieten, auch für Kritik, sehr dankbar.

Besonderen Dank sage ich Dr. Michael Dudley als Verfasser des ersten Teils der Teegeschichte.

Dem Leser empfehle ich zur Lektüre ein paar gute Tassen geistig belebenden Tees. Am besten Grünen Tee.

Verehrte Leserschaft: ... sollte Sie der Weg einmal nach Sylt führen, besteht die Möglichkeit der Teilnahme an einem meiner wöchentlich mehrfach stattfindenden Teeseminare. Informationen zu meinen Seminarterminen erhalten sie unter www.lustauftee.de (Abteilung Teebuch/Seminartermine) oder unter www.sylt-news.de.
Auf Absprache gebe ich auch Teeseminare fernab von Sylt oder stehe als Berater teefachlich zur Verfügung.

Im April 2003

Ernst Janssen
freier Journalist, Teetester
Teeseminare

Telefon: 04651-299811
Adressse: Strandstraße 25
              25980 Westerland auf Sylt

1.   Richtig Trinken

Die kostbare Gabe des Wassers erscheint uns Zivilisationsmenschen heute wie selbstverständlich. Über 70 % der Erde sind von Wasser bedeckt. Doch davon zählen nur 3 % zu den Trinkwasserreserven. In ebenso hohem Maße bestehen auch Pflanze, Tier und Mensch aus Wasser, das zum Erhalt aller lebenswichtigen Funktionen etwa alle 20 Tage gegen neues Wasser rundum ausgewechselt werden muss. Ohne diesen alle Lebensfunktionen bedingenden Wasseraustausch würden die in der Zellerneuerung ständig auch »Abfallstoffe« produzierenden Körperzellen erkranken. 1,5 bis 2,5 Liter Neubewässerung müssen darum bei ca. 60 kg Körpergewicht täglich getrunken werden.

Nicht jede Flüssigkeit ist für gesunden Wasseraustausch geeignet. Unsere Grundgetränke sollten möglichst so ausgewählt sein, dass sie überwiegend keine »sauer« reagierenden Anteile wie Zucker, Alkohol oder Röststoffe aus Kaffee enthalten. Denn eine Zufuhr solcher, über Jahre hinweg, führt zu Mangel an Mineralen und Vitamin B. Für den täglichen Trinkkonsum sollte darum reinem Quellwasser, stillem Wasser (in Flaschen) oder sauberem Leitungswasser der Vorzug eingeräumt werden. Und natürlich Getränken, die aus solchem hergestellt werden wie z. B. Kräuter- und Früchtetee sowie mild gebrühtem Grünem und Schwarzem Tee. Obst- und Gemüsesäfte sind Konzentrate, die einer hälftigen Wasserverdünnung bedürfen, um geeignet zu sein. Limonadengetränke sind von sauer reagierenden Zuckeranteilen belastet. Alkohol reagiert ebenfalls stoffwechselsauer und somit krankheitsfördernd. Zudem lösen Kaffee und Alkoholika eine stärkere Entwässerung als Neubewässerung aus und fördern somit die Austrocknung. Maßstab für die Beurteilung der Eignung von Getränken ist die Urlösung allen Lebens, das Meerwasser. Es reagiert mit pH-Wert 7,4 basisch leicht überschüssig genau so wie das Wasser in unseren Körperzellen und unser Blut.

Trinkwasser in Gefahr

Mit qualitativ hochwertigem, reinem Wasser kann es auf unserem Planeten sehr bald zu Ende gehen. Ich meine mit hochwertig nicht die unser Leitungs-Trinkwasser gelegentlich belastenden Karbonatanteile, welche Wasser hart und für aromatische Lösung wichtiger Pflanzenstoffe z. B. aus Tee wenig brauchbar machen. Vielmehr stellt die globale Anwendung von Giften in Landbau, Industrie und Haushalten eine ernst zu nehmende Gefährdung für die Qualität unseres

Grundwassers und der gesamten Biosphäre dar. Hinzu kommt die Boden- und Trinkwasserbelastung durch die massenhafte Ausbreitung von Gülle und Jauche aus der Tierhaltung, deren atmosphärische Ausdünstungen für große Anteile der Ozonlochproblematik verantwortlich sind. Was viele veraltete Trinkwasser-Leitungssysteme an Wasserqualität dem Endverbraucher liefern, ist zusätzlich von giftigen Absonderungen feinstofflich belastet. Wasserforscher bezeichnen Leitungswasser heute gelegentlich auch als »Totes Wasser«, das mit jenem aus frischem, reinem Quell nichts gemein habe. Und in der Tat, aus belebtem Quell schmeckt es wirklich besser.

Reines Wasser – keine Selbstverständlichkeit

Trinkwasser bildet den Hauptanteil aller täglich aufgenommenen Nahrung. Es ergibt darum wenig Sinn, von Gemüse- und Getreideprodukten oder anderen Lebensmitteln größtmögliche Rückstandsreinheit zu fordern und zur Wasserqualität keine gleich lautenden Forderungen aufzustellen. Wie heute schon in den USA, wird künftig die Sorge um Trinkwasserreinheit dem einzelnen Haushalt vorbehalten bleiben, zum Beispiel durch entsprechende Investition in Wasserreinigungs- und Belebungstechnik: kleinere Gerätschaften, die unter dem Spültisch mit separater Entnahmestelle am Spülbecken installierbar sind und Trinkwasser sauber aufbereiten und beleben. Bei korrekter Installation liefern sie zumindest so viel sauberes Wasser, dass es für Tee und andere Ernährungszwecke reicht. Absolut reines, im Stoffwechsel besonders reaktionsfreudiges Wasser liefern Osmose-Membranfilter. Für entsprechende Wasseraufbereitung sind pro Haushalt Investitionen von jährlich 100-300 Euro nötig. Näheres hierzu unter www.lustauftee.de (Teebuch/Wasseraufbereitung).

Krank und debil durch Wassermangel

Reines Wasser hält alles in Fluss. Besonders entzündliche Erkrankungen nehmen bei zu geringer täglicher Gesamtwasseraufnahme an Intensität und Häufigkeit zu. Rekonvaleszenzzeiten verlaufen bei Wassermangel schleppender. In erschreckendem Ausmaß trocknen viele, besonders ältere Menschen heute aufgrund jahrelang antrainierter Trinkfaulheit gefährlich aus. Sie werden durch Wasserentzug immer öfter, schwerer und lang anhaltend krank. Migräne, Rheuma, Verdauungsstörungen, Schleimhauterkrankungen, erhöhte Infektionsanfälligkeit, Entzündlichkeiten vielerlei Arten. Mit täglich gesicherter Durchwässerung – zwei Flaschen stilles Wasser – könnten jährlich Milliarden an Krankheitskosten eingespart und diese Beträge der Wirtschaft effektiver zugeleitet werden. Alter würde dann auch wieder mit mehr Lebensgenuss und mehr gesellschaftlichem Ansehen und Weisheit identifiziert werden, statt mit zunehmendem Kranksein und früh einsetzender Pflegebedürftigkeit aufgrund von Austrocknungserscheinungen. Wichtig ist es, sich in jungen Jahren täglich hinreichenden Trinkkonsum mittels geeigneter Flüssigkeiten anzutrainieren. Es zeigt sich immer wieder, dass Menschen das, was sie in jungen Jahren nicht erlernt und sich erhalten haben, in alten Tagen nicht mehr schaffen.

Welches Wasser ist geeignet?

Wasser ist nicht gleich Wasser. Quellwasser enthält Mineralstoffe, welche das Säure-Basen-Gleichgewicht bestimmen. Sauer reagieren die metallischen Ionen, basisch die Nichtmetalle. Ideales Trinkwasser reagiert aufgrund seiner Elektrolyt-Zusammensetzung meist leicht basenüberschüssig. Tee zu trinken ist eine ebenso ideale, basisch überschüssige Form gesundheitserhaltender Wasseraufnahme. Hierfür sollen aber nur mild gelöste Teeabgüsse zumeist ungesüßt getrunken werden (siehe Aufbrühempfehlungen). Ich habe mir zudem angewöhnt, schon am Morgen nach der Zahnpflege einen großen Becher lauwarmen Wassers zu trinken.

Im Normalfall genügt mir gutes Leitungswasser, wenn es rein und nicht zu hart ist, für Teebereitung gleichsam wie für puren Trinkgenuss. Wenn Leitungswasser durch Karbonatanteile aber zu hart ist, dann muss Filtertechnik oder stilles Wasser, gekauft in Flaschen, her. In hartem Wasser kommt keine hinreichende Aromalösung zustande. Zudem zeigen Teetassen bei Nutzung harten Wassers eine unschöne, schwer entfernbare dunkle Färbung und Schlierenbildung am Tassenrand.

Tipps für eine erhöhte Wasseraufnahme

1,5 bis 2,5 Liter Wasser täglich zu trinken, wird manchem Probleme bereiten. Meine Empfehlung hierzu ist folgende:

Trinken Sie ¼ Liter Wasser schon morgens nach dem Zähneputzen. Nach jedem Händewaschen erfolgt wiederholte Wasseraufnahme von jeweils ¼ Liter, gelegentlich auch warm.

Über Tag 1 Liter mild gebrühter Grüner, gelegentlich auch Schwarzer Tee; abends noch ½ Liter Kräuter- oder Früchtetee.

Besonders wichtig ist, tagsüber nicht erst durch Trinkfaulheit ins Defizit zu kommen. Dann müsste am Abend nachgeholt werden, was einen durchgängigen Schlaf möglicherweise stört.

Gegen ein Glas Wein oder ein gutes Bierchen, eine gelegentliche Tasse Kaffee, etwas Limonade oder andere Modegetränke ist nach meinem Dafürhalten wenig einzuwenden. Mit solcherart dosiertem Säureangriff kann ein gesunder Nierenstoffwechsel puffernd Schritt halten. Allerdings nur dann, wenn die tägliche Wasserzufuhr basischer Flüssigkeiten diesem gegenüber mehr als ausgewogen ist und bleibt.

Beizeiten richtig trinken zu erlernen, sollte als Erziehungsaufgabe begriffen werden.

So berechnen Sie Ihre tägliche Trinkmenge:

Körpergewicht in kg	Beispiel		60	kg
davon $^2/_3$		=	40	kg
dividiert durch 20		=	2	Ltr.

2.   Die Geschichte des Teetrinkens

Die Wurzeln der Teekultur

von Dr. Michael Dudley

Wie die Sirene eines Dampfers, der mit einer breiten Palette exotischer Kräuter einläuft, pfeift ein kleiner Kessel am Herd. Beim zarten Geklirr von Porzellantassen verbreitet sich eine ausgeglichene, gelassene Atmosphäre. Feine Düfte ätherischer Öle kitzeln schon vor dem ersten Schluck den Gaumen. Ob in einem schlichten Café, in einem edlen Tanzsalon oder in der Gemütlichkeit der eigenen vier Wände, das Aroma und das Ambiente rund um den Tee sind aus unserem heutigen Leben kaum wegzudenken. *»Die Welt hat sich in der Teeschale gefunden«*, so die Behauptung des japanischen Meisters *Kakuzō Okakura* anno 1906, und diese poetische Ansicht kommt nicht von ungefähr. Denn das Teetrinken ist rund um den Globus zu einem wesentlichen Bestandteil der kulinarischen Kultur der Menschheit geworden. Genau betrachtet liegt der Ursprung des Teetrinkens jedoch nicht in der Gastronomie, sondern in der Medizin der ostasiatischen Antike.

Sowohl in China als auch in Indien florierte bereits in der vorchristlichen Epoche der Brauch, aus gekochten und sogar gerösteten Teeblättern eine flüssige Arznei herzustellen. Man verabreichte den Trunk, anfangs in unglasiertem roten Ton, als Medikament gegen eine Vielzahl von Krankheiten. Nicht minder wichtig war seine Rolle als vorbeugendes Mittel zur Pflege der körperlichen Widerstandsfähigkeit im Alltag. Mit Gottes Hilfe und Kamillentee? Eigentlich schon. *Camellia thea,* so lautet die botanische Bezeichnung des Teestrauches, jene uralte Heilquelle, die den Kameliengewächsen zugeordnet wird. Dieser immergrüne Strauch oder auch Baum weist lederartige, kurzgestielte Blätter auf, die mit einer sägeblattartigen Kante umrandet sind. Die Knospen und die Unterseite dieser Blätter sind zudem mit einem silberig schimmernden, seidenähnlichen Flaum bedeckt. Des weiteren gibt es von diesem Strauch *Camellia thea* zwei verschiedene Gattungen, nämlich *Thea sinensis* und *Thea assamica.* (Im Kapitel 3 werden diese Aspekte zwar in allen Einzelheiten erörtert, aber eine kleine botanische Begriffsbestimmung ist schon jetzt angebracht, um sowohl die Geographie als auch die Geschichte des Tees leichter verstehen zu können.)

Thea sinensis gedeiht im Reich der Mitte in kühler Gebirgslage zu einem knapp 3 bis 4 m hohen Busch, ist ziemlich kältebeständig und kann mehrere 100 Jahre alt werden. Diese chinesischen Sträucher haben relativ kleine Blätter, die allerdings einen besonders aromatischen Tee hervorbringen. Erfahrungsgemäß zeigen die Sträucher einen sehr ausgeprägten Durst – die Feuchtigkeit der Flur ist entscheidend. Nicht minder essentiell für die Kultivierung qualitätsvoller Teeblätter ist die Luftfeuchtigkeit. Aus ebensolchen Gründen ist es in China seit unzähligen Epochen eine Binsenwahrheit, dass der beste Tee aus den Bergen kommt, deren Gipfel in Wolken verhangen sind.

Thea assamica hingegen entstammt der tropischen Hochebene nördlich des Brahmaputra auf dem indischen Subkontinent. Dort, in den Urwäldern von Assam im Grenzland zu Myanmar (ehemals Burma), wo das Monsunklima einen wesentlichen Beitrag zu hoher Bodenfeuchtigkeit leistet, wächst dieser Strauch im Wildwuchs zu einem 15 bis 20 m hohen Baum heran. In Teegärten buschförmig angepflanzt, werden die Sträucher heute selten älter als 40 Jahre. Inzwischen bildet Assam das größte zusammenhängende Teeanbaugebiet der Welt. Erst mit Beginn des 19. Jahrhunderts wird *Thea assamica* als Gattung neben *Thea sinensis* aufgeführt. Die »späte« Entdeckung dieser Assam-Schwester der chinesischen Teepflanze durch den britischen Major und Hobbybotaniker *Robert Bruce* muss jedoch nicht unbedingt bedeuten, dass die Assampflanze deutlich jünger sei als die viel früher im Okzident bekannte *China Drink Plant*. Nein, die Einheimischen von Assam wussten offenbar von den Eigenschaften und Verwendungsmöglichkeiten ihrer wild wachsenden Teebäume.

Kann es sein, dass *Thea sinensis* und *Thea assamica* simultan und in deren jeweiligen Regionen separat entstanden sind? Oder gibt es lediglich eine Urheimat des Teestrauches? Ist die chinesische Teepflanze eventuell nur eine kräftig kultivierte Variante derjenigen aus Indien? Oder umgekehrt? Präzisere Zeitangaben zur Genesis der beiden Gattungen gibt es leider nicht, geschweige denn, dass der genaue Moment der allerersten Tee(gesprächs)stunde festzustellen wäre. Aus *Camellia thea* ergeben sich – ohne Rücksicht auf Hybriden – zwar grundsätzlich nur zwei Pflanzen, aber viele Fragen, die bis zum Himmel empor ragen. Und eben darüber streiten sich die Götter sowie die Gelehrten.

Schriftrollen aus der Ts'in-Dynastie dokumentieren die Einführung einer Teesteuer bereits um 221 v. Chr. in China. Sie wird Kaiser *Shi-huang-ti* zugeschrieben, der als Einiger des Reiches gilt. Dabei handelt es sich um die älteste bekannte Steuer dieser Art. Dank dieser Geschichtsquellen haben wir wenigstens einen chronologischen Min-

2.1 Der indische Königssohn Bodhidharma, in China Tamo, in Japan Daruma genannt, ist der legendenhafte Stifter der Meditations-Sekte in China. 500 n. Chr. kam er nach Nanking an den Kaiserhof, zog sich aber bald in die Berge zurück, um in der Einsamkeit die Meditation vorzuleben.

Die Tuschezeichnung wird dem berühmten Maler Mu-shi zugeschrieben, um 1220-90.

destmaßstab. Sicherlich ist das Teetrinken älter als die Absicht des Staates, daraus durch Besteuerung Kapital zu schlagen. Doch um wie viele Jahre? Um ein ganzes Millennium vielleicht?

Wer tief ins Altertum Ostasiens zurückgreift, der stößt auf ineinander verwurzelte Tee-Sagen, in denen Herrscher und Heilige auftreten. Oft verkörpern die Helden den Tee selbst, wie im Falle des indischen Königssohnes und Buddha-Jüngers *Bodhidharma*. Ausgerechnet einer chinesischen Legende zufolge soll Bodhidharma die Teepflanze aus seinem eigenen Fleisch und Blut erzeugt haben. Während der Meditation sei er trotz aller Gegenwehr vom Schlaf übermannt worden. Gerade als Heiliger habe er nicht solcher menschlichen Schwäche zum Opfer fallen wollen. Die Lösung – eine asketische, buchstäblich selbstzerfleischende Tat. Bodhidharma habe sich die Augenlider abgeschnitten und diese zu Boden fallen lassen. Binnen kurzem sei ein Strauch voller grüner Blätter der Erde entsprossen. Als der erstaunte Bodhidharma eine Kostprobe gewagt habe, sei er hellwach geworden.

Die erste Erfrischungskur? Fakt ist, dass diese Geschichte auf den Eigenschaften des Tees als Muntermacher basiert. Die kräftige Wirkung des Exportschlagers hallt sogar heute in der japanischen Sprache nach. Denn in Nippon stimmen die Bezeichnung für »Tee« und der Begriff für »Augenlid« miteinander überein.

Cha ist das Wort für Tee in Mandarinchinesisch, der zeitgenössischen Hochsprache Chinas. Dem Anschein nach ist Bodhidharma nicht der leibhaftige Urheber dieses Wortes bzw. des entsprechenden Schriftzeichens. Sinologen weisen nicht nur auf jenen Begriff, sondern auch auf weitere, geläufige chinesische Bezeichnungen für den Tee hin. Am Anfang des linguistischen Wandels stand *Jia* im Han-Dialekt, die Bezeichnung, die zur Zeit der Ts'in-Teesteuer benutzt wurde.

Der chinesische Gelehrte Kuo P'o (276 - 324 n. Chr.) bestimmte kurz danach – in noch heute erhaltenen Schriften – für den Teebaum sowie für das aus dessen Blättern bereitete Teegetränk das Zeichen *Ch'uan*. Dieses Zeichen ist seither in der Provinz Setschwan (Sichuan) gebräuchlich. Bis dahin wurden die ersten, noch nicht entrollten Frühlingsblättchen der Teepflanze mit dem Zeichen *t'u* beschrieben. In Schriften von Kuo P'o wurde von einem kleinen, immergrünen Baum berichtet, welcher der *tschi* (Gardenie) gleicht. Aus seinen Blättern mache man durch Kochen ein Getränk. Blätter aus erster Frühlingspflückung heißen *T'u*, die der letzten Pflückung der Saison *Ming*. Das Volk von Shu (Sichuan) nannte die Pflanze auch *K'ut'u*.

Ein gutes Jahrhundert nach der Einführung der Teesteuer war *Jia* allerdings noch gängig. Ein Adliger namens *Jidan* aus dem Zhou-Reich nahm *Jia* gleichsam in den Mund und zu Papier. In seiner Chronik »Er Ya« (»Über Bäume«) anno 350 n. Chr. beschrieb er »Jia« detailliert als ein bitteres Heilkraut mit großer Bedeutung. Im staatlichen Archiv von Sichuan (ehemals Huayang) ist das Original aufbewahrt. Das Buch unter Jidans botanisch wirkendem Titel berührt aber nicht nur Anbaugebiete und Wälder, sondern auch Schlachtfelder. Eine in dieser Hinsicht relevante Textstelle berichtet über den vermeintlich aussichtslosen Angriff des Zhou-Königs *Wu* auf den letzten Kaiser der Shang-Dynastie. Dabei habe König Wu die Unterstützung vieler Soldaten aus der Region Shu erhalten, und diese hätten ihn loyal mit Rotlack, Bienenhonig und Tee (»*Jia*«) beschenkt.

Interessante Mitbringsel der Legion. Noch interessanter ist das Jahr dieses von Jidan geschilderten Kampfes – nämlich schon um 1066 v. Chr. Überdies stellt Jidan das Jahr 1115 v. Chr. als das Taufjahr des Wortes *Jia* als Bezeichnung für das Getränk fest. Leider ohne brauchbare Indizien. Diese Epoche wäre etwa anderthalb Jahrtausende von den Lebzeiten des Adligen entfernt. Augenzeuge war er also nicht. Der *Jia* kommt zwar nicht von ungefähr, aber dieser Begriff war anfangs in dem Riesenreich Chinas unterschiedlich für »Pflanze«, »herbes Gemüse« und sogar »weiße Blume« gebraucht, ohne zunächst in Zusammenhang mit gekochtem Wasser gebracht zu werden.

Bei den unterschiedlichen Bedeutungen spielten übrigens die Vielfalt regionaler Mundarten sowie die divergierenden Stile der Kalligraphie eine Rolle. Vor allem bei den Bewohnern entlang des Jangtze-kiang-Tales. Über diese wichtige Wasserstraße sind ab Anfang des 4. Jahrhunderts viele Tee- und Salztransporte vonstatten gegangen. Und wie der Jang-tze-kiang sich durch die endlose Landschaft schlängelt, floss die Sprache durch die Zeiten. Aus *Jia* wurde, dank der Einflüsse der Mandarine im Gebiet Puntonghua, mittlerweile *Cha*, und im Fuijan-Dialekt heißt es immer noch *Tey*.

2.2 Konfuzius.

2.3 Lao-tse

Als *Cha* für den Begriff Tee bereits linguistisch weitläufig war, lebte der wandernde Philosoph *Kung-fu-tse* (*Konfuzius*). Er soll ein leidenschaftlicher Teetrinker gewesen sein. Freilich gibt es aus seinen Lebzeiten (551‑479 v. Chr.) keinen dokumentarischen Beweis dafür. Behauptet wird ebenfalls, dass der Schriftsteller *Lao-tse* (auch *Lao-she* genannt) um etwa 300 v. Chr. Bücher und Bühnenspiele, darunter das in China legendäre »*Tao-te-king*« ausschließlich in langen Teerunden aufgezeichnet habe.

Manch ein »Teemannsgarn« wird sogar in späteren Generationen sehr freigebig zurückgesponnen. In einem Beispiel solcher erdichteten Wahrheiten tritt der chinesische Kaiser *Shen-nung* auf. Als »*Sohn des Himmels*« trank er nur abgekochtes Wasser – bis zu einem gewissen Tage im 3. Jahrtausend v. Chr., als der Wind Zweige von einem Strauch im Palastgarten in seine Trinkschale wehte. Sie färbten das Wasser goldenbraun. Shen-nung nahm vorsichtig einen Schluck und fühlte sich belebt. Er wurde, so die Volkerzähler, zu einem begeisterten Befürworter des Teetrinkens. Ihm wird das folgende Plädoyer zugeschrieben:

»*Tee weckt den guten Geist und weise Gedanken. Er erfrischt das Gemüt. Bist du niedergeschlagen, so wird Tee dich ermutigen.*«

Darauf basiert das nach wie vor bei chinesischen Schulkindern populäre Märchen, in dem eine gute Fee Teeblätter hinter die Stirn einer Porzellanpuppe legt. Hierdurch habe die Puppe ein freudiges Lächeln und eine zarte Menschenseele erhalten.

Anderen chinesischen Überlieferungen zufolge wurden Affen in alter Zeit dressiert, um Teeblätter zu pflücken. Sie seien an besonders unzugänglichen Stellen eingesetzt worden – denn je steiler die Hänge, desto edler sollte der Tee sein. Angesichts der Tatsache, dass solche Arbeitstiere durchaus imstande wären, diese Aufgabe zu erledigen, steckt in diesem antiken Affentheater vielleicht ein Kern von Wahrheit. Denn damals gab es schon lange das Phänomen Zirkus, auch in China. Und eben aus der Welt von Manegen und Zelten kam ein Clown namens *Lu-Yün* (728 od. 740 bis 804 n. Chr.), der den Tee wie kein anderer populär machte.

Lu-Yün (auch als Lu Yu bekannt), das adoptierte Findelkind eines buddhistischen Priesters und mittlerweile ein geübter Jahrmarktskünstler, griff zwischen Zirkusauftritten zur Feder, Tee brannte ihm gleichsam auf der Zunge. Er tuschte auf Reispapier sein Lebenswerk »*Tscha-king*«, das ab 780 als mehrbändiges Fachwerk über den von ihm gefeierten »Schaum aus flüssiger Jade« veröffentlicht wurde. Vom Anbau bis zu den Ziehtechniken hin, gleichsam von A bis Z, verbreitete sein zehnteiliges »*Tscha-king*« umfangreiches Wissen und eine nicht zu leugnende Leidenschaft. Ein klassischer Hinweis von Lu-Yün:

»*Die besten Blätter des Tees müssen gefaltet sein wie die ledernen Stiefel der tartarischen Reiter, sich kräuseln wie die Wamme eines mächtigen Büffels, leuchten wie ein vom Zephirhauch bewegter See, einen Duft entfalten wie den aufsteigenden Nebel aus einer einsamen Bergschlucht und saftig sein und weich wie die von feinem Regen erfrischte Erde.*«

So avancierte Lu-Yün schnell zum geschätzten Hofdichter beziehungsweise Vertrauten des zweiten Tang-Kaisers. Seine »*Heilige Schrift vom Tee*« war ein Bestseller, der ihm eine Existenz jenseits klösterlicher Einkehr bot, die er in seiner Jugend als Priesterschüler kennen gelernt hatte. Das Werk stellte auch sein zwischenzeitliches Künst-

2.4 Akrobatenfiguren. Tonskulptur der Westlichen Han-Dynastie (200 v. Chr. - 8 n. Chr.).

2.5 Lu-Yün

lerleben in den Schatten und rückte ihn näher ins geistige Rampenlicht. Dennoch bevorzugte dieser Literat das Eremitendasein in Huzhou, inmitten der Zhejiang-Provinz, wo er sich in aller Ruhe der Teewissenschaft weiter widmete.

Teehändler achteten den kenntnisreichen Lu-Yün sogar als ihren Standesgott. Angesichts seiner peniblen Ansprüche in Bezug auf Qualität galt er als kompromisslos. Wenn es sich um das Nationalgetränk handelte, fehlte bei ihm keine Silbe. Blau sei die optimale Farbe für das Teegeschirr, riet er. Am liebsten sollte man Tee trinken, wenn es sanft regne, wenn die Kinder in der Schule sind, abends im Bambuswald oder nachts bei Vollmond. Praktisch zu jeder Gelegenheit. *»Any time is tea-time«,* wie es heute im englischen Sprachraum heißt. Immerhin würzte Lu-Yün einprägsam die Kultur des Teetrinkens, auch wenn er persönlich keinen Wert auf die Beimengung von Gewürzen zu Tee und Milch legte.

Bis dahin war es in China üblich, den zunächst im Wok gerösteten Tee im Mörser zu pulverisieren und ihn daraufhin nicht nur mit Milch, sondern auch mit Reis, Salz, Zimt und Zwiebeln aufzukochen! Ebenfalls wurde Tee mit Ingwer, Jasmin und Orangenschalen vermischt. Auch in der Mongolei sowie in Tibet war derzeit solcherart »Ziegeltee« gebräuchlich – zusammen mit Salz und Gewürzen verkochter Teebrei, in Formen gepresst und getrocknet. Bruchstücke hiervon wurden mit Wasser, Milch und Yakbutter rückverdünnt zu einer Art »Teemilch« zubereitet. Lu-Yüns »Reinheitsgebot« blieb auf die Dauer nicht ohne Wirkung. Heutzutage trinken die Chinesen ihren favorisierten Grünen Tee meist ohne Milch und Zucker. In verschiedenen Varianten setzen sie Teeblätter und Blütenzusätze (Jasmin, Magnolie, Litschi, Rosenblüten) geschmacksbereichernd zu.

2.6   Teekanne aus der Südlichen Song-Dynastie. Unter der Seladon-Glasur ist eine Rankenpflanze plastisch aufgearbeitet. Die Ranke umschlingt den Henkel. Porzellan, 12 cm hoch und 14 cm breit. Sammliung Günter W. Peitscher.

Lu-Yün schuf die Voraussetzungen für eine verfeinerte Teekultur in China. Wir dürfen heute hierunter nicht nur die Kunst der Teebereitung verstehen, denn die Existenz einer umfassenden Kultur war und bleibt auch Voraussetzung für den Teekult. Die hoch entwickelte Kultur der Tang-Dynastie schloss zum Teekult weitere Künste wie Kalligraphie, Malerei, Philosophie und die Wissenschaft der Porzellanherstellung ein. In dieser Zeit avancierte Tee in China erstmals auch zu einem wichtigen Handelsprodukt. Dieser Handel wurde durch Mandarine der kaiserlichen Administration kontrolliert und mit Abgaben belegt. Teehandel und der Handel mit Pferden aus West-Asien bestimmten den Finanzmarkt des damaligen chinesischen Reiches.

Währenddessen trug Lu-Yün auch zur Demokratisierung des Teetrinkens bei. Das ist keine Übertreibung, denn bis dahin war Tee im Volk von China überwiegend nur als Heilmittel, im Rahmen rituellen Gebrauches und am kaiserlichen Hof verbreitet. Nicht umsonst steht heute in Lu-Yüns Heimatort Tiamen, in der Provinz Hubei, eine 32 m große Bronzefigur, die ihn verewigt und verehrt. Unter dem pa-

康熙皇帝

2.7   Kaiser Kang-hsi

godenartigen Dach der »Gedächtnishalle« sitzt er in nachdenklichem Genuss vertieft – natürlich mit einer Schale Tee in seiner Hand.

Nach dem Tode Lu-Yüns gingen die Entwicklungen auf dem Gebiet des Tees weiter. Zur Zeit der Song-Dynastie (906 bis 1279) wurden in China Teegeschirre gleichartigen Dekors und Musters hergestellt, Einheitlichkeit mit Vielfalt. Man trank Tee von diesem Zeitpunkt an bewusst aus kleinen Schalen, da sie sein Aroma besser hervorhoben.

Des weiteren wurden Tee-Porzellane zunehmend mit einer grünen Seladonglasur überzogen. Die Bezeichnung »Seladon« wird von vielen Forschern auf den ägyptischen Sultan »Saladi« zurückgeführt, der 1171 vierzig Porzellanstücke dieses chinesischen Farbtons dem Sultan von Damaskus schenkte. Andere meinen hingegen, dass der Name der Figur Céladon im Schäferroman von H. D. Urfé entstamme. In China wurde die Glasur seit der Tang-Dynastie als *Quing* (gesprochen: Tsching) bezeichnet. Etwas später, zu Beginn der Ming-Dynastie (1368 bis 1644), war es in China üblich, aus weißem Porzellan zu trinken. Auch mehrfarbig dekoriertes Porzellan wurde mittlerweile entwickelt. Nebenher war der purpurbraune Ishing-Ton sehr geschätzt. Dieser weist einen besonders feinen Scherben auf. In Tiefen bis zu 600 m wurde man dieser Tonerde fündig, und sie besitzt die Eigenschaft, schon an der Luft zu trocknen. *Ishing*, eine feuerfeste Keramik aus der gleichnamigen Stadt, wurde mit sowie ohne Glasur angeboten.

Weitere Teearten kamen zum Vorschein. Herausragende Bedeutung erlangte *Singlo,* eine bald sehr beliebte Grünteesorte. Singlo wächst auf den südchinesischen Bergen von Kingnan. Dort sei, einigen Überlieferungen zufolge, der allererste Tee geerntet worden. Des weiteren seien wilde Teebüsche aus dem Gebirge in die Ebene um die Städte Hien Ning und Moognen verpflanzt worden. Um das 10. Jahrhundert herum erhielt Singlo seinen Namen, und zwar nach einem Hügel, an dem er wuchs. Ein Kräuterbuch anno 1668 beschreibt Singlo als bläulich-grün mit spritzigem Geschmack. Zu dieser Zeit, während der Herrschaft von Kang-hsi (1661 - 1722), wählte ein bedeutender

2.8 und 2.9
In einem sechseckigen
Porzellangefäß hängt, am
Rand aufliegend, eine
Teekanne. Das Gefäß
wird zum Warmhalten
des Teekonzentrats in der
Kanne mit heißem
Wasser befüllt.
Weißes Porzellan mit
blauem Dekor. 16 cm
hoch, 11 cm breit. China,
Ming (1500-1600).
SAMMLUNG G. W. PEITSCHER.

2.10 Teekanne in Form eines Drachens aus der Ching-Dynastie zur Zeit Kaiser Kanghsis (1662-1722). Weißes Porzellan mit blauem Dekor. SAMMLUNG G. W. PEITSCHER.

Teehändler die Schriftzeichen »*Hee*« und »*Chun*« als Warenzeichen für seinen Singlo. Binnen kurzem bezeichnete man Tees dieser Sorte als »*Hyson*«, egal, aus welcher Gegend sie kamen.

Parallel laufend mit der Expansion der Tang- bzw. Song-Dynastien eroberte Tee auch das Inselreich Nippon. Bereits zwischen dem 4. und 6. Jahrhundert hatten chinesische Mönche nicht nur den Buddhismus, sondern auch den Tee in Japan eingeführt. Genau genommen hatten sie in ihrem Eifer Teesamen, in Lederwesten eingenäht, eingeschmuggelt. Diese Saat ging in etlicher Hinsicht auf. Im Laufe der Zeit wuchsen diese an kälteres Wetter gewöhnten Pflanzen aus japanischem Boden. *Thea sinensis* wurde zur Variante *Thea japonica*. Die Bekehrenden schätzten den flüssigen Muntermacher als Alternative zum Gebrauch von Alkohol und weiteren Rauschmitteln. »Tee ist besser als Wein, denn man trinkt ihn ohne Rausch«, so die Predigt vieler Gelehrter aus jener Zeit.

2.11 Buddhistische Gottheit (Lizō). Japan, datiert 1318. Bronze, vergoldet. SAMMLUNG EXNER. Österr. Museum für angewandte Kunst, Wien.

Schon im Jahre 610 n. Chr. wurde Tee in Japan zum »Staatstrunk« erklärt. Bei einem kaiserlichen Gastmahl um 729 in der Tempelstadt Nara ließ Tennō *Shōmu* etwa einhundert Mönchen Tee reichen. 801 brachte der Mönch und zeitweilig am Tang-Hof tätige Diplomat *Saichō* weitere Saat ins Land. Sie wurde in Yeisan ausgebracht. Die Wurzeln der chinesischen Teekultur keimten schnell im Lande der aufgehenden Sonne. Fortan machte der japanische Hof durch die Anlage von Teegärten im Gebiet Uji, unweit der alten Kaiserstadt Kyōto, viel Gebrauch.

Die Pflege des Teekults in Japan war anfangs jedoch der kaiserlichen Familie und hohen Beamten vorbehalten. Teegärten in Uji waren von hohen Mauern umgeben. Bei Pflückung der »göttlichen« Blätter durfte weder gesungen noch gelacht bzw. laut geredet werden. Handschuhe verhinderten den verunreinigenden Kontakt mit der Haut gewöhnlich Sterblicher.

Auf diese weihevolle Weise entfaltete sich die Teekultur in Japan etliche Generationen lang. Wer weder zur Oberschicht noch zur Offizierskaste gehörte, der musste abwarten, ohne Tee zu trinken. Im 14. Jahrhundert war das Verlangen der Japaner nicht mehr einzudämmen. Das Getränk wurde zum Genussmittel breiter Bevölkerungsschichten. Ähnlich wie in China stieg der Bedarf nach einheimischen Teemeistern an. Und bald zeigten auch sie die passionierte Penibilität von Lu-Yün und dessen Landsmann *Li-Chi-Lai*. Bereits um 1150 hatte der Gelehrte Li-Chi-Lai die folgenden Anmerkungen geäußert:

»Drei Dinge auf dieser Welt sind höchst beklagenswert:
das Verderben bester Jugend durch falsche Erziehung,
das Schänden bester Bilder durch unverständiges Begaffen und
die Verschwendung besten Tees durch falsche Behandlung.«

Einer der ersten bodenständigen Tee-Väter Japans war der buddhistische Mönch *Eisai*, der sich vier Jahre lang in China aufgehalten hatte. Um 1191 verfasste er in zwei Bänden das Tee-Fachwerk »*Kissayoki*«. In seinem Werk propagierte er den Tee als Mittel, um das Leben zu verlängern. 1262 brachte sein Schüler *Eison* ein Teeopfer in Nara dar. Das Zeremoniell wird heutzutage immer noch alljährlich im Saidaiji-Tempel erneuert.

2.12 Teeraum »Bosen«, Kloster Kōhō, Daitoku-ji, Kyōto.
Einziger Gegenstand im Raum ist der Ofen zum Erhitzen des Teewassers an der hinteren Wand.

Neben den geistigen Aspekten des Teetrinkens wurden auch gesellschaftliche Bräuche eingeführt und gepflegt. Im Reich der Mitte war es längst *en vogue*, groß angelegte Tee-Wettbewerbe zu veranstalten, und in Nippon war diese Modeerscheinung auch bald zu erkennen. Tagelange Teeproben gingen vonstatten, währenddessen nahmen Tausende von Gästen Kostproben verschiedenster Sorten. Bei solchen genussvollen Gelagen wertete man das Wissen der Gäste mit Punkten. Herausragende Kenntnisse wurden mit Preisen prämiert.

Wiederum waren nicht alle japanischen Teemeister von den Wettstreiten angetan. Der Zen-Mönch *Murata Shukō* legte zum Beispiel Wert auf kleinere Teegesellschaften. Im späten 15. Jahrhundert, als Shukō in einem Kloster in Nara lebte, befand er sich hierüber in Streit mit den anderen Mönchen. Frustriert ging er auf eine Odyssee. Er tauchte im Daitoku-Tempel in Kyōto auf und wurde zu einem Tee-Pädagogen. Sein Gönner, der Shōgun *Yoshima*, ließ ihn Teegesellschaften mit freier Hand gestalten.

An Shukōs Teegesellschaften nahmen maximal fünf bis sechs Personen teil. Zudem war es ein wesentliches Merkmal Shukōs, auf Schlichtheit statt auf Opulenz zu setzen. Anstelle von teuren Gemälden schmückte er seinen Teepavillon mit Blumen und Tuschmalereien. Für ihn waren Dichtung und Nō-Theater wichtige Bestandteile des Tee-Erlebnisses. Von Shōgun Yoshima erhielt Shukō einen Teeraum, der den Umfang von viereinhalb *Tatamis* hatte. Diese nicht

2.13 Teeschale.
Die meist dickwandigen, oft zylindrischen Schalen der Raku-Keramik entsprachen in ihrer warmen, naturnahen Gewachsenheit dem Geschmack der Teemeister weit mehr als die von uns oft bewunderten feinen Porzellanschalen.

besonders weichen Reisstrohmatten, schon damals eine volkstümliche Sitz- und Schlafgelegenheit der Japaner, sind etwa 180 x 90 cm groß und bis zu 12 cm dick. Seit dieser Zeit wird die Größe des klassischen japanischen Teeraumes nach der Mattenzahl bemessen.

Die Lehre Shukōs, welche die Schlichtheit und Selbstbesinnung zum Inhalt hat, stieß unter anderen auch bei Teemeister *Jō-ō* auf Resonanz. Er war der Sohn eines Großhändlers von Lederprodukten und kam 1502 – im Todesjahre Shukōs – zur Welt. Jō-ō ließ sich schon in jungen Jahren für den Tee begeistern und verfügte bald über eine Achtung gebietende Sammlung von Teegeräten. Er besaß überdies das Können, Menschen und Ereignissen ganz frei gegenüberzustehen, und obschon er die Regeln beherrschte, übte er sie nicht aus Zwang, sondern aus Herzlichkeit aus. So eine Lebenseinstellung, die man in Nippon als *Mushin* bezeichnet, beeinflusste die japanische Teekultur. Zwar entstammte Jō-ō der Oberschicht von Osaka, aber er blieb auf dem Teppich, vielmehr auf dem Tatami.

Ebenso gab sich Meister *Sen Soeki Rikyū*, (1522-1591), den Jō-ō protegiert hatte. Sen Soeki Rikyū diente den beiden leitenden Feudalherren Japans, *Nobunaga* und danach *Hideyoshi*, als Berater. Das Land der aufgehenden Sonne war damals von Kriegen – von den Provinzen bis zu den Großstädten hin – ständig verfinstert. Über den *Weg des Tees*, wörtlich *Chadō,* bemühte sich Sen Rikyū, das Volk zu einigen. Er erachtete Tee als ein genussvolles Mittel, um Harmonie zwischen Himmel und Erde zu erlangen. In Kitano bei Kyōto lud er zum Beispiel jedermann ein, »sei er auch niedrigen Standes«. Dabei waren ihm alle Gäste gleich. Denn eine Teegesellschaft, die das Herz aller Gäste nicht erreiche, »ist unverzeihlich.« 1570 erklärte Sen Rikyū entzückt:

»Man ruft im Sommer ein Gefühl von Kühle hervor, im Winter warme Geborgenheit. Man verbrennt Kohle und sieht das Wasser

kochen, man macht Tee und sieht, dass er gut schmeckt. Es gibt kein anderes Geheimnis.«

Als Japans – auch heute noch – am meisten respektierter Teemeister beeinflusste Soeki Rikyū in Beispiel gebender Weise auch die Entwicklung der Keramik in seinem Lande. Die einheimischen Brennereien erhielten durch ihn Anstoß zu einer neuen Stilrichtung. Anstatt der oft verschnörkelten Importware aus China setzten die japanischen Brennerein fortan auf das Einfache. Dabei trat die Raku-Keramik zutage, die ohne Töpferscheibe erzeugt wird, und gewann schnell an Beliebtheit.

Trotz des Erfolges zu Lebzeiten, oder gerade deswegen, fiel Sen Rikyū knapp zwei Jahrzehnte nach seinem Aufstieg als Berater des Kaiserhofes in Ungnade. Die Konsequenzen sollte er am eigenen Leibe erleben, ohne sie zu überleben. Dem Anschein nach ein Opfer von Palastintrigen, wurde der Gelehrte von seinem Herrscher Hidejoshi zur Selbsthinrichtung verurteilt. Er hatte für die in den Krieg ziehenden Samurai zuvor eine Teezeremonie zu verrichten. Pflichtbewusst lud er sie ein, schenkte jedem etwas von seinen Utensilien – und zerbrach dann die Teeschale. »Nie wieder sollte diese Schale, von Lippen des Unglückes entweiht, von Menschen gebraucht werden«, bestimmte er. Lächelnd stieß er sich sodann den Dolch in den Leib.

Scherben bringen Glück? Immerhin waren die Bemühungen von Shukō, Jō-ō und Soeki Rikyū für die Fortentwicklung der Teekultur in Japan unerlässlich. Das Trio von Teemeistern bildete gewissermaßen eine »Dreieinigkeit«, welche die zeitgenössischen Tee-Praktiken der Zen-Buddhisten segnete und weiter kultivierte. Daraus entwickelte sich allmählich die japanische Teezeremonie, in welcher im Mörser zu Pulver zermahlene Teeblätter mit einem *Chasen* (Teebesen) in der Teeschale verrührt werden. Um 1500 war dieses Ritual schon fest etabliert. *Chanoyu,* so lautet diese klassische, sorgfältig von Zen-Teemeistern ausgeführte Zeremonie, die heute Ansehen auf allen Kontinenten genießt. Der Begriff bedeutet wörtlich einfach nur »heißes Wasser für Tee«, aber er umfasst eine Vielzahl kulinarischer und kultureller Aspekte. (Detaillierte Angaben über die japanische Teezeremonie sind in Kapitel 12 zu lesen.)

Der amerikanische Gelehrte und Japankenner *Edwin O. Reischauer* bezeichnete das *Chanoyu* (Teeritual) als ein Fenster, welches sich nicht leicht öffne. Einen kurzen Einblick in diese Welt gibt uns der Teemeister *Kakuzō Okakura* mit einheimischen Augen:

»Die Ashikaga-Aristokratie (etwa 1400 bis 1600) liebte es, in strohgedeckten Hütten zu wohnen, die sich äußerlich in keiner Weise von denen der ärmsten Bauern unterschieden. Ihre Raumverhältnisse aber waren

von Genies wie Shojo und Soami entworfen, und ihr Dach ruhte auf Pfeilern von kostbarem, wohlriechendem Holz, das aus den entlegensten Gegenden Indiens stammte.

Selbst die eisernen Teekessel im Innern waren Wunder des Kunsthandwerkes, geschaffen von Sesshu. Nach Meinung der Ashikaga-Ritter schlummerten das Schöne und die Seele eines Dinges stets tief im Verborgenen und konnten nicht durch äußere Mittel offenbar werden. Selbst den zufälligen Erscheinungen wohne das Leben des Alls inne.

Nicht in der Deutlichkeit, in den Andeutungen lag das Geheimnis der Unendlichkeit. Die Vollkommenheit verfehlt, ebenso wie die höchste Reife, ihre Wirkung, da sie dem Wachstum eine Grenze setzt. Zum Beispiel fanden sie auch Freude daran, ein Tintenfass von außen mit schlichtem Lack, im Inneren hingegen mit kostbaren Goldverzierungen auszustatten. Der Teeraum pflegte als einzigen Schmuck ein Bild oder eine einfache Blumenvase zu enthalten. Hieraus erwuchs ein Gefühl der Einheit und Sammlung. Auch heute noch pflegt das Volk die kostbaren Stoffe zu Untergewändern und die einfacheren zu Obergewändern zu verarbeiten.«

Zu den ersten Westlichen, die über die Tee-Leidenschaft der Japaner ausführlich berichteten, zählt *Luis d'Almeida* (1525-1583), ein portugiesischer Arzt und Jesuitenpater. Als Missionar gründete er in Japan etliche Krankenhäuser und lernte dabei das Land in allen seinen Eigenarten kennen. Auch das »*Kraut von angenehmem Geschmack namens Chá*«. 1565 schrieb er in einem Brief: »*Tee-Gerätschaften sind die Juwelen Japans*«. Zudem beobachtete er mit Bedenken:

»*Es gibt Fachleute, die die Utensilien taxieren und sie als Händler kaufen und verkaufen. Sie veranstalten Feste, um diese Pflanze zu trinken, (von den besten Sorten kostet das Pfund neun oder zehn Dukaten), und um diese Gerätschaften vorzuzeigen, in denen sich ihr Reichtum und ihr Rang spiegeln.*«

Ein Kollege Louis d'Almeidas, der portugiesische Jesuitenmissionar *Joao Rodrigues*, beschrieb in seinem »*Tratado da China*« (1569) die Teefelder von Uji in Japan und die Manufaktur hochwertiger, jung im morgendlichen Nebeltau gepflückter Teeblätter durch Dämpfung, Rollen und Trocknen. Er berichtete auch über spezielle Teeräume und Häuser, in denen die japanische Teezeremonie abgehalten wurde.

Holländische Kauffahrteischiffer nahmen fortan direkte Handelskontakte zum Fernen Osten auf. 1607, auf der Halbinsel Hirado in der Bucht von Nagasaki, errichteten diese einen eigenen Handelsstützpunkt. Bald gelangte grüner pulverisierter Tee in Porzellangefäßen von Nagasaki aus über Batavia auf Java nach Texel. Die Konquistadoren und die Kauffahrteischiffer aus dem Abendland wurden selbst zu Eroberten – im Strom des Tees.

2.14 Die Brücke von Nanking. Stich von Thomas Allom aus 1843.

Nanking liegt nicht am Yangtse, sondern ungefähr fünf Kilometer südlich vom Strom. Ein breiter und tiefer Kanal verbindet ihn mit der Stadt, sodass große Flussfahrzeuge am Fuß ihrer Mauer anlegen können. Mehrere prächtige Schiffe sind an der Vorstadtseite des Kanals vor Anker gegangen.

Die Dschunke eines Kaiserlichen Abgesandten ist soeben angekommen. Der hohe Beamte wird mit den Engländern Verhandlungen führen. Dies bedeutet ein bitteres Zugeständnis von Seiten des Hofes in Peking, der die Barbaren aus dem Westen verachtete, aber einsehen musste, dass seine Truppen den Eindringlingen nicht gewachsen waren. 1841 bis 1842 hatten die Engländer die wichtigen Küstenfestungen eingenommen.

Tee erobert das Abendland

von Ernst Janssen

Haben wir im ersten Teil der Kulturgeschichte des Tees dessen Entwicklung vom Kult- zum Konsumprodukt innerhalb des Fernen Ostens verfolgt, so interessiert uns nun der Weg des Tees in den abendländischen Kulturkreis.

Wir blenden zurück in die Zeit des ausklingenden Mittelalters. Die Bevölkerung vieler in sich und untereinander zerstrittener Klein- und Splitterststaaten leidet unter permanenter Hungersnot. Seuchen grassieren und dezimieren die Bevölkerung wieder und wieder. Viele Menschen leben in Leibeigenschaft. Sie sind zu Fron- und Kriegsdiensten gezwungen. Armut ist Normalität. Päpstliche Ablassverwalter ziehen umher. Sie bieten mit dem Freikauf vom Sündenfall die vermeintliche Eintrittskarte ins Himmelreich, das nach entbehrungsreichem, kurzem Leben Lohn genug für alle Qual scheint. Gegen marodierende Ritter und Landsknechte, die raubend und brandschatzend umherziehen, vermögen die Bürger- und Bauernwehren kaum Wirksames auszurichten. Wirtschaftlich und sozial herrscht finstere Steinzeit. Das statistische Durchschnittsalter liegt unter 50 Jahren. Mit hysterischen Kirchenprozessen voller Hexen- und Teufelswahn werden zahllose Unschuldige zum Tod auf dem Scheiterhaufen verurteilt. Glaubenskriege entvölkern ganze Regionen.

In dieser Zeit Wasser zu trinken, birgt Seuchenrisiken wie Typhus, Ruhr oder die Pest in sich. Jährlich sterben in Europa an Fieber, Durchfall und Erbrechen Millionen von Menschen. Geschlechtskrankheiten wie die Syphilis oder aus Fernost, Afrika oder Westindien zusätzlich eingeschleppte Krankheiten wie die Cholera oder das Gelb-, Fleck- oder Faulfieber kommen noch hinzu. In den Städten findet sich kaum Arbeit. Auf dem Land sind Frondienste in Leibeigenschaft oder aber viel zu hohe Pachtabgaben an nimmersatte Lehnsherren zu entrichten.

Seuchen und anderen Krankheiten begegnet die mittelalterliche Medizin zum einen, indem sie Erkrankte einem der vier Grundtemperamente zuweist. Gemäß der alten Temperamentenlehre ist sodann ein Leidender cholerischen Temperaments mit kaltem Bier, ein phlegmatischer Reaktionstypus mit erhitztem Branntwein zu behandeln. In weiterführender Therapie werden *Simplicia*, *Composita* und *Latwerge* eingesetzt.

Simplicia	sind einfache pflanzliche Mittel (*Vegetabilia*), Mittel aus der Tierwelt (*Animalia*) und solche aus dem Mineralreich (*Mineralia*).
Composita,	darunter wendet der mittelalterlich Heilkundige mittels pharmazeutischer Techniken aus Simplicia hergestellte Salben, Pflaster und Balsame an.
Latwerge,	hierunter kommt ein zu Mus eingekochter Dicksaft von Pflaumen, Krähenbeeren, Tamarindenmark, Schwarzdorn oder Schlehdorn, in welchen noch pulverförmig Composita oder Simplicia eingebracht sind, zur Anwendung.

Hildegard von Bingen, Äbtissin und Ärztin, bereitete einen *Luterdranck* von Wachholder, Schlehen, Alant, Galgant und Enzian unter Zusatz von Nelken, Cynymomus (Zimt), Honig und Wein. Nach Hildegard von Bingen sei dieser *Dranck* besser als Gold. Er gibt die Sinne zurück, erweiche die Gicht und fördere die Gesundheit der Glieder. Vor allzu viel Schlehdorn allerdings warnt sie alle Gläubigen, denn sie beobachtete, dass der gegen die Gicht zu reichlich getrunkene Schlehenwein auch *Frebelkeit* (Frevel und Verwegenheit) hervorrufe. Kein Wunder, angesichts seiner alkoholischen Anteile. Tee, von heimischen Kräutern gelöst und auf erhitzter Wasserbasis gebrüht oder aufgekocht zu trinken, gilt als gefährlich. Groß ist die Angst, durch Aufnahme verseuchten Wassers zu erkranken und nach jahrelangem Siechtum mit permanentem Durchfall und Erbrechen zu sterben. In allen Bevölkerungsschichten wird täglich lieber Bier, Branntwein, Wein, Sekt oder Honigmet, mehr oder weniger viel Alkohol enthaltend, kräftig konsumiert.

Der Signaturenlehre zufolge schließen Heilkundige nun auch von der äußeren Pflanzengestalt auf deren mögliche Heilwirkung. So gelten z. B. leberförmige Blätter einer Pflanze als Lebermittel. Und in Bezug auf den Hexenschuss glauben die Menschen an Dämonen, die ihnen als Krankheitsgeister *in die Knochen fahren*. Geister, die übrigens auch den Kopf befallen. Folgendes Gebet, wenn es denn nur inbrünstig genug ausgebracht wird, soll lindernd wirken:

Christus ging auf einen hohen Berg,
Er begegnete dem Geschoss.
Geschoss, wo gehst du hin?
Ich gehe dem Menschen die Knochen ausbrechen, das Blut aussaugen!
Geschoss, ich verbiete es dir.
Gehe, wo die Glocken klingen und die Evangelien singen!
Im Namen des Heiligen Geistes.

An Rheuma und Gicht Erkrankte schleppen sich frühmorgens in die Wälder und beten für Heilung wie folgt:

Guten Morgen, liebe Fichte,
Hier bring ich meine Gichte.
Dazu gehört siebenundsiebzigerlei,
Da ist meine Gicht auch dabei.

Und im Erz- und Riesengebirge beten die Menschen:

Flieder, ich hab die Gicht,
nimm sie mir ab, so hab ich sie nicht.
Im Namen des Vaters, des Sohnes und des Heiligen Geistes.

Knorrigen Weidenstämmen übergibt man mit folgenden Worten
seine Leiden:

Ach, du lieber Weidenbaum,
ich rüttle dich, ich schüttle dich.
Ich bringe dir alle meine Schmerzen.
Ich bringe dir meine siebenundsiebzig Gicht, im Namen Gottes!

Hingegen geht die Benediktinerin Hildegard von Bingen schon
etwas medizinischer gegen die *crympet virgicht* (Gelenke verkrüm-
mende Gicht) mit einem Auszug von Kraut und Samen der Korn-
rade vor, den sie auf Wein und Honig ansetzt. Wenn mit zunehmendem Alter auch die Konstitution und damit die Selbstheilungskräf-
te aufgrund mangelhafter Ernährung nachlassen (ein Prozess, der in
mittelalterlicher Zeit schon mit zwanzig Jahren beginnt), dann vermögen solche Mittel außer Schmerzlinderung durch Alkohol nur
wenig auszurichten. Manche Mittel, wie *Isländisch Moos* oder *Alt-
häwurz* (Eibisch) helfen z. B. gegen bronchiale Probleme.

Alles in allem eine für die Menschen des ausklingenden Mittelalters doch eher jammervolle Zeit, zudem ein Leben in Unfreiheit ohne
Achtung der elementaren Grundrechte.

Da schickt sich zur Mitte des 16. Jahrhunderts Martin Luther an,
der katholischen Glaubenslehre mit neuen Thesen zu widersprechen.
Angehörige des lutherischen Glaubens leben fortan in der Gewiss-
heit, nach dem Tod ins Himmelreich einzugehen. Sie müssen sich
dafür nicht mehr zu Lebzeiten von Sünden freikaufen. In einigen
Herzogtümern können sich die Menschen straffrei zum lutherischen
Glauben bekennen, weil deren Landesfürsten die neue Kirche zur
Landeskirche machten. Hier finden Lutheraner Schutz. Zudem geht
die Kunde um, dass es in den neuen freien Niederlanden, Arbeit, Lohn
und Brot für jedermann gäbe. Unzählige Menschen, aus vielen Zen-
tralstaaten Europas flüchtend, schicken sich an, dem Wohlstandsruf
folgend die angestammte Heimat für immer zu verlassen. Die Zeit
der Auswanderung, über Holland bis nach Amerika, beginnt.

Unter den lutherischen Glaubensbrüdern werden aber auch kontroverse Ansichten über die vermeintlich rechte Ausübung des Glaubens diskutiert. So erlangt *Johannes Calvin*, ein Prediger aus Genf, mit seiner Ansicht, dass das Erdenleben von Anbeginn an sündenfrei gelebt werden müsse, hohe Popularität. Calvinistische Prediger gründen nun, von Genf aus rheinabwärts missionierend, neue Kirchengemeinden. In diesen entstehen unter führender Beteiligung der sich aus der Bevormundung mehr und mehr befreienden weiblichen Anhänger Mäßigkeitsvereine, die fortan für ein von Alkohol abstinentes Leben werben. Die Nüchternheit gilt unter Calvinisten als das Grundgebot für ein wahres christliches Leben. Denn nur nüchtern geht man geregelter Arbeit nach, hält Haus und Hof sauber, zieht die Kinder vernünftig auf und interessiert sich auch für die Organisation eines sozialen Gemeindelebens. In den Niederlanden erlangt die calvinistische »Nederlands gereformeerde Kerk« auf Anordnung des Prinzen von Oranien alsbald den Status einer Staatskirche. In neuem Liedgut, in Predigten und dank eingeführter Schulpflicht auch zunehmend verstandenem Schriftgut wird der alkoholischen Abstinenz gehuldigt. Und durch großflächige Fensterfronten wird die neue Nüchternheit und peinliche Ordnung des Haushalts von außen frei einsehbar. Unter den Anhängern des calvinistischen Glaubens, zu welchem sich auch immer mehr Ostfriesen, Nordfriesen und Jütländer bekennen, werden selbst die Fenstervorhänge, sofern überhaupt vorhanden, erst abends nach Sonnenuntergang vor- und früh am Morgen mit dem ersten Hahnenschrei wieder aufgezogen.

Zuvor (1595) haben sich die Niederländer dank ihrer kleinen, wendigen Schiffe in einer Seeschlacht von der Besatzungsmacht Portugal befreit. Unter dem Prinzen von Oranien nehmen sie ihr politisches und wirtschaftliches Schicksal von freiem Bürgertum selbstbestimmt in die Hand. Niederländische Kaufleute gründen im Jahre 1602 die *Vereenigde oostindische Compagnie* (VOC), deren ständig vergrößerte Anzahl überseetüchtiger Handelsschiffe von Amsterdam aus die zuvor von den Portugiesen und Spaniern neu entdeckten Ostindienrouten befahren.

Seefahrer der VOC gründen in der Folgezeit entlang der Seewege nach *Oostindien* befestigte Handelsstützpunkte, die sie später in Kolonien wandeln. Eine hierfür eigens aufgestellte Flotte von Kriegsschiffen soll das weltweite Wirtschaftsengagement der VOC beschützen. Die neuen Handelsstationen in Fernost sichert ein Kolonialheer. Von *Batavia* aus, heute Jakarta auf Java, gelingt es den Holländern, die wirtschaftliche Vormachtstellung im Handel mit Gewürzen, Tee, Seide und Porzellan zu erlangen. Am Ankerplatz von Batavia entstehen wehrhafte Packhäuser, Kirchen, Schulen und prächtige Wohnsiedlungen. Kaufleute aus dem Mutterland siedeln sich dauerhaft an. Sie betreiben die überseeischen Handelskontore, die wiederum Kontakte nach China, Japan und anderen Handelsplätzen Fernosts pflegen und Schiffe dahin entsenden. Von Batavia aus wird die Weiterverschiffung aus ganz Fernost eingesammelter Kolonialgüter ins ferne Europa organisiert. Kriegsschiffe begleiten die Schiffskonvois zum Schutz vor Seeräubern und Prisenkommandos feindseliger europäischer Nachbarländer.

Unweit von Batavia (Java) eröffnet die britische *East India Company* (EIC) den Handelsstützpunkt *Bantam*. Handelssegler benötigen von Europa aus acht bis zehn Monate bis dahin. Unzählige Schiffe gehen in Stürmen verloren oder stranden als *fliegende Holländer* an irgendwelchen Klippen oder Stränden, nachdem ein großer Teil der Mannschaften von Seuchen, Skorbut oder Tropenkrankheiten dahingerafft ist. Zudem setzen ihnen Seeräuber in indischen, arabischen und atlantischen Gewässern schwer zu. Sie nehmen Überlebende gefangen und verkaufen sie als *blonde Sklaven* an orientalische Fürsten. Hört ein friesischer Kapitän von einem solchen Sklaven, kauft er diesen unbesehen frei. In der Heimat erstattet ihm die *Slavenkasse* des Heimatortes den verauslagten Freikaufbetrag.

Im Verlauf des 16. und 17. Jahrhunderts kommen die von spanischen, französischen, britischen und holländischen Seefahrern gegründeten Stützpunkte schrittweise unter koloniale Verwaltung. Es werden Gouverneure eingesetzt. Die europäischen Eroberer bereiten sich untereinander einen an Härte zunehmenden wirtschaftlichen Konkurrenzkampf, der auch mit militärischem Muskelspiel ausgetragen wird. Schließlich geht es um die Inbesitznahme unermesslicher Reichtümer und um künftige Handelsprivilegien. Die *East India Company* ist diesbezüglich mit allen Vollmachten vom Königshaus ausgestattet, auch solchen, um mit eigens besoldeter Flotte und Kolonialheer Kriege zu führen. Sind vormals Handelsprivilegien durch Schmiergelder und direkte Abgaben an fernöstliche Stammesfürsten abgesichert worden, nehmen nun koloniale Investoren weiträumig Grundbesitz ein und üben uneingeschränkt wirtschaftliche und politische Macht aus. In neu angelegten Plantagen gedeihen, immer großflächiger erzeugt, Gewürze, Reis, Früchte und viele andere Agrarprodukte, die zum Export nach Übersee gelangen. So entwickeln sich mit dem Zentralhandelsplatz Batavia / Java die benachbarten Regionen bis hin zu den sich östlich anschließenden Inseln der Molukken – übrigens sehr zum Ärger der dies neidvoll beäugenden Briten – allmählich zu festen holländischen Kolonien, deren Produkte über die

2.15 Packhaus der *East India Company* in Cochin, Südindien.

VOC den Kaufleuten und dem Königshaus im Mutterland viel Gewinn einbringen. Von den Handelsbeauftragten der EIC und VOC werden nun von Batavia, Bantam, Penang, Cochin, Goa und Malakka aus regelmäßig Einkäufe in China und Japan organisiert. Doch aufgrund zunehmender europäischer Devisenarmut wird vorzugsweise mit billigem südindischem Opium bezahlt. Hundertfünfzig Jahre nach Aufnahme des Opiumtauschhandels leidet darum über ein Viertel der südchinesischen Bevölkerung an Opiumsucht.

Katholische Missionserfolge in Japan und China

Der bedrohlich zunehmende Missionserfolg portugiesischer Franziskaner in der Region um Nagasaki wird dem japanischen Kaiserhof und dessen Fürsten ab 1607 derart missliebig, dass per Dekret alle Europäer das Land verlassen müssen. Einzig den Niederländern wird noch im gleichen Jahr ein Handelsstützpunkt auf der Halbinsel Hirado in der Bucht von Nagasaki zugestanden. Niederländische Gesandte pflegen nun alleine den wirtschaftlichen und gesellschaftlichen Kontakt zu Japan. Japanische Fürsten übergeben ihnen Wunschlisten, in welchen sie im Gegenzug für die freie Ausfuhr von Tee, Seide oder Porzellan neben Ferngläsern und Navigationsgeräten auch pornografische Artikel aufführen.

Die Briten hingegen vermögen sich, ebenso wie die bereits vor ihnen agierenden Portugiesen, an Ankerplätzen Südchinas (*Kanton, Foochow, Hongkong, Macao*) und auf dem Seeweg dahin in Indien (*Mumbay, Goa, Cochin, Penang* u. a.) mit Handelsmissionen fest zu etablieren. Doch nur portugiesischen Missionaren gelingt es, direkten Kontakt zu Angehörigen des chinesischen Kaiserhofes aufzubauen und auf Dauer zu unterhalten. Daraus erklärt sich, dass im Portugiesischen Tee mit *Cha* bezeichnet wird. Cha entstammt dem Mandarinchinesisch, das nur am Kaiserhof und unter den Gebildeten des Landes gesprochen wird. Im Gegensatz hierzu kennt der südchinesische Amoy- und Kanton-Dialekt für Tee die Bezeichnung *Tay*. Hieraus hat sich in den übrigen Ländern Europas, quasi aus Seefahrerkenntnis übermittelt, die Bezeichnung *The, Tea, Thee* und *Tee* entwickelt. In ersten europäischen Schriften wird auch von *Chai catay* oder *Chai catagai* berichtet, offenbar eine Mischung aus dem Mandarin-, Amoy- und Kantonchinesisch.

Zeichnen wir die Geschehnisse um die Bekanntschaft des Abendlandes mit Fernost im Folgenden etwas präziser nach:

Im Jahre 1600 erreicht *Matteo Ricci* (1552-1610), ein portugiesischer Jesuit, China auf dem Seeweg. Vermutlich handelt es sich um *Macao*, in dessen Nähe die Briten später *Hongkong* gründeten. Hierzu der Bericht eines von dort zurückgekehrten portugiesischen Franziskaners:

»Der Wunsch, nach China hineinzukommen, ob mit oder ohne Soldaten, gleicht dem Versuch, auf den Mond zu kommen.«

2.16
Mateo Ricci, bekannt durch seine Anpassung der christlichen Botschaft an das chinesische Denken, verstarb am 11. Mai 1610 in Peking.
Seine langjährigen, schließlich auch erfolgreichen Bemühungen, den Hof in Peking für das Christentum zu gewinnen, führten dazu, das der Kaiser ihm ein Jahresgeld zahlte und die Gunst des Herrschers derzeit auch den übrigen Missionaren Ansehen und Schutz verlieh.

2.17   Macao, Mitte des 17. Jahrhunderts.

Von Kanton aus weiter ins Binnenland vordringend, gerät Ricci in Gefangenschaft chinesischer Soldaten. Jedes an südchinesischen Hafenplätzen aufkreuzende Schiff wird in dieser Zeit sofort von vielen kleinen Dschunken umkreist und genau kontrolliert. Dem Jesuitengeneral *Alessandro Valignano* sowie den Missionaren *Michele Ruggieri* und Matteo Ricci gelingt es, sich in die chinesische Denkart einzufühlen und wichtige Kontakte zu knüpfen. Besonders Matteo Ricci beschäftigt sich intensiv mit den Lehren konfuzianischer und taoistischer Philosophien. Er erlernt hierfür die chinesische Sprache. Ricci wird von chinesischer Seite her gestattet, kleine Missionsstationen zu errichten. So dringt er 1601 schließlich bis nach Peking, der neuen Kaiserstadt Chinas vor. Ricci und Ruggieri verfassen ein erstes portugiesisch-chinesisches Lexikon und ermöglichen so den Europäern einen tieferen Einblick in die Besonderheiten der Landeskultur und seiner Bewohner zu nehmen.

Im Jahr 1601 erreicht ein erster niederländischer Kauffahrteisegler China. Aufgrund ungünstigen Windes muss der Kapitän sich ausgerechnet zum Einlaufen in den von Portugiesen neu errichteten Stützpunkt *Macao* entscheiden. Die Holländer werden sehr unfreundlich empfangen. Misstrauisch beäugt, erlangen sie dennoch eine chinesische Handelserlaubnis. In den Folgejahren ist ihnen aber, offenbar auf britisches und portugiesisches Opponieren hin, wenig Glück im Direkthandel mit Chinaware und im Umgang mit den chinesischen Kontaktleuten beschieden. Sie weichen vor den Konkurrenten auf südlichere Handelsplätze auf der Insel Formosa (heute Taiwan) aus.

2.18. Teegefäß aus der späten Ming-Dynastie (ca. 1500 n. Chr.).
China, weißes Porzellan mit blauem Dekor, 15 cm hoch.
SAMMLUNG G. W. PEITSCHER.

Dort übernehmen sie von chinesischen Schmugglern Handelsgüter und verschiffen diese über Batavia nach Europa. Zudem werden chinesische Händler auch direkt auf Java empfangen. Holländer sind es, die Chinoiserien und andere Handelsgüter aus Fernost erfolgreich über ganz Europa die Küsten entlang bekannt machen.

Die Jahrhunderte zuvor hatten chinesische Kaufleute selbst einen bedeutenden Überseehandel bis nach Arabien und Ostafrika aufgebaut. Sie betrieben hierfür, vom kaiserlichen Heer unterstützt, Schiffe von bis zu 1 200 t Gewicht mit bis zu 120 m Länge, 12 m Tiefgang und aufgetakelt mit bis zu neun Masten. Doch mit Beginn des 15. Jahrhunderts stellten die Chinesen aufgrund kaiserlichen Befehls ihr erfolgreiches Seehandelsengagement ein und orientierten sich nach Verlegung der Kaiserstadt nach Peking fortan mehr ins Landesinnere und nach Norden. Schiffe mit mehr als zwei Masten waren Chinesen fortan gar per kaiserlichem Dekret verboten. Wie wäre die Welt im heutigen 21. Jahrhundert wohl politisch, wirtschaftlich und militärisch strukturiert, wäre diese folgenschwere chinesische Entscheidung damals nicht gefallen?

Erster Teeimport in den Niederlanden

Mit Chinoiserien und mit Grünem japanischem Tee, pulverisiert und in Steinzeugflaschen aromafest verfüllt, beladen, erreicht 1600 ein niederländischer Kauffahrteisegler die Reede vor Texel / Holland. Die Ladung tiefgehender Überseeschiffe muss, damit ein Einlaufen über das flache Ijsselmeer nach Amsterdam möglich ist, vor Texel auf Reede (vor Anker) in flachgehende Boddenschiffe teilweise geleichtert werden. Ab 1608 gelangt erstmals auch chinesischer Tee, lose Blatt in Kistchen gefüllt, nach Amsterdam. 1610 führen niederländische Schiffe erneut Grünen Tee, fortan *Oranje Pekoe* genannt, ein. Die Wirkung dieses geistig erlabenden Getränkes, von welchem Weltreisende bereits vereinzelt berichtet haben, überzeugt die Medizingelehrten am Hofe des Prinzen von Oranje (Oranien). Alle Kapitäne erhalten über die Vertretungen der VOC die Order, mehr Tee in Fernost einzukaufen: *Oranje Pekoe = königliches junges Blatt*, im Jargon der Teataster abgekürzt auch »OP« genannt.

Zur Popularität des Ostindienhandels und des neuen Teegetränkes in Europa haben eine ganze Reihe bedeutender Fernreisender im Verlaufe des 15. und 16. Jahrhunderts beigetragen. Doch zuvor bedurfte es einiger mutiger Seefahrer und Entdecker wie *Vasco da Gama*, *Bartolomëo Diaz*, *Christoph Kolumbus* und *Pedro de Covilhao*. Mit finanzieller Unterstützung auch der *Fugger* und *Welser* entdeckten sie

2.19 Kastell Seeland, 1632 von den Holländern im Süden von Formosa errichtet.

schließlich die Seewege zu den Ländern des Fernen Ostens. Von *Magellans* (1480-1521) beschwerlicher Seereise in den Pazifik, welche die navigatorischen Grundlagen für spätere China- und Japanreisen lieferte, zeugt ein Überlebensbericht wie folgt:

»Wir fuhren drei Monate und zwanzig Tage, ohne Erfrischungen einzunehmen. Der Zwieback war in Staub zerfallen, voll Maden und stank nach dem Unrat der Ratten. Das Trinkwasser war trübe und übelriechend. Ratten waren ein Leckerbissen und wurden das Stück mit einer halben Krone bezahlt. Zu all dem Unglück trat noch der Skorbut auf, an dem neunzehn Seeleute starben.«

Besonderer Erwähnung bedarf auch, dass zur damaligen Zeit nach römischer Anordnung die Erde Scheibengestalt besaß. Jeder sich zu weit in Richtung Scheibenrand Entfernende riskierte, ins Nichts abzustürzen und beging zudem eine Sünde. Natürlich war den die Seewege nach Ostindien erschließenden Seefahrern die Kugelgestalt des Planeten Erde hinlänglich bekannt. Doch zumindest in Europa waren alle die Erde global darstellenden Kartografien, obwohl vor Christi Geburt schon existent, verloren gegangen. Die großen seefahrenden Entdecker waren sämtlich dem Sündenfall erlegen. Denn spätestens am indischen Subkontinent, wo die »Indianer« wohnen, da ist das Weltende erreicht und die dahinter liegenden Länder des Fernen Ostens durfte es überhaupt nicht geben. Buddhismus, Hinduismus und andere fernöstliche Glaubenslehren waren Rom vielleicht auch ein Dorn im Auge. Die Archive des Vatikans könnten uns über die Hintergründe Klarheit verschaffen.

Nur wenige westliche Europäer konnten bis zu Beginn des 16. Jahrhunderts Länder des Orients und Fernen Ostens bereisen und nach ihrer Rückkehr davon berichten. Beschwerlich war der Landweg über Russland oder über die Länder des vorderen Orients, durch das Hindustal Pakistans die Seidenstraße entlang nach China. Italienische, spanische und portugiesische Seefahrer kannten bislang nur die Länder des Mittelmeerraumes. Schon zu Beginn des 15. Jahrhunderts bestand ein lukrativer Handel, der über mediterrane Häfen zwischen Arabien und Europa vonstatten ging. Doch die auf dem Festland weiterführenden Handelswege ins Innere Europas waren sehr mühsam. Viele Zollschranken behinderten zudem den Warenfluss.

Hier einige wichtige Entdeckerdaten:

Christophero Colombo, alias Kolumbus. Er ist überzeugt davon, über die Westroute Ostasien schneller zu erreichen. Nach beschwerlicher Seereise entdeckt er immerhin Mittelamerika. Diese Reise war bereits über den vermeintlichen Tellerrand der Erdenscheibe hinaus geplant, er hätte nach seiner Rückkehr hierfür exkommuniziert werden müssen. Seine Ansicht, über die Westroute die Osthälfte der Erde zu erreichen, war der Beweis dafür, dass er den blauen Planeten als Kugel und nicht als Scheibe empfandt.

Auf der Ostroute um die Südspitze Afrikas segelt der Portugiese *Vasco da Gama*, dessen Expeditionsflotte 1498 Goa in Mittelindien erreicht. Der in einer Flussmündung liegende Ankerplatz entwickelte sich nachfolgend zur portugiesischen Kolonie Goa, welche die Inder erst nach dem zweiten Weltkrieg (1961) gewaltsam zurücknahmen. 1506 reist schließlich *Franz Xavier*, ein portugiesischer Jesuit und Missionar, auf dem Seeweg nach Fernost. Auf *Malakka*, eingangs der gleichnamigen Seestrasse, lernt er drei Japaner kennen, die ein portugiesischer Kapitän aus Seenot gerettet und hier abgesetzt hat. Er lehrt sie Portugiesisch und segelt mit ihnen und einigen Jesuiten zum japanischen *Kagoshima*. Dort wird Xavier mit einer Erfolgsbilanz von über 300 000 Bekehrungen zum *Apostel Japans*. Unterstützt vom Daimyō, dem Fürsten und Feudalherren der Region, avanciert das Dorf *Nagasaki* in der Nähe von *Kiushu* zur ersten portugiesisch-japanischen Handelsstation. Bis heute korrespondiert das sich zu dieser Zeit etablierende japanisch-buddhistische Samuraiwesen stark mit den Vorstellungen des europäisch-christlichen Jesuitenordens.

Im Jahre 1512 schließlich erkunden bereits die ersten portugiesischen Schiffe die Inselgruppe der *Molukken*, die später durch einen sagenhaften Gewürzreichtum weltweit von sich Reden machen. Den südchinesischen Hafenplatz *Kanton* erreichen portugiesische Schiffe schon im Jahre 1517.

Erste Bekanntschaft mit Tee wird aus dem Jahr 1545 durch *Giambattista Ramusio* (1485-1557) vermeldet. Er berichtet nach Rückkehr in Portugal über den Anbau und die Wirkung *sinensischen Tees*, den er *Chiai catai* oder auch *Cha catagai* (Tee der Chinesen) nennt. Er hat Tee aber nur über arabische Händler kennen gelernt. Sechs Jahre nach Ramusios Bericht erreicht der Jesuit Franz Xavier Japan, um Handel und Missionstätigkeit gleichermaßen bemüht. Ab 1552 beginnt dann dessen Glaubensbruder *Matteo Ricci* (1552-1610) seine bereits beschriebene Missionstätigkeit in China aufzunehmen. Schließlich gelangt durch den Seefahrer Giambattista Ramusio ein Bericht über den chinesisch-japanischen Teekult nach Venedig, 1560 wird dieser durch Teeberichte des Jesuitenpaters *Caspar da Cruz* ergänzt. Erstmalig gibt zwei Jahre später *Luis Frois*, ebenfalls ein portugiesischer Jesuit und Missionar, Bericht über den japanischen Teepulvergebrauch, spricht von zerriebenen Teeblättern, die in der japanischen Teezeremonie mit dem Ausdruck höchsten ästhetischen Teegenusses gebräuchlich seien. Frois bezeichnet die japanische Teezeremonie in zutreffender Weise zugleich als Genuss und als Kunstform. 1565 schreibt *Luis d'Almeida* während seiner missionarischen und ärztlichen Tätigkeit in Japan in einem ausführlichen Brief über die von ihm beobachtete Tee-Vernarrtheit der Japaner.

Schließlich berichtet 1569 der portugiesische Jesuitenmissionar *Joao Rodrigues* in seinem »*Tratado da China*« über Teefelder in Uji, Japan, Teehäuser und spezielle Zeremonien sowie die Manufaktur hochwertigen Tees. Weniger um Tee als um die Verkündigung des Evangeliums ist 1583 in China *Michele Ruggieri* (1543-1607) bemüht. Seiner Feder entstammt auch die Übersetzung des Katechismus ins Chinesische. In der »*Historica Indica*« veröffentlicht in Rom 1588 *Giovanni Pietro Maffei* Berichte über den fernöstlichen Teekult. Ein Jahr später folgt die Schrift des *Giovanni Botaro* mit dem Titel: »*On the causes of greatness of cities*«, in der dieser besonders über die Pracht und Größe japanischer Städte berichtet.

Die Niederländer treten 1596 mit *Jan Huyghen van Linschoten* (1563-1633) in den Kreis der Berichterstatter aus der neuen Welt ein. Mit der Veröffentlichung »*Ltinerario, voyage ofte schipvaert van Jan Huygen van Linschoten near Oost ofte Portugaels Indien*« und weiteren Folgeberichten werden die japanische Teezeremonie und deren geistige Inhalte detailliert behandelt. Linschoten berichtet von einem herben Medizinaltrunk namens *Cha*, den Japaner zu besonderen Anlässen Gästen reichen würden:

»...een cruijt ghenaemt Chaa / twelcke seer gheacht wert«
(...ein Kraut namens Chaa / welches sehr geachtet wird).

2.20 Der russische Gesandte Isbrant passiert auf der Landstraße nach Peking am 27. Oktober 1693 die Große Mauer.

Auf dem beschwerlicheren Landweg führt im Jahre 1618 *Wassili Storkow* erstmals Tee nach Russland ein. Als russischer Gesandter lässt er von China aus 200 Pakete chinesischen Tees über den Karawanen-Handelsweg in die Mongolei mitgeben. Tee erlabt und ernüchtert fortan am Hof des Zaren *Alexis* in Petersburg eine sich zunehmend vergrößernde Anhängerschar. *Karawanentee* findet auch, gut ein Jahrhundert später volumensparend zu Teeziegeln verpresst, den Weg über Russland nach Mitteleuropa. Es ist ein leicht rauchig mundender Tee, auf dem langwierigen Transport nach jeder Durchnässung am Lagerfeuer getrocknet und zunehmend rauchiger geworden. 1630 verkehrt schließlich der holländische Gelehrte *Adam Olearius* bei Hof des Herzogs zu Schleswig-Gottorf. Er führte zur Zeit des Dreißigjährigen Krieges eine Handelsdelegation auf dem Landweg über Russland bis nach Persien an. Auf Olearius wird der Bau einer von Wasserkraft angetriebenen, sechs Meter großen kupfernen Globus-Apparatur zurückgeführt, die am Hof des Herzogs auch von der Kugelgestalt der Erde Zeugnis ablegt. Nach ihrer Demontage steht sie heute im Schloss zu St. Petersburg.

Wie schwer sich einstmals Handels- und sonstige Kontakte zu China und Japan gestalteten, beklagt 1639 auch *van Rechteren*, ein holländischer Seefahrer: »*Sobald sich ein fremdes Schiff an der Küste zeigt, wird es von Dschunken umringt, die es am Handel, an der Einnahme von Lebensmitteln, ja, an der Unterredung mit jedermann hindern, so dass es sich bald wieder fortmachen muss.*«

Und auch *Johan Nieuhof* verfasst, als Sekretär zweier Kaufleute 1668 über See nach China reisend (1655-1657), ein Buch über seine China-Eindrücke. »*135 Tael (Teile) Silber im Werte von fast 2 000 dicke Thalern ...* « mussten vom Kapitän entrichtet werden, bevor man in Kanton an Land habe gehen dürfen. Nieuhof hat sich in Berichten über die chinesischen Teerituale stark an die ihm von Holland her bekannte Bohnsopp/Bohnensuppe erinnert gefühlt:

»Man nimmt eine halbe Hand voll Teekraut, lässt es in reinem Wasser kochen, seiht es hernach durch ein Tuch, gießt etwa ein Viertel soviel warme Milch darüber und fügt auch ein wenig Salz dazu. Das schlürft man dann so heiß, wie man es vertragen kann, hinein. Und die Chinesen halten dieses Getränk so hoch wie die Alchimisten und Goldmacher ihren Lapidem Philosophorum oder Aurum postabile, das ist: philosophischer Stein oder zum Trinken zerlassenes Gold.« (Anm.: diese chinesische Rezeptur ist heute noch in Holland gebräuchlich.)

Eine weitere, von Nieuhof wiedergegebene Rezeptur aus China lautete: *»Trank von lauterem Tee: das ist Wasser, darin das Kraut gesotten und nichts mehr hinzugetan wird.«*

Nieuhof lässt sich begeistert über die Pracht des Landes aus. Weniger erfreut beschreibt er die seiner Ansicht nach zu lahme und umständliche Bürokratie des Landes. 1668 schließlich gelangt Tee von China aus über Bantam / Java, welches von 1603-1681 Stützpunkt einer englischen Handelsfaktorei ist, erstmals direkt nach Großbritannien. Die Engländer bemühen sich fortan in Konkurrenz zu Portugiesen und Holländern um den Import besserer Grünteequalitäten. Mit einfachen Sorten hingegen halten holländische Teehändler den englischen Markt, den sie bislang exklusiv bedienten, über Schmuggelhandel erfolgreich im Griff. Kaufleute der *British East India Company* haben die ihr Volk ernüchternde und konstitutionell stärkende Wirkung des Teegetränks alsbald begriffen und engagieren sich dementsprechend im direkten Überseehandel unter strikter Ausschaltung der holländischen Konkurrenz.

Gegen 1692 kehrt *Engelbert Kaempfer* (1651-1716), ein deutscher Forschungsreisender und Arzt, von einer Bereisung Japans auf holländischem Schiffe zurück. In der uns hierzu überlieferten *»Geschichte und Beschreibung von Japan«* erwähnt er die Geschäftstüchtigkeit der Holländer auf *Deshima / Japan*. Seinen Angaben zufolge wurden binnen eines Jahres 80 Tonnen Gold gegen japanische Waren umgetauscht. Er berichtet auch von einer *Japanischen Teezeremonie*, die fester Bestandteil der zen-buddhistischen Kultur des Landes geworden sei. Die Schrift Keampfers wird für geraume Zeit die einzige sichere Informationsquelle über das aus europäischer Sicht sagenhafte Japan bleiben.

Holländische Mediziner äußern zur Mitte des 17. Jahrhunderts aufgrund immer zahlreicher eingehender Berichte von Schiffsärzten

2.21 *De Beschryving van Japan.*
Holländische Übersetzungen der
Schriften Engelbert Kaempfers er-
schienen 1729 und 1733.
Staatsbibliothek Berlin.

und kaufmännischen Gesandten ihre Ansicht, dass von dem fernöstlichen *Chiai catai* (Teegetränk) eine mehrfach segensreiche Wirkung ausgehe. Erkrankten zuvor reihenweise Seeleute auf Schiffen an Skorbut und Seuchen, fallen nun, nach Aufnahme des Teekonsums, die Erkrankungs- und Todesraten an Bord deutlich geringer aus. Ein wundersames Getränk, dem offenbar sagenhafte Heilkräfte innewohnen. So kauen und priemen die Seeleute auf Teeblättern, bereiten Salat von diesem Wunderkraut und behaupten gar, mit einem Teeblatt im Mund die Räume von an Gelbfieber und anderen Seuchen Erkrankter ohne Ansteckungsgefahr betreten zu können.

Heute gilt als sicher, dass Teeblätter Gerbstoffe und sekundäre Pflanzenstoffe enthalten, die Viren und Bakterien abtöten und die gleichzeitig durch Beruhigung der Darmmuskulatur Durchfall und Erbrechensreiz lindern. Auf niederländischärztliche Empfehlung hin und mit Unterstützung der für mehr Alkoholabstinenz streitenden calvinistischen Prediger wird die Tee-Empfehlung vom Volke schnell umgesetzt. »*Drink Oranje Pekoe en uuw bliift gesond*«, Tee trinken und dafür weniger an Seuchen leiden, davon sind die Menschen in den Niederlanden und angrenzenden Regionen schnell überzeugt. Zuvor war es üblich, statt des verseuchten Trinkwassers täglich bis zu drei Liter Bier zu trinken. Am Abend kam noch ein Viertel selbst hergestellten Branntweins für besseren Schlaf hinzu. Angesichts der zunehmenden Tee-Euphorie kommt nun unter ausländischen Kritikern gar der Verdacht auf, dass die VOC diese kirchlich-ärztliche Konsumempfehlung in Auftrag gegeben und bezahlt habe. Dem Teekonsum wohlgesonnene Ärzte werden von Alkoholbefürwortern offen des Lobbyismus verdächtigt. Doch der Teekonsum ist nicht aufzuhalten:

»*Willst du der Gesundheit pflegen und für Kranckheit mancher Art, bis ins hohe Alter seyn verwahrt, Recipe edlen Thee, der verschafft mit seiner Tugend, daß wir werden wie die Jugend ...*«

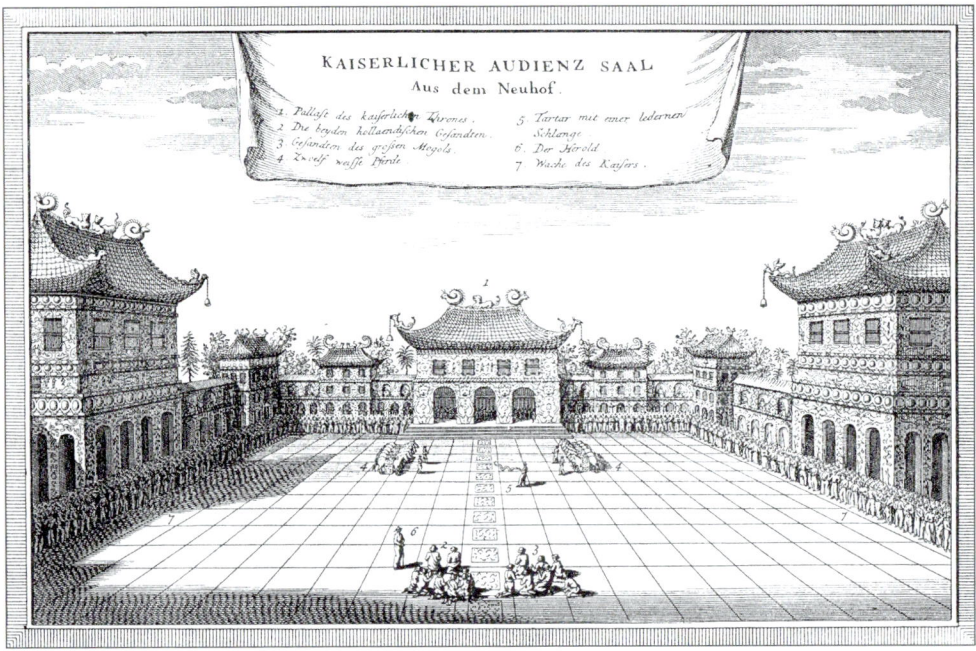

2.22 Gemeinsamer Empfang der Gesandten des Königs von Holland und des Großmoguls von Indien am 2. Okrober 1656 im Kaiserpalast zu Peking.

Eine Ernüchterungsbewegung setzt ein, unterstützt von calvinistischen Predigern. Sie erfasst mehr und mehr auch die benachbarten Küstenländer. Nüchtern lebt es sich einfach besser, wird zielstrebiger zugunsten vermehrten Wohlstands gearbeitet, erblüht die Wirtschaft. Ein Wohlstand, der auch die freien Bauern Ostfrieslands einschließt, die statt Hopfen fürs Bierbrauen im Münsterland nun Buchweizen anbauen, der sich nach Holland verkaufen lässt.

Der holländische Wirtschaftserfolg bleibt natürlich den britischen Konkurrenten der *East India Company* nicht lange verborgen. Über ihre neue Handelsfaktorei auf Bantam/Java startet sie daraufhin direkte Importe von Tee und anderen Ostindienwaren nach Großbritannien. Importe nach England sind fortan nur noch britischen Schiffen der EIC erlaubt. Ein herber Verlust für niederländische Reeder, deren Schiffe nun von britischen Prisenkommandos aufgebracht und beschlagnahmt werden.

In England nehmen die Kampagnen der teils äußerst militant agierenden Puritaner im 18. Jahrhundert an Vehemenz zu. Um faulig-modrigem Trinkwasser mit hell abgießendem Grünem Tee einen akzeptablen Geschmack zu verleihen, importiert man nun Grünen Tee, der bereits in China mit Gipspulver, Berliner Blau und Grünspanpulver eingefärbt ist. Eine die Abgussfärbung verdunkelnde und einen kräftigeren Geschmack bewirkende Maßnahme, die später englisch auch als *Smouchen* bezeichnet wird. Tee wird in England derart beliebt, dass manche Arbeiterfamilie bis zu einem Fünftel ihres Jahreseinkommens für dieses neue Ernüchterungsgetränk ausgibt. Wie sehr zwei Liter Teekonsum gegenüber den bislang täglich üblichen zwei bis drei Litern Bier plus Branntwein dem sozialen und wirtschaftlichen Aufstieg der Nation zuträglich sind, ist leicht vorstellbar. Dank des Teegetränkes entwickelt sich endlich eine nüchtern christlich und sozial handelnde Gesellschaft. Handel und Handwerk erblühen, Millionen neuer Arbeitsplätze entstehen. Nachdem übrigens der englische König *Charles II.* die teebegeisterte portugiesische Königstochter *Katharina von Braganza* heiratete, trinkt man am englischen Hof regelmäßig Tee. Auch bezieht die britische Krone aus dem aufblühenden Handelsaufkommen der EIC wesentliche Teile ihrer Staatseinnahmen.

2.23 Chinesische Teeschale aus grüner Jade.
Sammlung G. W. Peitscher.

Tee – Medizin und Ernüchterungsgetränk zugleich

Niederländische Mediziner wie *Alkaarts* und *Bontekoe* propagieren schon im 17. Jahrhundert, sehr zur Freude der VOC, eine Förderung des »*Umblauff*« der an niederländischen Fakultäten neu entdeckten Körpersäfte (Blut, Nerven, Lymphe) durch »*Theesauffen*«. Damit verbunden ist die endliche Abschaffung der nun als überholt angesehenen medizinischen Temperamentenlehre, welche den Alkoholkonsum eher fördert. Die Anhänger der neuen Tee-Medizin, deren Verbreitung von niederländischen Fakultäten, calvinistischen Pastoren und fortschrittlich gesinnten Kaufleuten gleichermaßen ausgeht, werden in feindseligen Schriften als »*Chinesenwassersäufer*«, die nur »*dumm, faul und unfruchtbar*« herumsitzen, kritisiert. Noch einhundert Jahre nach Aufnahme der niederländischen Teebekanntschaft ordnet der Bischof zu Köln »*von göttlichen Gnaden*« an, das unsägliche »*Thee- u. Kaffeesauffen*« ab sofort einzustellen. Neben Bestrafung wurde Tee- und Kaffeetrinkern auch das Zerschlagen des teuren weißen Porzellans angedroht. Angesichts vieler gut etablierter klösterlicher Brau- und Brennprivilegien könnte man dahinter eine Interessenkollision vermuten. Paulanerbräu, Franziskanerbräu, Klosterfrauengeist und viele andere contra Teegetränk. Wer von Alkoholkonsum profitiert, tritt nicht so ohne weiteres freiwillig ab. Einstmals wie heute ...

Ungeachtet des Verdachts zahlreicher Kritiker muss den niederländischen Medizinern hoch angerechnet werden, wie sehr sie sich ab 1638 für Tee und gleichermaßen gegen den Alkohol einsetzten. Auch unter dem Verdacht, dies alles sei nur eine von der Ostindienkompanie »gekaufte« Kampagne. *Nicolas Dirx* (1593-1674), unter Pseudonym auch *Nikolas Tulp* genannt, veröffentlicht in Amsterdam eine Studie unter dem Titel »*Observationes Medicae*« mit wohlwollender medizinischer Stellungnahme zur Teewirkung. Bekannter wurde Dirx durch das Gemälde Rembrandts: *Die Anatomie des Dr. Tulp*. Seither verbreitet sich der Teekonsum zum Inneren Europas hin, erst zögernd, dann wie ein Lauffeuer in den gehobenen Schichten. Regional entwickeln sich unter den unterschiedlichen gesellschaftlichen Einflüssen auch wechselnde Vorlieben für Tee, Kaffee oder Kakao.

Zur Mitte des 17. Jahrhunderts beklagen viele Branntweinbrenner und Bierbrauer bei ihren Fürsten herbe Verluste. Dafür aber stiegen die Ausgaben für Ostindienwaren wie Tee, Seide, Gewürze, Reis, Porzellan, Chinoiserien, Wand- und Bodenfliesen drastisch an. Die Wirtschaft kam zumindest in den Küstenregionen gut in Fahrt. Aber die Ansicht des Rechtsgelehrten *Gottfried Wilhelm Leibniz* (1646-1716), an europäische Fakultäten künftig chinesische Gelehrte zu berufen, ist den Fürstenhäusern von Hannover und Berlin dann doch zu revolutionär, um befolgt zu werden. Zu gleicher Zeit beschrieb auch *Adam Olearius* in seinem um 1647 in Schleswig erschienenen Buch »*Offt begehrte Beschreibung der Newen Orientalischen Reise*« Reiseerlebnisse, die ihm u. a. auch Teegenuss in Persien vermittelt haben. »*Kopfarbeit verrichte mit Lust*«, wer von diesem Getränk gekostet habe, notiert er hierzu.

Tee- und Kaffeehäuser

Im Londoner *Mercurius Politicus* erscheint im Jahre 1657 eine dreizeilige Annonce folgenden Inhalts:

»*... das exzellente und nun von allen Ärzten empfohlene China-Getränk, das bei den Chinesen Tscha, bei anderen Völkern Tay oder Tee heißt, wird im Kaffeehaus Sultaness Head in der Sweetin Road, bei der Royal Exchange, ausgeschenkt.*«

Noch aber muss ein Mitglied männlich sein, um hier dem Teegenuss huldigen zu dürfen. Doch in der Folgezeit entwickeln sich mehr und mehr auch Teestuben mit allgemein zugelassener Öffentlichkeit.

In England mangelt es dem einfachen Volk zu dieser Zeit sehr an vernünftigen Zubereitungsempfehlungen. Als beispielsweise die Witwe des britischen Herzogs von Monmouth 1686 einmal ein Pfund Tee an schottische Freunde verschenkt, sind diese ratlos in Bezug auf seine Zubereitung, kochen die Teeblätter stundenlang bis kurz vor dem Anbrennen zu einem Teebrei auf, um ihn als Salat zu essen. Die Leute reagieren darauf verwundert und verweisen auf den schlechten Geschmack der edlen Spenderin. Danach aber laufen Werbeaktionen der *East India Company* auf vollen Touren an. Mit *Samuel Johnson* (1709-1784), englischer Schriftsteller und Publizist, der ab 1709 das Teetrinken in vielen Zeitungsartikeln populär macht. Er behauptet, 20 bis 30 Tassen Tee täglich zu trinken und erklärt sich zum »*eingefleischten, unverfrorenen Teetrinker*«, der seine Mahlzeiten mit Tee verdünne und dessen Teekessel niemals abkühle. Johnson behauptet ferner, sich noch zur Mitternacht mit Tee zu trösten und mit der Teetasse den Morgen zu begrüßen. Ihm entgegnet 1756 der Schriftsteller *Jonas Hanway* in einem polemischen Essay, dass das Teetrinken die Frauen um ihre Schönheit und die Männer um die Gestalt und Haltung bringe.

Im Jahre 1712 berichtet der deutsche Forschungsreisende *Engelbert Kaempfer* von der bereits im ersten Geschichtskapitel beschriebenen Teebegegnung des indischen Königssohnes Bodhidharma. Alles Legendenhafte einmal beiseite gelassen, bleibt zu vermuten, dass das

Teeritual möglicherweise doch von Indien nach China überbracht worden sein könnte.

Ebenfalls im Jahre 1712 nennen Kritiker des Teegetränks den Teekessel in friesischen Landen auch den *Bankruutsketel* (Bankrottkessel). Vom Teetrinken in holsteinischen Kreisen heißt es, dies sei *»eine der Schwachheiten der Holsteinerinnen«*. Fernab der Küsten sind es Frauen begüterter Kreise, die das ernüchternde und gleichzeitig erlabende Teegetränk, bei dem sich so vortrefflich Gespräche führen lassen, mehr und mehr entdecken. Ein Beginn der Zeit weiblicher Emanzipation.

Um 1722 ist in deutschen Landen nur eine einzige Sorte Tee bekannt. Von Kräutertee heimischen Ursprungs will niemand etwas wissen. Er gilt als Hexenkraut, das mit dem Makel des Teuflischen behaftet ist. Früchtetee ist ebenfalls unbekannt. Bleibt zum Trinken nur Milch, Buttermilch, Bier, Wein und Branntwein. Doch schon um 1750 werden im Kolonialwarenhandel der Küstenstädte sieben, um 1772 bereits sechzig Sorten Tee angeboten. Im Jahre 1742 gründen *Pieter* und *Gerjet Buhrmann Kramer*, zwei Tee- und Kaffeehändler aus Amsterdam, in Norden / Ostfriesland Teehandelsniederlassungen.

In den Jahren 1730-35 berichten Chronisten von Hallig Hooge in Nordfriesland vom hohen Alkoholkonsum der Halligfrauen. Zudem führen sie erbärmliche soziale Verhältnisse an. Ein paar Jahre später wird nach nun zunehmendem Teetrinken von der Hallig berichtet, die Frauen seien jetzt von frischer Gesichtsfarbe, die Kinder wohlerzogen und die Häuser reinlicher. In diesem Zusammenhang wird ausdrücklich auf den durch Teegenuss stark verminderten Alkoholkonsum hingewiesen. Um Tee unter den Friesen entlang der Küste noch beliebter zu machen, verfasst 1733 *Wilhelmus Schortinghuis*, ein pietistischer Prediger in Weener, für seine *»Bevindelike Gesangen«* (welterfahrene Gesänge) gar ein Kirchenlied zum Lobpreis auf Tee und Kaffee mit dem Titel: *»De Sondaar ontdekt, Coffy of Thee drinkende«* (Der Sünder entdeckt Tee und Kaffee Trinkende). In diesem wird Gott für die Gaben Tee und Kaffee sowie für sauberes Regenwasser zum Aufgießen derselben gedankt.

Niederländische und britische Welthandelserfolge bleiben auch in Preußen nicht unbemerkt. So kommt es 1745 zur Gründung der *Preußisch Asiatischen Compagnie*. Mit der *König von Preußen* kehrt nach sechzehn Monaten Ostindienfahrt am 6. Juli 1753 der erste Ostindienfahrer nach Emden zurück. König Friedrich II., westfälische, französische, niederländische und Emdener Kapitalgeber hatten sich in dieser *Königlich-Preußischen Asiatischen Compagnie in Emden nach Canton und China* zusammen geschlossen und man fährt lohnende Gewinne ein. Endlich kann man auch in Preußen an der sich über ganz Europa ausbreitenden Chinamode mit Chinoiserien profitabel teilhaben. Die Ladung umfasst »*Seide, Damast, Gewürze, 65 832 Pfund Thee Congo, 2 919 Pfund Thee Peco, 14 453 Pfund Thee Soatchon, 5 642 Pfund Thee Singlo, 6 100 Pfund Thee Haysan, 51 877 Teezeuge (Tassen ohne Henkel), 49 750 Kaffeezeuge, 600 Teekannen, 220 Teeservice und sonstiges Porzellan*«. Das Porzellan war vom Kapitän durch Beauftragte erzeugerdirekt gekauft, von Trägerkolonnen über Chinas Gebirge zum Hafen Canton verbracht und verladen worden. 1753 entsendet die Compagnie ein zweites Schiff, die *Prinz von Preußen*, auf Ostindienfahrt. Am 18. Mai 1754 erreicht die *Burg von Emden* nach 19 Monaten Reise Emden. Ihre Fracht erlangt noch höheren Gewinn durch Tee und Porzellan. Zum Ende des Folgejahres geht schließlich noch die *Prinz Ferdinand* als viertes Schiff der Compagnie auf Ostindienfahrt. Im Juli 1754 verkündet der Alte Fritz, König von Preußen, per Erlass an die Provinzialkammern: »*... daß von nun an keine anderen Theen in denen königlichen Landen zur Consumption eingelassen werden sollen als nur von der Asiatischen Handlungs-Compagnie zu Emden.*«

Nicht jedes Schiff kommt unbeschadet nach Europa zurück. So strandet 1755 vor Borkum die *König von Preußen* im Sturm. Als die Leute das Schiff verlassen wollen, droht ihnen der Kapitän, alle sich vom Schiffe entfernenden Boote mit Kanonen zu beschießen. Nach Tagen kann schließlich das Schiff mit verbliebener Mannschaft wieder flott gemacht und die Ladung auf Versteigerungen in Emden sowie nach Weiterverschiffung in Stettin einträglich veräußert werden. Unter der Ladung befindet sich auch das *Preußische Tafelservice* mit dem Staatswappen, eine chinesische Auftragsproduktion. 1755 strandet das Hamburger Segelschiff *De junge Berend* im Schneesturm auf der Scharhörndüne in der Elbmündung. Von seiner Ladung behalten Strandräuber ein Drittel illegal ein. Sie bestand aus Chinatee, Porzellan und Eisen.

1756 bricht der Siebenjährige Krieg aus, im Jahr darauf erfolgt eine französische Besetzung Ostfrieslands und damit ein völliger Zusammenbruch des preußischen Ostindienhandels. 1765 wird die Preußisch Asiatische Compagnie geschlossen. Ihren Kapitalgebern ist dennoch ein guter Gewinn verblieben.

Das königlich preußische Polizeidirektorium äußert sich über den vermeintlich für Ostfriesland festgestellten *Mißbrauch des Tee- und Kaffeetrinkens* im April 1768 wie folgt:

Die Wirkungen des Thees sind zwar weder für die Gesundheit noch für den Beutel von denen, die ihn trinken, so schädlich, als diejenigen, welche man sich durch den Caffe zuzieht; allein eine geringe Auf-

merksamkeit wird doch zeigen, daß es wirklich widersprechend sey, für dieses Kraut Geld aus dem Lande zu schicken. Der Thee ist an und für sich gelinde, gewürzhaft und mäßig herbe, allein so schwach, als er gemeiniglich getrunken wird, ist er nicht im Stande, seine Kraft zu zeigen. Er stellt dann ein gelblich gefärbtes laues Wasser vor, welches angenehm riecht, und indem es in Menge getrunken wird, weit entfernt zu stärken, den Magen schwächt. Man muss also den Thee stärker, aber nicht so häufig trinken ? wird man gleich hierauf antworten. Zugegeben, dass dann der Thee seinen guten Nutzen hat; allein wollen wir immer anderen Völkern Tribut geben? Werden wir nicht viel besser thun, wenn wir Citronenmelisse und noch mehr die bei uns überall wildwachsende Bergpetersilie eben so wie Thee brauchen und trinken? Möchten doch diese jetzt vom Caffe- und Theetrinken angebrachten Umstände unseren Deutschen, die sich mit Recht durch ihre Einsichten, Wissenschaften und andere gute Eigenschaften so sehr über andere Nationen erheben können, auf die Gedanken bringen, auch in ihren ökonomischen Einrichtungen einen Vorzug vor anderen zu erhalten, dadurch, daß sie zu der einfältigen und der Natur gemässen Lebensart ihrer Vorfahren zurückkehrten.

Alles deutet darauf hin, dass zumindest das einfache Volk wieder zu Bier- und Branntweinkonsum zurückkehren soll. Doch die Friesen lassen sich nicht mehr durch die Obrigkeit einschüchtern. Dies versucht auch eine weitere preußische Anordnung mit dem gleichen Verlangen zugunsten des verstärkten heimischen Gerstenanbaus zur Bierherstellung. Auf höchste kurfürstliche Anordnung werden nun Tee- und Kaffeeschnüffler, meist ausgediente Soldaten, zum Aufspüren und Bestrafen sündiger Tee- und Kaffeetrinker ausgesandt. Um eine solche Bestrafung hier und da zu verhindern, stülpt ein Soldat schon mal die Fellmütze über eine Tee- oder Kaffeekanne. Derartig geschützt, kommt der Teesünder um die fällige Bestrafung herum. Vielleicht hat der Soldat ein Auge auf die Tochter des Hauses geworfen oder er erhält aus Dankbarkeit etwas Tee oder Kaffee. Ein Brauch, aus dem übrigens die Warmhaltemütze für Tee- und Kaffeekannen entstand.

Der Teekrieg Preußens gegen Ostfriesland wird in den Folgejahren immer heftiger. 1777 beantworten die ostfriesischen Landstände eine preußische Anordnung zur *Abschaffung des vermeintlich schädlichen Thee- und Kaffeesauffens* dahingehend, dass Teekonsum hierzulande zu tief verwurzelt sei und zudem auch zu den wenigen Bequemlichkeiten des ansonsten armen Lebens gehöre.

Auf Anordnung König Friedrich II. stellt 1778 Preußens Regierung über die regional zuständige Auricher Domänenkammer den ost-

2.24 Tinghai – Die Festung des Schreckens. Stich von Thomas Allom aus 1843.
Der Ort Tinghai liegt auf der größten der Choushan Inseln in der Bucht von Hang-
zhou, unweit der Hafenstadt Ningbo auf dem Festland. Darum kamen den Befesti-
gungsanlagen hier besondere Bedeutung zu.
Auf der linken Bildseite umzieht eine Mauer den Gipfel eines Berges. Auch dies mag
ein Teil der Befestigungen sein, von denen die Chinesen erwarteten, dass sie ein
Vordringen des Feindes über die Inseln hinweg zum Festland aufhalten würden.
Gegen den Ansturm der Engländer im Opiumkrieg (1840-1842) erwiesen sie sich
jedoch als nutzlos.

friesischen Landständen eine Akte folgenden Titels zu:
    »Die Abbestellung des übermäßigen Thee und Caffeetrinkens.«
    In dieser wird wie folgt vermerkt:
    »Der Gebrauch des Thee und Caffe in hiesiger Prowintz ist so
    übermäßig, daß Wir den schädlichen Folgen desselben Einhalt zu
    thun keinen weiteren Abstand nehmen können. Letzteren verbreiten
    sich über alle Stände ohne Ausnahme, unter allen aber leidet der
    Landmann am allerempfindlichsten. Wir können uns entübrigen diese
    der Mannigfaltigkeit nach zu zergliedern, und bedürfen nur anzu-
    führen, daß ohne alle Widerrede bey der jetzigen Fortdauer allgemein
    Gebrauchs dieses nahrlosen Getränks, der innerliche Reichtum des
    Landes geschmäht wird, die Landes Produkte unterm Mittel Preis
    erhalten werden.«

In diesem Schreiben wird am 19. Februar 1778 binnen 14 Tagen Antwort dazu gefordert, »... *welche Maasregeln Ihr am diensamsten machtet, um das übermäßige Thee- und Caffetrinken abzustellen.*«

Die ostfriesischen Landstände verweigern sich dem Verbot des Teetrinkens mit folgender Gegenrede: »*Auch leidet es keinen Widerspruch, daß dieses Getränk das wohlfeilste vor allen anderen ist, so daß Handwerker, Arbeiter und andere geringe Leute in den Städten und auf dem platten Lande sich und ihre Familien für ein paar Stüber täglich nach Notdurft versorgen können, ohne Gefahr zu laufen, berauscht zu werden.*«

Nachdem England 1780 über die Niederlande eine Wirtschaftsblockade verhängt, erwerben viele holländische Kaufleute Bürgerrechte in den Hafenstädten Ostfrieslands. Dreihundert holländische Seeschiffe werden nun umgeflaggt und löschen fortan ihre Waren in Emden und an den Kais anderer ostfriesischer Hafenstädte. Im Folgejahr erlebt der Ostindienhandel über Emden und andere ostfriesische Häfen eine weitere Blüte. Schließlich erwirbt mit dem Kaufmann *Carl Philipp Cassel* auch ein Bremer die Emdener Bürgerrechte. Als Reeder lässt dieser nun Seeschiffe auf Aktienbasis von Emden aus auf Ostindienfahrt gehen.

Zu dieser Zeit findet sich die geistige, wirtschaftliche, wissenschaftliche und politisch-diplomatische Elite Europas immer mehr in privaten Salons zu Teegesellschaften, *ästhetische Tees* genannt, ein. Als Bekleidungsordnung gelten für Damen weiße Gewänder, für Herren ein lilafarbener Frack nebst grünen Röhrenhosen. Besonders die Frauen begüterter Familien engagieren sich zunehmend als Veranstalterinnen von Teekränzchen (*Rahel Varnhagen, Henriette Hertz, Christiane Schopenhauer* u. a.). Als Teilnehmer an solchen *Thee anglaise*, Stehpartys würden wir sie heute nennen, werden später auch *Goethe, Schiller, Uhland, Lessing, Fontane, Heine, Fürst Pückler, Prinz Luis Ferdinand* und auch *Eckermann* vermeldet. Teetrinken ist *en vogue*. Und unter der neuen Nüchternheit entsteht so manch revolutionärer Gedanke wie zum Beispiel: Wegfall der Zollschranken, freie Meinungsäußerung, Lohn und Brot statt Hunger und Siechtum, Freiheit statt Leibeigenschaft, mehr Bildung und eine sozialere Gesellschaft. Und endlich, im frühen 19. Jahrhundert, kommt der Handel mit Tee und anderen Ostindienwaren auch außerhalb der Küstenregionen in vollen, ungehinderten Gang.

Doch dem weiter ansteigenden europäischen Bedarf steht die zunehmende Armut Europas an Gold und Silber gegenüber. Folglich tauschen die Beauftragten britischer und niederländischer Handelshäuser an geheimen chinesischen Ankerplätzen Opium, das sie bil-

2.25 Das Regierungsgebäude in Hongkong. Stich aus einem 1901 erschienenen Werk über China.

lig im indischen Cochin gegen Wolle erstanden haben, gegen Silber und Gold ein. 1839 muss England unter militärischem Zwang an den Beauftragten des chinesischen Kaisers 20 291 Kisten indischen Opiums übergeben, welches öffentlich verbrannt wird. Nachdem zu Beginn des 19. Jahrhunderts 27 % aller Chinesen der südlichen Hafenstädte opiumsüchtig geworden sind, eskaliert ein Opiumkrieg. Die Chinesen verlieren ihn 1842 und müssen fünf Hafenstädte für den freien Handel öffnen sowie Hongkong für 150 Jahre an England abtreten.

Von Calcutta aus beginnen sich forschende Britische im Hinterland Indiens umzusehen. So entdeckt 1825 *Robert Bruce*, ein englischer Major, auf einer Expedition durch das Gebiet Assam im feuchtheißen Urwald von Manipur die Assam-Teepflanze » *Thea assamica*«. Seinem Bericht vor der *Royal British Botanic Society* in London wird jedoch wenig Glauben geschenkt, zumal er keine entsprechenden Samen oder Pflanzen vorweisen kann und er auch kein anerkannter Botaniker ist. Es wird weiterhin erfolglos mit aus China geschmuggelten Teepflanzen experimentiert. Auch auf Java und Sumatra sind Teegärten auf Chinapflanzenbasis von 1826-1833 wenig Erfolg be-

2.26
Opiumkneipe in
Nanking, Ende des
19. Jahrhunderts.

schieden. Die Samen hierfür waren aus China gestohlen und in die
niederländische Kronkolonie Java gebracht worden. Erst Neuzücht-
tungen (Hybriden) auf Basis von China- und Assampflanzen führen
ab 1880 endlich zu wirtschaftlichem Erfolg.

Opiumhandel

2.27 Opiumraucher, ca. 1896.

Opium ist mittlerweile zum weltweit größten
Handelsprodukt avanciert. Nachdem 1831 das
China-Handelsmonopol der *Britisch East India
Company* ausläuft, übernimmt das Königreich
England am 28. August 1833 von der EIC sämt-
liche gebietshoheitlichen Rechte für alle Koloni-
en. Allmählich setzen sich jetzt Freihandelsinter-
essen durch, Händler müssen nicht mehr dem erlauchten Kreis der EIC angehören. Für 1833 wird
in Großbritannien vermerkt, dass sich die Ge-
samttonnage der britischen Ostindienflotte binnen 100 Jahren um das 23-fache vermehrt hat.
Am 20. November 1834 beginnen die regelmäßigen Teeauktionen an der Teehandelsbörse im
Londoner *Commercial Salesroom*. London wird zum wichtigsten Teehandelsplatz der Welt und wird diese Stellung bis zum Ende des Zweiten Weltkrieges im Jahr 1945 halten.

Unter dem Zwang der sich infolge des Opiumstreites ausweiten-
den Teeverknappung werden 1834 auf Initiative von *Lord William
Bentinck* umfangreiche Anbauversuche in Nordindien mit neuen As-

sam-Teepflanzen unternommen. Schon zwei Jahre darauf entstehen auf gerodeten Urwaldflächen durch britische Pflanzer erste große Assam-Teegärten in Monokultur unter Ausbringung von Assampflanzen, die schon elf Jahre zuvor entdeckt wurden. Doch immer noch herrscht Ratlosigkeit in der Verarbeitung des in feuchtheißem Tropenklima reichlich nachwachsenden und pflückfähigen Blattguts, sodass die Anbauversuche der *Assam Tea Company* 1839 in Nordindien vorerst scheitern. Dennoch gelangt eine erste Assam-Partie bereits 1838 in London zur Versteigerung und gibt Anreiz zur Fortführung weiterer Versuche.

Amerika – neuer Mitbewerber im Ostindienhandel

2.28 Eine Werbekarte der *Great Atlantic & Pacific Tea Company* aus 1883. *A&P* ist heute eine der größten Lebensmittelketten in den USA.

Längst haben die Neuengländer (Amerikaner) aus ihrer Verärgerung über britische Teebesteuerung ohne Mitspracherecht eine Befreiungsbewegung gegen das Mutterland England in Gang gebracht, die zur Proklamation der Vereinigten Staaten von Amerika führt. Amerikanische Kaufleute stiegen sodann mit neuen Schiffen in den Ostindienhandel ein. Sie erlangen 1844 den Abschluss eines chinesisch-amerikanischen Handelsvertrags, der den Chinahandel mit Amerika steil anziehen lässt. Amerika setzt schnellere Clipper ein und versorgt sich fortan unabhängig von Großbritannien. Um gegen die neue Konkurrenz, die auch auf dem europäischen Markt auftritt, wettbewerbsfähig zu bleiben, geben englische Kaufleute ihrerseits schnellere Schiffe in Auftrag. Die englischen Clipper *Stornoway* (1850) und *Lord of Isles* (1855) stellen mit 78 Tagen für die Fahrt von China bis London einen neuen Rekord auf. 1850 erreicht der amerikanische Teaclipper *Oriental*, von China ausgehend, London schneller als jeder englische Segler. Nach diesem Schrecken werden britische Bootsbauer vollends wach. Sie bauen schnellere, rankere Schiffe nach amerikanischem Vorbild in damals fortschrittlicher Komposit-Bauweise mit leichter Holzbeplankung auf noch leichteren Eisenspanten. Rank, schlank, mit viel Takelage, gebaut nach wissenschaftlich akribisch berechnetem Bauplan.

2.29 »Compagnie Francaise des Chocolats et des Thés«, Plakat von Theophile Steinlein (1859-1923). Steinlein gehörte um die Jahrhundertwende zu den führenden Plakatkünstlern in Paris und prägte die damals noch neuartigen Forderungen an die Produktwerbung.

Japan öffnet sich

Da sich Japan schon längere Zeit jeglichem unfairen Handel widersetzt hatte, stellt der amerikanische *Commodore Perry,* 1854 mit Kriegsschiffen vor der japanischen Küste kreuzend, ein Ultimatum und fordert die Öffnung der Häfen für freien Handel. Die japanische Regierung entspricht dem und lässt für den Export sogar etwas von dem neumodischen Schwarztee herstellen, der in Europa wegen seiner dunklen Färbung immer beliebter wird.

Tee in Preußen

Angeregt durch viele zuerst private, später aber auch öffentliche Teesalons in Preußen, berichtet 1844 die »*Krünitzsche Enzyklopädie*« (Berlin) über die Teezubereitung wie folgt:

»Die Theebereitung in Europa besteht bloß in einem Aufgusse heißen Wassers auf Thee, indem man diese Infusion ein Paar Minuten lang ziehen lässt, so, dass das Wasser von dem Thee eine gelbbraune Farbe angenommen hat. Man rechnet auf 1 Quart Wasser ¼ Loth = 16 ²/₃ g, 1 gestrichener Teelöffel = 1 ½ g. Bei vielen Familien bleibt der Thee zu einem zweiten Aufgusse in der Kanne stehen, man tut dann noch ¹/₈ Loth frischen Thee dazu, auch ¼ Loth, wer ihn strenger oder stärker haben will. Man gießt auch wohl heißes Wasser zum zweiten Male auf die Theeblätter, nachdem der erste Aufguss verbraucht worden, und lässt es etwas länger darauf stehen, und man erhält noch einen guten Thee. Dieses muss aber sehr bald nach dem ersten Aufgusse geschehen, also an demselben Abende, nicht später, nach mehreren Tagen, weil dann ein Theezusatz nöthig ist. Eine zu große Dose (Dosis ist gemeint) Thee benimmt ihm im Aufgusse das Angenehme und Liebliche, wie ihn z.B. die Engländer bereiten, die eine so große Dose Thee in heißes Wasser werfen und ziehen lassen, dass der Thee eine ganz braune Farbe erhält, und erst durch eine große Dose etwas versüßt werden kann, so sehr schmeckt das Herbe, Adstringirende hervor ... Da man sich beim Thee der Theekannen bedient, so hat man bei diesen bei der Verfertigung eine Art Sieb vor der Ausgusshöhle angebracht, so, dass nichts von den Theeblättern in die Tasse beim Eingießen desselben kommen kann, sondern in der Theekanne zurückbleiben muss. Wo man keine solche Kanne hat, da muss der Thee, wie der Kaffee, filtrirt werden, welches durch Löschpapier, oder durch Leinwand, Parchent etc. geschehen kann, damit die Blätter etc. darin zurückbleiben. Den Thee trinkt man nun ohne, auch mit Milch (Letzteres am meisten) und mit Zucker ...«

Tee gehört nun zum Standardangebot eines jeden Kolonialwaren-händlers und zumindest an der Küste haben Teeliebhaber auch die Möglichkeit einer größeren Sortenwahl. Zum Binnenland hin nimmt die neue Reichhaltigkeit aber stark ab und Tee gehört hier außer in Spezialläden für gehobenen Feinkostbedarf eher zum Angebot der Drogisten.

Der »*Navigation Act*« fällt – die Teebranche boomt

1849 hebt das englische Parlament endlich die britische Navigations-akte von 1650 und 1651 auf und schafft damit die Voraussetzung, dass auch Schiffe der Hamburger und Bremer Reeder die Weltmee-re ungehindert mit Handelsgütern befahren können. Aufgrund stei-gender Teenachfrage entstehen immer mehr Teeanbauflächen von Assam, Nordindien, ausgehend in Darjeeling, Dooars, Terrai, Sik-kim und Nepal durch vorwiegend britische Pflanzer. Sie produzie-ren immer erfolgreicher Tee für den europäischen Markt. Hieran sind vereinzelt auch deutsche Pflanzer (*Steinthal*, *Stölcke* u. w.) beteiligt. Die Produktion begann in Assam mit einstmals 12 000 Pflanzen, aus Chinasamen gezüchtet. In Assam wirtschaften 1858 bereits fünfzig Teeplantagen. Dauerhafte Stabilisierung der Teeproduktion wird je-doch erst ab 1870 mit neuen Assam-Hybriden möglich, die direkt im neu entstehenden Teeganbaugebiet gezüchtet werden. Es sind neue Sorten, welche im gleichen Jahr auch in südindischen Teeplantagen (Travancore) am Fuße der Westghats auf 1300 bis 2000 m Höhen-lage gezogen und angepflanzt werden. Von hier aus erfolgt einige Jahre später die weitere Anlage neuer Teeanbauflächen auf der vorgelagerten Insel Ceylon (heute Sri Lanka).

Vorderindien steht ab 1858 unter britischem Kolonialeinfluss. In Sorge um das lukrative Chinageschäft, das sie vormals exklusiv be-trieb, opponiert die *East India Company* gegen die konkurrierenden, immer erfolgreicher wirtschaftenden indischen Teeplantagen von As-sam. Der Konflikt erregt allgemeines Missfallen im Mutterland; viele der sich neu im Teegeschäft etablierenden Firmen und Pflanzergesell-schaften zählen nicht zum erlauchten Kapitalgeberkreis der EIC. Doch mit den einmal verlorenen Exklusivrechten kommt es zu gro-ßen Geschäftseinbrüchen und 1859 schließlich zur Auflösung der in ihren Strukturen inzwischen stark verkrusteten *East India Company*.

Auch Japan, das sich lange Zeit dem Westen gegenüber verschlossen zeigte, bekommt die 1854 erfolgte Öffnung für den freien Übersee-handel gut. Vor der Gefahr, nach der einmal erzwungenen Handels-öffnung in gleicher Weise wie zuvor China dem Opium-Dilemma zu

2.30
In Fukien wird Ziegeltee für den Versand per Eisenbahn nach Russland verpackt. China, Ende des 19. Jahrhunderts.

erliegen, warnt der erste US-Botschafter die japanische Regierung beizeiten. Er rät, den Opiumhandel künftig nicht mehr zuzulassen. Historiker sehen in der damals strikten Einhaltung dieser amerikanischen Empfehlung den Hauptgrund dafür, dass Japan einen wirtschaftlich erfolgreicheren Weg einschlug als alle seine südasiatischen Nachbarn.

Teehandel in Russland

Was den russischen Teehandel anbetrifft, so unterzeichnet 1860 *General Ignatjew* den *Vertrag von Tientsin* in Peking. Dieser liberalisiert den gesamten Handel zwischen China und Russland. Im Folgejahr wird Tee auf dem Seeweg von Kanton nach Russland exportiert. Die Gebrüder *Popow* dürfen als einflussreiche russische Teehändler in China sogar Plantagen anpachten und Teefabriken in den Gebieten *Zunjang* und *Foochow* betreiben. Sie richten mit chinesischen Teepflanzen auch Plantagen im Kaukasus (Georgien und Grusinien) an der Schwarzmeerküste ein. Als clevere Kaufleute besitzen die Popows zudem Teeläden in 90 russischen Städten und gründen unter dem in *Popoff* geänderten Namen auch Handelsvertretungen im westlichen Ausland.

Lipton, Twining und Co. ...

Nachdem es zuerst in England hieß, dass »*jeder Idiot*« eine Teeplantage gründen könne, wurde schließlich doch erkannt, dass nur botanischer Sachverstand und Durchhaltevermögen anhaltenden Erfolg in dieser schwierigen Branche bescheren. Britische Kaufleute wie *Lipton*, *Twining* u. a. m. gründeten eigene Teeplantagen in Indien und auf Ceylon, später auch in afrikanischen Ländern. Fachleute in ihren Diensten

2.31 Der Teeclipper *Ariel* auf einer Briefmarke aus Paraguay.

entwickeln ab etwa 1880 ein völlig neues, maschinell unterstütztes Manufakturverfahren, an dessen Ende der dunkel färbende Schwarze Tee in gleichbleibender Qualität steht.

Teeclipper-Rennen

In der Zeit des immer stärker erblühenden Handels kommt es nun weltweit darauf an, mit schnellen Schiffen den Konkurrenten wortwörtlich um eine Nasenlänge voraus zu sein. Elf mit Chinaware beladene Teeclipper legen am 28. Mai 1866 in Foochow/China ab. Sie segeln in nur 99 Tagen von Foochow nach London. Gewinner dieses Rennens wird die *Teaping*, die mit nur zwanzig Minuten Vorsprung vor der *Ariel*, gefolgt von der *Fiery Cross* die Kais in London erreicht. Doch die Zeit der Clipper geht allmählich zu Ende.

Der Suezkanal verkürzt den Seeweg

Nach Öffnung des Suezkanals im Jahre 1869 übernehmen schnelle Postdampfer den Liniendienst von London nach Shanghai, Foochow und Hangtschau. Neue Routen führen auch über Calcutta / Indien und Colombo / Ceylon gen Malaysia, China und Japan. Englische Reedereien befahren auch Routen auf den Flüssen Chinas. Und eine dänische Telegrafengesellschaft verbindet chinesische Städte mit Telegrafenstationen. Eine nunmehr relativ geruchsichere Verladung in geschlossenen, trockenen Frachträumen der Postdampfer ist nur der Beginn vieler weiterführender Qualitätsverbesserungen im Warentransport. Für Tee nach Übersee werden immer dichtere Kisten entwickelt und mit attraktiver, verkaufsfördernder Bemalung versehen. Auf europäischer Verbraucherseite wächst die Kennerschaft unter den Teetrinkern. Edlere, aromatischere Teequalitäten sind gefragt. Es genügt nicht mehr, Grünen Tee mit Gips, Berliner Blau oder gar Grünspanpulver für einen möglichst dunklen Abguss einzufärben. Schnell fanden sachkundige Pflanzer in Indien heraus, dass besondere Pflück- und Verarbeitungskriterien neben Boden- und Klimaverhältnissen weiteren hohen Einfluss auf die Teequalität nehmen. Mit Beginn der mechanisierten Teemanufaktur – ein erster Dampfkessel wurde 1872 in der Darjeeling-Plantage Tukvar aufgestellt – war ein weiterer wich-

2.32 und 2.33
Teekanne mit abnehmba-
rem Deckel, der als Trink-
gefäß dient. China, ca.
1850 n. Chr., weißes Por-
zellan mit blauem Dekor,
22 cm hoch.
SAMMLUNG G. W. PEITSCHER.

tiger Qualitätsschritt hin zur uns heute bekannten Schwarzteemanufaktur getan. Der Grüne Tee tritt nun zumindest in Europa völlig in
den Hintergrund.

Die ansteigende Nachfrage erfordert ständige Erweiterung der
Transportkapazitäten. 1871 werden in England mehr als 50 Dampf-
schiff-Neubauten auf Kiel gelegt. Mit diesen können nur Großseg-
ler konkurrieren, die mit vier bis fünf Masten bestückt und von neuer
Stahlbauweise sind. Den hanseatischen Reedern und Importhändlern
fällt es immer noch schwer, sich im Direkthandel gegen die altein-
gesessene britische und holländische Konkurrenz zu behaupten. Preußen schickt sich 1879 an, Tee zusätzlich zu verteuern, indem der
Reichstag die Teesteuer von 60,- auf 100,- RM per 100 Kilo herauf-
setzt. Vergeblich kämpft hiergegen der ostfriesische Abgeordnete *Jan*

2.34
Chinesische Teehändler,
ca. 1898.

ten Doornkaat-Koolmans beredsam an. Doornkaat gibt zu bedenken, dass ein Drittel aller deutschen Importe nach Ostfriesland gingen und dass diese steuerliche Mehrbelastung ungerecht sei. Zuruf von ganz links: *Sehr richtig ..!*

Chinatee verliert die Vormachtstellung

Ab 1880 büßt China indes seinen Spitzenplatz in der Teeversorgung des Weltmarktes ein. Der Anteil des Chinatees am Weltmarkt sinkt bis 1900 von 80 % auf 38 % herab. Neue Anbaugebiete, näher zu Europa in den Kolonialgebieten gelegen und mit industrieller Monokultur-Produktion, übernehmen jetzt mehr und mehr die Versorgung. Gleichzeitig setzt sich auch die für den Tropenanbau tauglichere und zudem mehr Ertrag liefernde Assam-Teepflanze durch, gefolgt von Kreuzungen aus China- und Assampflanzen (Hybriden).

Eisenbahnlinien entstehen

In Russland löst 1880 eine neue Eisenbahnlinie die Kameltrecks nach China endgültig ab. Immer noch gilt aber bei den Russen ein zu Ziegelform verpresster Tee als bevorzugte Handelsform. Bis schließlich 1884 der erste Plantagenanbau in den russischen Südstaaten Georgien und Grusinien entlang der Gebirge der Schwarzmeerküste einen sehr mild mundenden, losen Blatt-Tee in den Inlandshandel bringt.

Von 1881 bis 1885 erfolgt im Norden Indiens der Bau der Darjeeling-Dampfeisenbahn, eine Schmalspur-Bahnlinie zur Erschließung der Teeprovinz. Sie dient noch heute neben zwei Fernstraßen als wichtige Versorgungslinie und wird immer noch von hochbetagten Dampflokomotiven gezogen.

Teeplantagen auf Ceylon

Ab 1880 entstehen die ersten Teeplantagen auf Ceylon. Durch eine Pilzerkrankung sterben hier urplötzlich die meisten Kaffeepflanzungen ab. Ab 1876 sorgen englische Pflanzer dafür, dass aus der einstmaligen »Kaffeeinsel« mit Pflanzgut aus Indien eine »Teeinsel« wird. Die Pflanzer setzen sich, wie zuvor schon in Nord- und Südindien, aus einer illustren Mischung von Offizieren, Kapitänen, Geschäftsleuten, Medizinern und Ingenieuren zusammen.

Deutschlands neue Teeszene

In Deutschland kehrt ab etwa 1895 in viele Salons eine große Teebegeisterung ein. Im auflebenden Jugendstil entsteht zudem Begeisterung für alles Japanische. Dies insbesondere bei jungen Menschen, die Berauschendes wie Alkohol, aber auch Kaffee und Tabak zunehmend ablehnen. Es kommt zur Anerkennung von Tee als ein die Meditation und das Gespräch förderndes Getränk. Auch das Aromatisieren von Tee nach indischem Vorbild mittels Nelken, Zimt, Vanille und anderen Gewürzen kommt in ganz Nordeuropa in Mode, Kräutertee und Früchtetee verhelfen alternativen Tee-Empfehlungen zu weiter Popularität. Bis dahin mochte in Städten niemand Tee jedweder Art gern trinken, weil ja bekanntlich kein hygienisch einwandfreies Wasser zur Verfügung stand. Dass neben dem Abkochen des Wassers bei der Teezubereitung auch die Gerbstoffe des echten Tees Viren und Bakterien abzutöten in der Lage sind, spricht sich nur sehr langsam herum. Fernab der Küste erhalten eher Kaffee und seine Ersatzprodukte (Kathreiner) die Gunst der Verbraucher. Letztlich erschwert auch eine immer stärkere Milchwirtschaft das Ansteigen des Teekonsums.

Der deutsche Teeweg gewinnt dennoch mit Begriffen wie *Hamburger Mischung* oder *Ostfriesische Mischung* ab 1905 weiter an Freunden. Unter diesen Bezeichnungen werden vielerlei Mischungen, die aus miteinander vermischtem Grün- und Schwarztee bestehen, in Norddeutschland feilgeboten. Doch 1909 verdoppelt die Reichsregierung die Abgabenlast auf Tee willkürlich. Der Zweite Weltkrieg

(1939-45) unterbricht zudem deutsche Importe; erst danach können deutsche Importeure den Ostindienhandel wieder aufnehmen. Verbraucher in Deutschland geben nun, wie zuvor in England und Holland geschehen, kräftiger aufgießenden schwarzen Indientees gegenüber milden Chinatees den Vorzug. Auch wächst die Kenntnis über die Länder des Fernen Ostens durch neue Literatur, zum Beispiel mit *Kakuzō Okakura* (1862-1913), dessen viel beachtetes »*Buch vom Tee*« der Inselverlag 1919 veröffentlichte. Es erreicht bis 1977 eine deutschsprachige Gesamtauflage von 277 000 Exemplaren. Als Sohn einer Samuraifamilie bemühte sich Okakura um die Erneuerung alter japanischer Traditionen.

1920-25 setzt in Deutschland eine weitverbreitete Russlandbegeisterung besonders unter deutschen Jugendbünden (Pfadfindern) ein und lässt viele auch junge Menschen zu Verehrern russischen Tees (*Tschai*) werden.

Der ostfriesische Teeverbrauch beträgt 1931, also kurz vor dem sogenannten »Dritten Reich« (1933-45) stolze 3000 - 3500 g pro Einwohner und liegt hinter dem britischen kaum zurück. Das übrige Deutschland erreicht hingegen nur knapp 250 g pro Kopf, allerdings mit ansteigender Tendenz. 1936 werden in Ostfriesland eine Million Kilo Tee eingeführt. Bei nur zwei Prozent Bevölkerungsanteil verbleibt dennoch ein Viertel davon für ostfriesischen Teekonsum im Lande. Mit Beginn des Zweiten Weltkrieges ist es allerdings mit der Teefreiheit wieder vorbei, denn ab 1939 werden in einer Blitzaktion von der Reichsregierung Teebezugsscheine ausgegeben. Eine Versorgungsnot beginnt, die über zehn Jahre anhält. Pro Monat werden jeder Person nur noch 20 g Tee zugestanden. Nach ostfriesischem Protest wird diese Menge zwar auf 40 g erhöht, aber später auf 30 g zurückgenommen. Bezugsberechtigt für Tee ist nur, wer das 35. Lebensjahr erreicht hat. Es werden für eine ostfriesisch-regional höhere Bezugsrate entsprechende Teetrinkerkreise behördlich festgelegt. Zu diesen zählen auch die Hansestädte. Über 90 Jährige erhalten zum Geburtstag 250 g Tee extra zugeteilt. Tee gilt in Ostfriesland jetzt als *schwarzer Hausfreund*, wohl weil er nur noch auf dem Schwarzmarkt zu bekommen ist. Teeimporteure müssen ihre Bestände an die Heeresversorgungsstellen abgeben. Tee-Einzelhändler erhalten Order, ihre Bestände an die Firmen *Behrens* (Norden), *Niehus* (Wilhelmshaven) und *Bünting* (Leer) abzuliefern. Tee-Ersatzprodukte wie *Teeka-Fix*, *Teeka* oder *Holunda*« werden alternativ propagiert, Schüler müssen Brombeerblätter und wilde Kamille sammeln. Hingegen ist Tee für die Gegenseite derart unverzichtbar, dass Winston Churchill 1942 meint, Tee sei für seine Soldaten wichtiger als Munition.

Neue Teehandelsplätze

Nach Kriegsende (1945) ist die Teenot am größten, der Schwarzhandel mit Tee aus Holland und England erblüht. Das Pfund kostet bis zu 1500 Reichsmark und München avanciert zum Hauptumschlagplatz des Tee-Schwarzmarktes. Von Holland aus führt eine weitere Schmuggelroute über den Aachener Raum nach Westdeutschland.

Bis ins Jahr 1945 gilt London noch als das Zentrum des Tee-Welthandels. Ausgenommen davon ist indonesischer Tee aus den holländischen Kolonien, der nur über Amsterdam gehandelt wird. In der Nachkriegszeit verlagert sich der Handel mehr und mehr nach Calcutta (Indien), Mombasa (Kenya) und Colombo (Ceylon), die neuen Umschlagsplätze für Tee.

Zudem orientieren sich die englischen Handelshäuser aufgrund der Befreiungsbewegungen Indiens und Ceylons (Sri Lanka) völlig um. Sie investierten fortan verstärkt in den Teeanbau von Malawi, Tansania, Kenya und Uganda. Nun tritt Afrika in den Kreis der für den Weltmarkt bedeutenden Großproduzenten ein. Mit der durch diese neuen Erzeugerländer erhöhten Teemenge wird heute immer noch der Weltmarktpreis auf Niedrigniveau und gleichzeitig der Verschuldungsstand dieser vermeintlich freien Länder hoch gehalten.

Befreiung aus kolonialer Abhängigkeit

1947 befreit sich Indien schließlich aus der britisch-kolonialen Bevormundung, vierzehn Jahre später auch aus der restlichen Portugals (Goa). Viele Teefachleute ziehen nun aus Indien ab, sodass die Teequalitäten erst einmal stark absinken. Doch das gilt nur für eine Übergangszeit, bis genügend einheimisches Personal herangebildet ist, worum sich die indische Regierung mit vielen Initiativen bemüht.

Um 1948 macht der Tee-Export Ceylons 60 % aller Deviseneinnahmen des sich aus englischer Kolonialmacht lösenden Landes aus. Die meisten Teeanlagen hier sind völlig überaltert, es besteht akuter Erneuerungsbedarf. Von britischen Teekonzernen übernehmen nun indische Gesellschaften den Tee- und Gewürzanbau und bringen ihre eigenen Arbeiter mit. Es entsteht das heute noch brisante ethnische Bevölkerungsproblem. Zudem kränkeln die überalterten Teepflanzungen und erfordern hohen Chemieeinsatz. Hieran erkranken wiederum viele Pflückerinnen. Schließlich entscheidet sich die Regierung für die Verstaatlichung der Landwirtschaft. Gefördert durch staatliche Teeanbau-Forschungsinstitute, übrigens auch von deutschen Gastforschern unterstützt, kommt es nach einer Bestandsaufnahme zur Erneuerung der Teeplantagen mittels neuer Züchtungen. Die Qualitäten verbessern sich wieder. Heute zählt Sri Lanka zu den wichtigsten Tee-Erzeugern weltweit.

Tee im Nachkriegsdeutschland

In Deutschland wird 1949 ein Tee-Schwarzhändler aus Völlenerfehn/ Ostfriesland zu vier Monaten Gefängnis und 4000 DM Strafe verurteilt. Er schmuggelte 3089 Pfund Tee über Holland nach Deutschland. In den Folgejahren finden noch unzählige Prozesse wegen Teeschmuggels und verschiedener Verfälschungsdelikte besonders in Norddeutschland statt. Die anfänglich sehr hohe Teebesteuerung senkt der Bundestag 1959 auf 3 DM/kg, ein Verzicht auf 250 Mio. DM an Abgaben pro Jahr. Damit entspannt sich die Versorgungssituation.

1972 erbaut Japan auf dem Gelände des *Englischen Gartens* in München anlässlich der Olympischen Spiele ein Teehaus. Hier finden regelmäßig Teezeremonien statt.

Neue Teehandelsstrukturen und soziale Aspekte

1981 befinden sich über 90 % des Tee-Welthandels unter der Kontrolle von nur fünf europäischen und drei amerikanischen Großfirmen. Kritiker bemerken hierzu, dass an Stelle der früheren Kolonialherren jetzt multinational agierende Handelskonzerne stünden. Inzwischen ist der ostfriesische Teeverbrauch auf 3 kg pro Kopf/Jahr angestiegen. Britische Verbraucher konsumieren wie die Ostfriesen 3 kg Tee pro Kopf/Jahr, übrige Deutsche hingegen nur 220 g. Insgesamt werden weltweit über 2,5 Millionen Tonnen Tee pro Jahr produziert. Wie viel davon in Teebeuteln vertrieben wird, lässt sich nicht genau feststellen, es dürfte aber gut die Hälfte sein. Das ist aus ökosozialer Sicht eine bedenkliche Entwicklung, denn Teebeutel werden von der Pflückung bis zum Endverkauf maschinell produziert. Das nimmt bereits bei der Ernte unzähligen Pflückerinnen den Broterwerb zugunsten höherer Gewinne im Import- und sonstigen Zwischenhandel. Zudem verursachen die schweren Pflückmaschinen ökologische Probleme in den Plantagen, ganz zu schweigen vom höheren Chemieeinsatz für mehr Ertrag auf Monokulturflächen.

Ende der 90er Jahre setzt sich bei Europäern immer mehr auch Rooibostee durch. Bislang ein traditionelles Getränk in Südafrika, wird dieser siebenjährige Urwaldstrauch heute im Cedargebirge nördlich von Kapstadt in Kultur angepflanzt, geerntet und verarbeitet. Er ist von gleicher Güte wie Grüner Tee, jedoch coffeinfrei.

In Deutschland sind zur Jahrtausendwende laut offizieller Statistik etwa 5-6 % der Bevölkerung Teetrinker, doch ganz verlässlich erscheinen mir diese Angaben nicht. Ich denke, dass wir gut und gerne schon auf 10 % Teetrinkeranteil kommen. Schließlich sind auch die Kräuter- und Früchteteetrinker mit hinzuzurechnen. Mag dieses Buch mit dazu beitragen, den Anteil der Teetrinker weiter wachsen zu lassen.

Gedenken wir der Worte des Reisenden *Dufour*, der sein fernöstliches Tee-Erlebnis so treffend beschreibt:

»Die Chinesen, die so viel Tee trinken, spucken und schneuzen sich nie. Ihr Gehirn ist von jenen Überflüssigkeiten befreit, die den Sitz des Verstandes beschweren.«

2.35 und 2.36
Chinesische Teekanne aus grüner Jade in Form eines Buddha. Der Kannendeckel, mit einer Glückskröte verziert, befindet sich auf der rechten Schulter des Buddha.
Sammlung G. W. Peitscher

3.   Die Teepflanze

3.1 Teepflanze
a) Blütenquerschnitt
b) Frucht.

Ursprung

Die Teepflanze gehört zu den Teestrauchgewächsen, botanisch »*Theaceae*« genannt. In China sind über 600 in 35 Familien eingeteilte Unterarten bekannt.

Der schwedische Naturforscher *Carl von Linné* (1707-1778) ordnete die ihm aus China bekannt gewordene Teepflanze der Familie »*Camelliaceae*«, den Kameliengewächsen, zu.

Im Ursprungsgebiet, wahrscheinlich den Bohea-Bergen von West-Yunnan in Süd-China, gedeiht die Teepflanze meist durch Wildverbiss strauchförmig bis zu 6 m Höhe. Von hier aus setzte eine natürliche Verbreitung der »*Camelliaceae*« über die Nachbarprovinzen hinweg bis nach Tibet, Burma, Vietnam, Kambodscha und zu den Philippinen ein. An wärmeren Standorten in dauerfeuchteren Tiefland-Lagen sind Teepflanzen gelegentlich auch mit über 20 m Höhe bei bis zu 3 m Stammumfang im Urwald anzutreffen.

Geschichte

Der hochgräfliche lippische Leibmedicus *Engelbert Kaempfer* verfasste im Jahr 1712 eine erste Botschaft von der Teepflanze in lateinischer Schrift*: »Thea Japonica historia«*. Als Angehöriger der schwedischen Gesandtschaft am persischen Hofe reiste er 1690 als »*Schifchirurgus*« angestellt von der *Niederländisch-ostindischen Compagnie* nach Japan. Dort hatte er sich bis 1692 aufgehalten und das Land kennen gelernt.

Sein Bericht wurde von *C. W. Dohm* im Jahre 1777 unter dem deutschen Titel »*Geschichte und Beschreibung von Japan*« mit folgendem Wortlaut herausgegeben:

»„Tsia-Thea frutex solio cerasi flore rosae sylvestris, fructu unicocco, bicocco & ut plurimum tricocco.“ Der Thee ist ein Staudengewächs, welches langsam Mannes Länge erreicht. Die Wurzel ist unordentlich getheilt, hozigt und außen schwarz; der Stam von unten auf mit Aesten beladen, deren zahlreiche Schossen und Spößlinge sich ohne Ordnung verbreiten.«

Engelbert Kaempfer liefert eine botanische Beschreibung sowie die Legende von der Entdeckung der Teepflanze. Er teilt mit, dass auf Japanisch Tee »*Tsjaa*«, auf Chinesisch hingegen »*Thek*« genannt werde.

Auch sei das in beiden Ländern für Tee benutzte Schriftzeichen mit jenem der »*Augenlider des Darma*«, eines berühmten heidnischen Heiligen identisch. Dieser Darma (Bodhidharma, 519 n. Chr.) »*lebte beständig unter freyem Himmel, kasteyte seinen Leib, zähmte seine Leidenschaften. Seine Nahrung bestand in Blättern*«. Darma habe jede Nacht durchwacht und sich keine Ruhe oder Rast gegönnt. Irgendwann, von Fasten und ständigem Wachsein erschöpft, habe ihn der Schlaf überfallen. Wieder erwacht habe er sich, künftiges ungewolltes Einschlafen zu verhindern, beide Augenlider abgetrennt und zu Boden geworfen. Nach einigen Tagen an diesen Ort zurückgekehrt, »*...erblicke er aus jedem Augenlid eine wunderbar hervorgesproßne Staude. Diese war nichts anders als der Thee, den die Welt entweder noch gar nicht gehabt, oder dessen Eigenschaften bis dahin wenigstens verheelt (unbekannt) waren. Er speiste die Blättgen und empfand sogleich eine seltsame Lebhaftigkeit und Fröhlichkeit nebst neuen Kräften. Da er die bisher unbekannte Wirkung der Theeblätter nie genug äußern konnte, erschol alsbald der Ruhm dieses edlen Gewächses und ward der Gebrauch seiner unvergleichlichen Blätter algemein.*«

In Kaempfers Bericht erfahren wir, dass Teegärten von Bauern angelegt würden und dass sie dafür Samen und Schösslinge verwendeten. Er berichtet vom Sammeln verschiedener Teequalitäten, deren Preis und Ausfuhrmöglichkeit. Ferner beschreibt er die Blattverarbeitung und bildet Gerätschaften ab.

»*Während man den Thee aus China in Büchsen aus Zinnblech über das Meer in andere Länder verschickt, bewahren die Japaner ihren Theevorrat in irdenen Töpfen auf, die eine sehr enge Öffnung haben. Die köstlichsten Gattungen werden meistens in porcellänen Gefäßen aufbewahrt.*«

Botanische Einordnung nach Linné

Das (L) hinter der lateinischen Pflanzenbezeichnung »*Camellia sinensis (L)*« steht kennzeichnend für die botanische Einordnung in das von *Linné* im 18. Jahrhundert geschaffene international gültige botanische Ordnungssystem.

Linné kennzeichnete die von ihm darin aufgenommenen Pflanzen gemäß ihrer geographischen Herkunft mit »*var*« = Varietät. Als Teepflanzen werden jene aus Chinas Bohea-Bergen, aus japanischer und aus der Assam / Nordindien-Herkunft angegeben:

Camellia sinensis var. bohea — **Chinapflanze** (Bohea-Berge / Yunnan)
Camellia sinensis var. japonica — **Japanische Teepflanze**
Camellia sinensis var. assamica — **Assampflanze**

Wildwuchs

In den großflächigen Buschwäldern von Chinas Provinzen Fukien, Anhui und Yunnan finden sich viele Unterarten des *Quinmao-Teebaums,* die 6-8 m Höhe erreichen. Sie sind vom Wuchs her etwa mit großen Haselnuss-Sträuchern vergleichbar. Solitär (vereinzelt stehend) gedeihen an klimatisch günstigen Urwaldstandorten auch Teebäume von stattlichen 30 m Höhe mit mehreren Metern Stammumfang. Das Alter einiger solcher Baumriesen wurde bislang auf über 1500 Jahre bestimmt und ist mit den Mammutbäumen Nordamerikas vergleichbar.

In Nordindiens Provinzen Assam und in Burma existieren heute noch einige Wildwuchs-Exemplare der Varietät »*Camellia assamica*« mit bis zu 34 m Höhe bei bis zu 1,5 m Stammdurchmesser.

3.2   Unbeschnittener Teebusch.

Plantagenanbau

In Teeplantagen wird die Teepflanze heute durch jährlichen Beschnitt zum Ende der Pflücksaison auf 1-1,4 m Höhe zurückgestutzt. Das soll den Neuaustrieb erhöhen, erleichtert die Pflückarbeit und hält die Bewuchsdecke niedrig und dicht. Gelegentlich erfolgt ein kräftigerer Rückschnitt, um neues Wurzelwachstum anzuregen. Gänzliche Erneuerung steht aufgrund stärkerer Beanspruchung der Pflanzen in Plantagenanbau für Assampflanzen nach 30 Jahren, für Chinapflanzen etwa nach 60 Jahren an.

3.3   Pflückerin in einer Teeplantage
in Darjeeling, Indien.

3.4 Teeblüten

3.5 Tee-Fruchtkapseln mit je 3-4 ölhaltigen Samen.

Morphologie

Teepflanzen bilden eine Pfahlwurzel von mehreren Metern Länge. Im aktiven Teil der Wurzel besitzen sie die Fähigkeit zur Symbiose mit Pilzen *(Mykorrhiza)*. Damit sichern sie sich die Aufnahme anorganischer Stoffe aus dem Boden. Im feinen Wurzelgewebe befinden sich eingelagerte Stärkepartikel, die während besonderer Wachstumsphasen als Energiereserve abrufbar sind.

Das Blattwerk der immergrünen, gegen Frost und Kaltwetter beständigen Teepflanzen aus chinesischer und japanischer Abstammung ist lanzettförmig und hat eine lederartige Oberfläche. Je nach Wachstumsstadium und Klimaintensität werden die Blätter dieser Büsche 2- 4 cm lang. Blätter des Assambusches erreichen hingegen mit 4 -6 cm Blattgröße ein doppelt so hohes Blattgewicht bei geringerer Frostbeständigkeit. Nach längerer Wachstumspause in kühleren Hochgebirgslagen zeigen die Blattknospen kurz vor ihrer Entfaltung und die vereinzelt schon entsprossenen Blättchen im Frühling unterseitig einen weißlich pelzigen Kälteschutzflaum entlang der Blattachse. Pflückgut dieser frühen, besonders nächtlich noch kühlen Jahreszeit wird auch als *Weißer Tee* bezeichnet. Das Blattgewicht dieser »weißen« Frühlingsknospen, auch *Frühlingsflush* oder *Frühlingstip* genannt, beträgt in den kühleren Hochgebirgslagen Chinas nur 0,5 g, an niedriger gelegenen wärmeren Standorten hingegen bis zu 1,5 g.

Aus den Blattachseln heraus bilden sich ab Mai einzelne oder bis zu vier nelkenförmige, weiße, bisweilen auch rosarote Blüten von etwa 3 cm Größe.

Auf Plantagen werden die meisten Blüten beim Teepflücken entfernt. Dem Teestrauch würde durch die Weiterentwicklung des Blütenstandes zur Frucht viel Kraft von der erwünschten Blattentwicklung abgezweigt.

Aus den auf den Blütenstand folgenden oberständigen Fruchtknoten bilden sich später kugelförmige, 1-1,5 cm große Fruchtkapseln. In ihnen befinden sich bis zu 3 braune Teesamen mit hohem Ölgehalt. Die Fruchtkapseln werden durch eine feste holzige Schale geschützt.

Standortvoraussetzungen

Anbauflächen für Teepflanzen liegen überwiegend zwischen dem 42. nördlichen und dem 33. südlichen Breitengrad in Höhenlagen zwischen 600-2 860 m. Die Konzentration einiger Blattinhaltsstoffe ergibt sich, vergleichbar zum Weinanbau, je nach vorherrschendem Klima, den Bodenqualitäten sowie Lichtverhältnissen am Standort.

Klimabedingungen

Der mindeste Sonnenscheinbedarf von Teepflanzen beträgt täglich vier Stunden.

China- und Japanpflanzen benötigen Jahresniederschlagsmengen um 1600 mm pro m^2 und eine Jahresdurchschnittstemperatur von 15-25 °C. Sie sind frostverträglich.

China- und Japanpflanzen wachsen in Höhenlagen von 600 bis über 2860 m.

Assampflanzen hingegen mögen es mit 25-32 °C im Jahresmittel gern wärmer und mit mindestens 1800-2400 mm pro m^2 jährlicher Niederschlagsmenge auch viel feuchter. Sie vertragen keinen Frost in Höhenlagen.

Kühlere, feuchte Böden in schnell durchtrocknenden Monsunwindlagen bewirken höhere Aromaqualität im Tee. Denn im Wurzelbereich anhaltende Feuchtigkeit (»nasse Füße«) fördert zwar das Wachstum, vermindert aber die Entwicklung besonderer Aromastoffe im Blatt.

Böden   Ob auf Gneis-, Granit-, Vulkan- oder Sandböden, Teepflanzen kommen mit vielen Bodenarten gut zurecht. Typische Böden für den Teeanbau sind:

in **Südindien** Latosole-Böden

in **Bangladesh**, **China**, **Sri Lanka** und **Taiwan** rotgelbe Podsolböden sowie rotbrauner Laterit in **Assam** und **Nordostindien** alluviale Böden

in **Darjeeling** Sedimentgestein

in **Indonesien** werden die Bodentypen als Andosole aufgeführt

in **afrikanischen Teeplantagen** herrschen Böden vulkanischen Ursprungs vor.

Der organische Bodenanteil kann von 1 % (ausgelaugter Boden) bis zu 30 % (torfhaltige Böden) sehr unterschiedlich sein. Durch das Rückführen von Biomasse auf die Ertragsflächen wird besonders in Höhenlagen die Erosionsgefahr gemindert und der organische Anteil steigt zugunsten ertragreicherer Wachstums.

Für Teeanbau geeignete Böden reagieren mit einem pH-Wert von 6-7 leicht sauer. Optimale Bedingungen liegen bei pH 5-5,6.

Da die Teepflanze eine Pfahlwurzel bildet, sind für hohe Mengenerträge tiefgründige Böden erforderlich.

Als Indikatorpflanzen für geeignete Teeböden werden die aluminiumspeichernden Hülsenfrüchtler (Leguminosen) bezeichnet.

Die China- und Japanvarietäten des Tees wachsen bei weniger Ertragsleistung auch *stonegrounded*, das heißt auf felsigen Untergründen. Ihr Wurzelnetz treiben sie metertief auch in Felsspalten hinein und entwickeln bei solchen Extremverhältnissen zudem einen speziellen, viele Nährstoffe speichernden Stoffwechsel.

Die Ertragsleistung vom Assampflanzen kann doppelt so hoch sein wie die von Chinapflanzen. Wie bereits erwähnt, sind bei solchem Wachstumsstress schon ab 30 Jahren Nutzung Neuanpflanzungen erforderlich.

Beginn der Plantagenbewirtschaftung

Bereits kurz nach Christi Geburt wurden die vormals wild wachsende »*Camellia sinensis*« und viele von ihr abstammende Unterarten gärtnerisch kultiviert. 15 000 an das regional vorherrschende Kleinklima angepasste Jungpflanzen sind heute pro Hektar erforderlich. Sie werden reihenweise an Terrassen-Hanglagen oder auch auf weiträumig ebenerdigen Flächen angepflanzt.

In chinesischen Gebirgs-Teeplantagen finden sich Chinabüsche, die seit 150 und mehr Jahren in Pflückertrag stehen. In intensiv bewirtschafteten Plantagen werden altersschwach gewordene Pflanzen sektionsweise durch speziell gezüchtete Neupflanzen ausgetauscht. In nur extensiv bewirtschafteten Gebirgsgärten können Teebüsche bis zu 300 Jahre lang in Ertrag stehen. Für verjüngenden Neuaustrieb werden die Teebüsche reihenweise stark zurückgeschnitten. Damit

wird neues Wurzelwachstum angeregt und degenerativem Verfall vorgebeugt. Der in Indien weithin bekannte Teepflanzer *Banerjee* gründete 1975 den ersten giftfrei bewirtschafteten Teegarten namens *Makaibari* in Darjeeling. Er unterscheidet auch bei der Wahl seiner Pflanzen zwischen solchen für hohen Ertrag und anderen mit hoher Qualität der Ernte. Für mehr Aromaqualität akzeptiert Banerjee niedrigere Mengenerträge, die in der Regel durch höhere Preise rentabel bleiben. Eine Situation, die durchaus mit den uns hierzulande bekannten Kriterien im Weinbau vergleichbar ist. Gute Tropfen sind seltener und kosten daher etwas mehr.

3.6 Der Teepflanzer Banerjee gründete 1975 den ersten giftfrei bewirtschafteten Teegarten in Darjeeling.

Camellia sinensis var. bohea – die Chinapflanze

Resistent gegen kühles Höhenklima und gelegentlichen Frost, wachsen Chinapflanzen je nach Standortbedingung zu Baum oder Busch inmitten der Bergwälder in den Provinzen Yunnan, Guizhou, Sichuan, Guangdong, Guangxi, Fujian und Hunan in Mittel- bis Hochgebirgslagen ab 600 m heran. In den »Schwarzen Bergen« von Xishuangbanna gibt es einzelne 1700 Jahre alte Exemplare mit 1,2 m Stammdurchmesser und bis zu 34 m Höhe, die noch heute kerngesund sind. In den Nan-Nuo Bergen wurden die ältesten Teebäume auf 800 Jahre Alter bestimmt. Im Zen-Yuan Gebiet finden sich Teebäume des Typs *Quinmao* von über 19 m Stammhöhe und rekordverdächtigen 5 m Stammumfang.

In der chinesischen botanischen Literatur wird die Varietät »*sinensis*« in zahlreiche Unterarten gegliedert. Einigen davon werden in Chinas Medizin, offenbar aufgrund besonderer Bodenqualitäten am Standort, sagenhafte Heilwirkungen zugeschrieben.

Seit fast zwei Jahrtausenden pflückt die ländliche Bevölkerung in den entlegenen Gebirgsregionen Chinas und Vietnams Tee von wild oder halbwild wachsenden Teebüschen, streng orientiert an überlieferten Pflück- und Verarbeitungstraditionen. Im Nebeltau des frühen Morgens werden die frisch gesprossenen Knospen von teilweise

3.7 Eine von der Schnitzerei-Klasse des *Yunnan Art Institute*
aus einem abgestorbenen, 1000 Jahre alten Teebaum
gefertigte Figur von *Shennong*, dem Gott des Tees. Die
Skulptur ist 1,96 m hoch und hat einen Umfang von 1,23 m.

bis zu 6 m hohen Teebäumen von Hand gepflückt. Die Blattverarbeitung erfolgt in erhitzten Pfannen oder Woks auf einfachen Feuerstellen. So entstehen Traditionstees mit poetisch klingenden Namen wie *Jadetau, Himmelwärts gerichtete Augen, Schönes Mädchen im Frühling, Weiße Affenpfote* oder *Gelbe Blume Wolkennadel* in schönster Blattform. Einstmals als Kostbarkeit nur von Haus zu Haus gehandelt, werden solcherart *Tributtees* heute auf dem Weltmarkt zu Spitzenpreisen privilegierten Abnehmerkreisen zugeführt.

3.8   800 Jahre alter Teebaum in Yunnan, China

Camellia sinensis var. japonica – die Japanpflanze

Im Wildpflanzenbestand Japans findet sich keine eigenständige Art der Teepflanze. Somit ist die in überlieferten Schriften auftauchende »*Camellia japonica*« keine eigene Pflanzengattung, sondern eine Unterart der *Camellia sinensis*.

Eine erste wissenschaftliche Beschreibung von der in Japan vorgefundenen Teepflanze findet sich, wie schon erwähnt, in den Berichten *Engelbert Kaempfers*, der von 1690 bis 1692 mit einer Sondergenehmigung das zu jener Zeit Ausländern nicht zugängliche Land bereiste. Er berichtet ebenfalls erstmalig von einer Teezeremonie japanischer Zen-Buddhisten. Wir wissen heute, dass sich nach Selektion der jeweils besten Pflanzen und deren Weiterzüchtung zu Kaltwetterbeständigkeit seit mehr als 1600 Jahren eine Reihe japanischer Zen-Meister um die weitere Veredelung der Varietät *japonica* sowie des japanischen Teekultes bemüht haben.

Japan verehrt heute noch den Priester *Saichō* (767-822), der die buddhistische *Tendai-Sekte* gründete. Er soll ebenfalls Teesamen aus

China ins Land gebracht haben. Die erste japanische Teepflanzung entstand nachfolgend am Biwa-See und lieferte Tee nur für den kaiserlichen Hof.

Doch erst die Lehre des Buddhisten *Eisai* machte die Teepflanze in Japans Bevölkerung populär. Er begann 1191, von China zurückgekehrt, wo er buddhistische Studien betrieben hatte, Teebüsche für den allgemeinen Gebrauch auf der Insel Kyūshū anzupflanzen. Auch verfasste er ein zweibändiges Buch über Tee, das »*Kissayoki*«.

Das »*Floral Register & Auctarium*«, Part I, herausgegeben im 19. Jahrhundert in New York und London, stellt über die japanische Teepflanze eine interessante Hypothese auf. In diesem angesehenen Werk wird unter Nr. 270 zur »*Camellia japonica*« festgestellt, dass ein Jesuitenmönch namens *Kamel*, latinisiert *Camellus*, Namenspatron für das Kameliengewächs sei. Wörtlich heißt es:

»This genus is named after a jesuit, called Kamel, or as the name has been latinized, Camellus. A beautiful variety, cultivated by Mr. Lowe of Clapton. It is said to have been introduced to Holland by Dr. Siebold. Plant – 16 feet, Leaf – 3 inch, Flower – 4 inch.« (bot. Reg. 1854).

Die Teepflanze wächst in Japan in Mittelgebirgs- und größeren Höhenlagen mit Ausnahme einiger Kaltwetterzonen der Hochgebirgshänge in gemäßigtem Klima und nährstoffreichen Böden. Die Ertragsmengen japanischer Plantagen sind je nach Höhenlage mit 500 bis 3000 kg/ha/Jahr sehr unterschiedlich.

Die Varietät *japonica* wird in Japan ausschließlich zur Grünteeherstellung gepflanzt. An höchstgelegenen Standorten entwickelt sie, im Nebeltau gepflückt und extrem sorgfältig verarbeitet, einen intensiv spinatähnlichen Geschmack. Diese Geschmacksintensität wird bei einigen Top-Sorten noch gesteigert, indem die Buschreihen an Kaltwetter-Hochgebirgsstandorten im Frühling mit Planen oder Reetmatten abgedeckt werden und als sogenannte »Schattentees« mit noch kräftigerem Geschmack gedeihen (s. a. Kapitel 12 über die japanische Teezeremonie).

Camellia sinensis var. assamica – die Assampflanze

Assam-Teebüsche gedeihen in feuchtem, warmem und heißem Klima. Die im tropischen Urwald besonders in Flachlandlagen übers Jahr anhaltende Staunässe im Boden macht ihnen wenig aus. Gegen übermäßige, verbrennende Sonneneinstrahlung schützen Schattenbäume. Bei Frost und über Monate anhaltender Kälte gehen Assampflanzen ein. Ihre Blätter sind um bis zu zwei Drittel größer und fleischiger als die der Chinapflanze und haben eine härtere Oberfläche.

Die Entdeckung der Assampflanze

Die Assam-Teepflanze hat eine abenteuerliche, für unseren westlichen Teekonsum hingegen folgenreiche Entdeckungsgeschichte:

Bereits 1774 gelangten chinesische Teesamen und -pflanzen als Schmuggelgut nach Calcutta in Indien und nach Batavia auf Java. Doch deren Anzuchtversuche misslangen kläglich. Die chinesischen Teesamen verfaulten in dem für sie zu feuchten javanischen und indischen Tropenklima. Gelegentlich wuchsen sie zwar an, gingen aber frühzeitig ein. Gleiches wurde schon hundert Jahre zuvor von holländischen Versuchen auf Ceylon berichtet.

1778 erwähnte *Sir Joseph Banks* in einem Vorschlag zur Kultivierung neuer Nahrungspflanzen auf britisch-indischem Boden nochmals die Möglichkeit, zwischen dem 26. und 30. Breitengrad nördlich von Calcutta Teegärten mit Chinapflanzen anzulegen. Er empfahl zum Aufbau einer kolonialen Teeproduktion erfahrene chinesische Pflanzer und Arbeiter ins Land zu holen.

Endlich, im Jahre 1793, gelang es Banks, einige südchinesische Teegartengebiete zu bereisen. Berichten zufolge habe er sich, als Mandarin verkleidet, in einer Sänfte durch Teegärten tragen lassen und die Modalitäten des Teeanbaues ausspioniert. Neben detaillierten Informationen zur Kultivierung der Chinapflanze versuchte Banks auch Kenntnis über Pflückung und Verarbeitung/Manufaktur zu erlangen. Es gelang ihm, Teesamen und sogar Schösslinge in Pflanztöpfchen illegal von China nach Calcutta zu überführen. Für solche Pflänzchen wurde ein neuartiges, für den Ferntransport nach Europa konstruiertes Mini-Gewächshaus benutzt. Doch die im Assam-Distrikt Indiens folgenden Kultivierungsversuche schlugen allesamt fehl. In weiteren Versuchen widerfuhr *David Scott*, dem Agenten des Generalgouverneurs von Assam, im Jahre 1819 ebensolches Missgeschick.

1825 beschrieben die Gebrüder *Bruce*, einer von ihnen war der britische Kolonialmajor *Robert Bruce*, wild wachsende Teebäume, die ihnen Eingeborene anlässlich einer Jagdexpedition im feuchtheißen Regenwald von Manipur (Königreich Birma) gezeigt hatten. Obwohl zwischen den Kolonialmächten einerseits, China und Japan andererseits, seinerzeit große Handelshemmnisse aufgrund illegalen Opiumhandels bestanden und obgleich hierdurch die Teenot besonders auf dem britischen Markt immer prekärer wurde, nahm niemand ihre sensationelle Nachricht ernst. Die Brüder Bruce fanden als botanische Laien keine Anerkennung. So mussten die angesehenen Herren der Londoner *Royal Botanic Society* noch weitere acht Jahre erfolglos über den möglichen Einsatz geschmuggelter Chinapflanzen diskutieren, bis endlich *Andrew Charlton*, Offizier der *Assam Light Infantry*, im noch nördlicher gelegenen Regenwaldgebiet von Sadiyah den Assam-Teebaum ein weiteres Mal, jetzt aber »offiziell«, entdeckte. Er konnte die Herren der *Botanic Society* und der *East India Company* durch Vorlegen einiger mitgebrachter Assam-Teepflänzchen überzeugen.

Die im Botanischen Garten von Calcutta mit den neuen, tropentauglichen Jungpflanzen gestarteten Kultivierungsversuche verliefen erfolgreich. Auch in neu angelegten Plantagen gediehen die Pflanzen. Daraufhin wurde am 1. Februar 1834 mit einem Kapital von 10 000 Aktien à 50 Pfund Sterling die *Assam Tea Company* von britischen Kaufleuten gegründet. Auf hierfür gerodeten Urwaldflächen entlang des Brahmaputra im Distrikt Assam/Nordindien entstanden weitläufige Teeplantagen. Ab 1838 erschienen die ersten Assam-Teekistchen auf Auktionen der Londoner Teebörse. Die ansteigenden Einfuhrmengen aus Assam-Plantagen lösten das bisherige China-Teemonopol ab. Den hohen Produktionsmengen folgte die Einführung eines halbmaschinellen Manufakturverfahrens, an dessen Ende auch heute noch der vollfermentierte Schwarze Tee steht. Der Siegeszug des Schwarzen Tees setzte nun innerhalb der westlichen Konsumwelt ein. Er löste die bislang für dunkleren und kräftiger mundenden Abguss mit diversen Fremdstoffen vermischten hell abgießenden halbfermentierten Oolong Tees und unfermentierten Grüntees fast völlig ab. Endlich stand ein preiswertes Teegetränk mit vermeintlich allen bislang bei Grüntee geschätzten gesundheitlichen Vorteilen in ausreichenden Mengen zur Verfügung.

Mit Assampflanzen wird je nach Standortklima eine Jahresertragsmenge von 2000 - 4000 kg/ha /Jahr erreicht. Die Pflückmengen können jahreszeitlich sehr unterschiedlich ausfallen. Zur Regenzeit steigt die Wachstumsintensität und damit die mögliche Pflückmenge steil an. Bei trockenem Sommerwetter mit zunehmender Bodenaustrocknung fällt sie wieder ab.

Nach Umstellung auf bio-organischen Anbau sinkt die Ertragsleistung in den ersten Jahren um 20-40% ab, steigt aber nach einiger Zeit wieder auf annähernd die früheren Werte an.

An trockeneren, kühleren Gebirgsstandorten gedeiht die »assamica«, wie schon berichtet, im Gegensatz zur »sinensis« weniger gut. Für solche Standorte werden heute mit Akzeptanz geringerer Pflückertrags Chinapflanzen oder auch neu gezüchtete *Jats*, Hybriden aus beiden Arten, verwendet.

3.9
Neuzucht von
Teepflanzen aus
Setzlingen: Vom
Blattsteckling zur
Jungpflanze.

Neuzucht, Nachzucht, Klonen von Assam-Teepflanzen

Seit 1834 wird die Assam-Teepflanze systematisch nachgezüchtet. Durch die Übertragung von Blütenstaub wurde auch versucht, auf die morphologischen Merkmale im Zuchtmaterial Einfluss zu nehmen. Jede Teeplantage betreibt seither eine Pflanzschule zur Aufzucht eigener, standortangepasster Jungpflanzen.

Seit 1950 ist die Anzucht aus Teesamen nur noch für Basis-Pflanzenmaterial üblich; stattdessen wird die vegetative Methode der Neuzucht aus Stecklingen von besonders starken Mutterpflanzen angewendet. Die Nachkommen verfügen über alle Eigenschaften der Mutterpflanze und werden auch als »Klone« bezeichnet. Es wird hierbei auf die Größe und Anzahl der Sprossen am Zweig, auf die Blattanordnung, den Ertrag an Trockensubstanz, Wuchsfreudigkeit, Verträglichkeit der Umweltbedingungen, auf hohe Widerstandsfähigkeit gegenüber Insekten, Nematoden (Fadenwürmern) und Pilzerkrankungen sowie auf Klima- und Stressverträglichkeit geachtet.

Trotz der Artgleichheit junger Stecklinge müssen in der Teebaumschule immer wieder »schwächelnde« Pflänzchen erkannt und herausgenommen werden.

Unterseitig behaarte Teeblätter verfügen in Relation zur Pigmentation über mehr Aroma als glatte Teeblätter und werden »*Pekoe*« genannt. Dunkle und fahlgrüne Blätter haben eine geringere Aromaqualität. Ein weiterer Indikator für hochwertige Sorten ist die Häufigkeit von Calciumoxalat-Kristallen, gemessen in den Parenchymzellen der Blattstengel. Ferner gelten auch die Theaflavingehalte im Blatt als Qualitätsparameter. Je höher, umso aromatischer.

3.10 Schneiden eines Blatt-
stecklings. 3.11 und 3.12
Aufzucht von Jungpflanzen in
China und auf Sri Lanka.

Durch Einkreuzung von Erbinformationen unterschiedlicher China- und Assampflanzen entstehen, ähnlich wie bei der Veredelung von Rosen- und Obstbaumgehölzen, neue Hybridzüchtungen. Im Gegensatz zur riskanten medizinischen Klontechnik ist das Klonen von Teepflanzen ein natürlicher, unbedenklicher Vorgang. Er komprimiert lediglich einige Jahrhunderte natürlicher Anpassung auf wenige Jahre.

Nach der Anlage moderner Teeplantagen mit Hybridpflanzen, den *Jats*, wurde insbesondere bei Schwarztee ein bis dahin unerreichtes Qualitätsniveau erzielt. Mit der althergebrachten Handmanufaktur wäre der heutige weltweite Teebedarf nicht mehr abzudecken.

Welches Pflanzenmaterial eignet sich?

- **Assamhybriden** für feuchte, tropisch warme Standorte
  Assampflanzen und deren Hybriden ergeben kräftigen, dunklen Schwarzen Tee
- **Chinahybriden** für kühlere Gebirgsregionen
  Von **Chinapflanzen** und deren Hybriden werden Oolong Tees und Grüntees gearbeitet

Teepflanzungen in Europa und Nordamerika

Lange Zeit stellte sich Fachleuten und Investoren die Frage, ob Tee-anbau auch in anderen Teilen der Welt gelingen könnte. Im 18. Jahr-hundert wurde tatsächlich versucht, in den Niederlanden Teepflan-zen unter Glas aufzuziehen. Dieses Ansinnen misslang gründlich. An-derenorts war Anbauversuchen fernab der südostasiatischen Heimat insbesondere mit Assam-Chinahybriden mehr Erfolg beschieden. Bei-spielsweise in Südindien, auf Java, Sumatra, Papua-Neuguinea, auf Sri Lanka (Ceylon), Mauritius, in Zentralafrika, Persien, der Türkei, Russland und Australien. Ein weiterer erfolgreicher Anbau glückte zwei Pflanzerfamilien nach 1950 mit geklonten Chinapflanzen auf der portugiesischen Azoreninsel São Miguel auf vulkanischen Flächen. Der dort gewonnene Azorentee, »*Chá Gorrheana*« ergibt relativ kleine Mengen, die zu sehr mild mundendem Grün- und Schwarztee ver-arbeitet werden. Im sonnenreichen, aber für Teepflanzen eigentlich zu trockenen Kalifornien wurden 1990 einige Plantagen mit künst-licher Bewässerung angelegt. Sie liefern aber nur mäßige Teequalitä-ten. In Argentinien und anderen Ländern Südamerikas schufen ja-panische Firmen einige erfolgreiche Teeplantagen entlang der Anden. Hier wächst, wie in Kalifornien und heute auch in Afrika, eine eher für den Teebeutelmarkt gebräuchliche, mindere Qualität.

Konventioneller oder ökologischer Teeanbau

Monokulturen können langfristig nicht ohne Zuführung von Dün-gemitteln auskommen. Mangel an Stickstoff, Phosphor, Kalium, Cal-cium, Magnesium, Schwefel, Mangan, Zink, Kupfer, Eisen, Bor, Molybdän, Chlor und Aluminium führt bei Teepflanzen zu folgen-den qualitätsmindernden Symptomen:

Stickstoffmangel	– hellere Blattfarbe, weiße Blätter
Phosphormangel	– matte Blätter, bläulicher Schein
Kaliummangel	– rot-bronzene Verfärbung
Magnesiummangel	– schwache, gelbliche Färbung
Calciummangel	– gelbliche, sich einrollende Grünblätter
Zinkmangel	– gelbliche, sichelförmige, multiple Knospen
Kupfermangel	– dunkle Färbung der Blätter
Manganmangel	– fahlgelbe Färbung der Blätter mit rotbraunen Flecken

Pflanzenkrankheiten durch Schädlinge

Yellow Disease – *eine fortschreitende Degeneration* – Blätter mit gelber Farbe. Mangel an Schwefel im Boden.

Roter Wurzelpilz (Poria Hypolateritia) – verursacht nässende Fäule an Wurzeln, beginnend mit weißlichem Pilzmyzel, später dunkelrotes Wurzelnetzwerk. Die Pflanze stirbt dann ab.

Brauner Wurzelpilz (Hymenochaete noxia / Fomes lamaoensis) – zerstört ins Holz eindringend die Rinde. Es entstehen dunkle, rötliche Streifen und Fleckung. Braunes Myzel und Erde verkrusten auf der Hauptwurzel und an der Basis des Stammes.

Schwarzer Wurzelpilz (Rosellininia arcuata) – bildet zwischen Holz und Rinde ein sternförmig verzweigendes weißes Myzel, später schwarz färbend. Verbreitung erfolgt durch sog. Knidien und Axcosporen.

Violette Wurzelfäule (Sphaerostilbe repens) – dicke weiße Myzelstränge, strahlenförmig zwischen Holz und Rinde ausweitend, violett verfärbte Rinde.

Trockenfäule, *Wurzelhalskrankheit (Ustulina zonata)* – unregelmäßig verlaufende schwarze Streifen im Holz. Löst man die Rinde, finden sich darunter weiße, fächerförmig angeordnete Myzelstränge auf dem Holz.

Blister Blight, *Fleckenrost / Blasenkrankheit (Exobasidium vexans)* – ein Pilz, der durchscheinende Flecken an jungen Blättern hinterlässt. Später geht er in Blasenbildung über. Blattunterseite samtig weiß verfärbend, langsam auf die Triebe übergehend, die sich krümmen und abfallen.

Graufleckenkrankheit (Pestalozia palmarum) – die Blätter dunkeln und trocknen aus bei oberflächlicher Graufärbung.

Cortitium theae – führt zum Abfallen der Blätter. Myzelfäden verbreiten die Infektion.

Cephaleurs virescens – eine Alge befällt die Blätter und Stengel. Blattoberseite orangegefärbend mit ringförmigen Flecken. Algenfäden setzen sich kissenförmig zwischen die Oberfläche und Epidermiszellen und lassen die Blätter verwelken, nachdem braunschwarze Flecken auftreten. Dehnt sich auf die Zweige und den ganzen Busch aus.

Teewickler (Homona coffearia) – dieser Falter hüllt die Blätter in ein dichtes Netz. Später entsteht eine Schutzhülle für die geschlüpften Raupen.

Helopeltis theivora – befällt und schwächt die Jungtriebe. Das Insekt saugt den Zellsaft aus.

Rote Teemilbe (Tetranychus coffeae) – sie befällt die Blattoberseiten, die sich bronzerot färben und abfallen.

Gallmilbe (Eriophyes carinatus) – auf der Blattunterseite lebend verfärbt sie die Blätter rotbraun. Die Milben hinterlassen einen weißen staubigen Blattüberzug.

Gelbe Teemilbe (Tarsonemus translucens) – befällt die Blattknospen an der Unterseite der jüngsten Blätter. Befall hinterlässt braune Färbung und Härchenbildung im Mittelrippenbereich.

Orangefarbene Teemilbe (Brevipalpus obovatus) – saugt Saft an der Blattunterseite und lässt diese braun werden und absterben.

Teezikade (Empoasca flavescens) – befällt mit Vorliebe junge Blätter an der Unterseite, die daraufhin welken und absterben.

Schwarze Blattlaus (Toxoptera auranti) – nach Befall kräuseln und verdicken sich die Blattränder insbesondere junger Triebe. In den so entstehenden Hohlräumen lebt das Insekt.

Roter Kaffeebohrer (Zeuzera coffeae) – bohrt sich in Zweige und Stämme. Die Blätter welken aufgrund Nahrungsentzugs.

Teesamenwanze (Poecilocoris hardwickii) – bohrt unreife Samen an und dringt in diese mit dem Saugrüssel ein. Sie ernährt sich vom weichen Endosperm und behindert die Entwicklung des Keimlings.

Naturgemäßer Teeanbau – bio-organisch

Jahrzehntelang wurde insbesondere in neu angelegten Plantagen mit Monokultur Mineraldünger zur vermeintlichen Ertragssteigerung eingesetzt. Es herrschte die Meinung, man müsse den ausgelaugten Böden nur genügend Mineraldünger und chemoagrartechnische Bodenverbesserer zufügen, dann ginge schon alles gut. Doch die Zunahme von Pflanzenkrankheiten, ein höherer Schädlingsbefall und letztlich die immer häufiger auftretenden Erosionsprobleme nahmen auch in den Teeplantagen bedrohliche Ausmaße an.

Sinnvolle Möglichkeit einer ökologischen Umkehr wäre die Einführung sanfter, naturverträglicher Methoden, zum Beispiel durch die Anwendung von Kompost und Mulch, von Gesteinsmehl- oder Muschelkalkdüngern, den Einsatz biologischer Schädlingsbekämpfungsmittel. Pflanzenkrankheiten lassen sich z. B. mit natürlichen Spritzlösungen aus Baumrinden- und anderen Pflanzenextrakten in Schach halten. Giftfreie Schädlingsbekämpfung ist möglich, indem Urwald neu aufgeforstet und so ein natürliches Gleichgewicht zwischen Kultur- und Wildlandschaft wiederhergestellt wird. Ferner hilft eine Aussaat Insekten abweisender Duftgräser (Lemongras), den Einsatz der »Chemokeule« in Teeplantagen stark zu vermindern.

Eine weitere Möglichkeit, die Fruchtbarkeit des Bodens zu erhalten und zu verbessern, besteht darin, nährstoffzuführende Pflanzen (Stickstoffproduzenten) reihenweise oder vereinzelt zwischen zu pflanzen. Zwischenpflanzen sind als Schattengewächse auch erosionsmindernd und das Teeblatt reagiert mit höherem wirkstofflichen Gehalt (Gerbstoffe, Chlorophyll, Carotinoide und Anthocyanine). Ferner steigt mit einer biologischen Wirtschaftsweise auch die Aromaqualität des fertigen Produkts.

Öko-logisches Umdenken nach Klima-Katastrophen

Zu viele einst blühende Landschaften sind der Industrialisierung, dem Ackerbau und Siedlungsbau, sowie einer Oberflächenversiegelung zum Opfer gefallen. Weltweit wurden viele Flüsse begradigt, Waldflächen durch Rodung stark dezimiert und in Monokulturen gewandelt. Eine Flächenversiegelung- und vernichtung, die selbst vor unseren Gärten und Höfen keinen Halt macht. So schießen die Regenmengen unversickert über Vorfluter und Flüsse ab und nehmen wertvollen Humus mit. Viele Böden trocken aus, Boden- und Pflanzenkrankheiten nehmen rapide zu; Klein- und Großklimate verändern sich. Ein Problem, das nun auch auf Java, Sumatra, Borneo, in Indien, auf Sri Lanka, in Afrika und Australien mit verheerenden Unwetterkatastrophen einhergeht.

Weltweit beginnt allmählich eine verstärkte Hinwendung zu ökologisch sinnvollerer Bodenbewirtschaftung. In Indien und auf Sri Lanka beraten nun regionale staatliche Forschungsinstitute. Die international tätigen Anbauorganisationen »*Demeter*«, »*Bioland*« und »*Farmers Growing Association*« verhelfen durch Beratung und Kontrolle immer mehr Teeplantagen zu giftfreien, ökologisch unbedenklicheren Wirtschaftsweisen. Auch in Vietnam, China und Japan werden Teeplantagen zunehmend auf bio-organische Erzeugung umgestellt.

Kompost- und Biogasgewinnung – eine weitere Alternative

In Teegärten und anderen Landwirtschaftsbetrieben anfallendes organisches Abfallmaterial und tierisch-menschliche Exkremente ließen sich in Biogasanlagen Strom und Abwärme gewinnend entgasen und durch nachfolgende Kompostierung zu wertvollem Dünger umwandeln. Eine Technik, die längst ausgereift und deren Amortisation durch Biogas-, Strom-, Wärme- und letztlich Kompostgewinnung gesichert ist. Grundwasser bliebe sauber, Böden wären weniger anfällig für Erosion. Bei Kompostdüngung entwickelt sich auch eine höhere Schädlingsresistenz. Mit Biogas müssen zudem die Einwohner in Teeanbaugebieten weniger Brennholz aus dem Urwald schlagen, und ein Verkauf des Komposts an die Plantagengesellschaften verschafft ihnen zusätzliches Einkommen.

Übrigens: Einer der weltweit führenden Biogas-Anlagenbauer hat seinen Firmensitz in Nortorf bei Neumünster in Norddeutschland. Biogastechnik ist absolut wirtschaftlich, außer einer Anschubfinanzierung sind keine größeren Investitionen nötig. Biogas erzeugt Hunderttausende neuer Arbeitsplätze. Es bleibt nur die Frage, was der Aufstellung zahlreicher mittelgroßer Biogasanlagen im Rahmen eines vernünftigen energiewirtschaftlichen Entwickelungskonzepts im Wege steht, oder welche sonstigen Interessen zum Beispiel in Deutschland eine gesündere Umwelt verhindern.

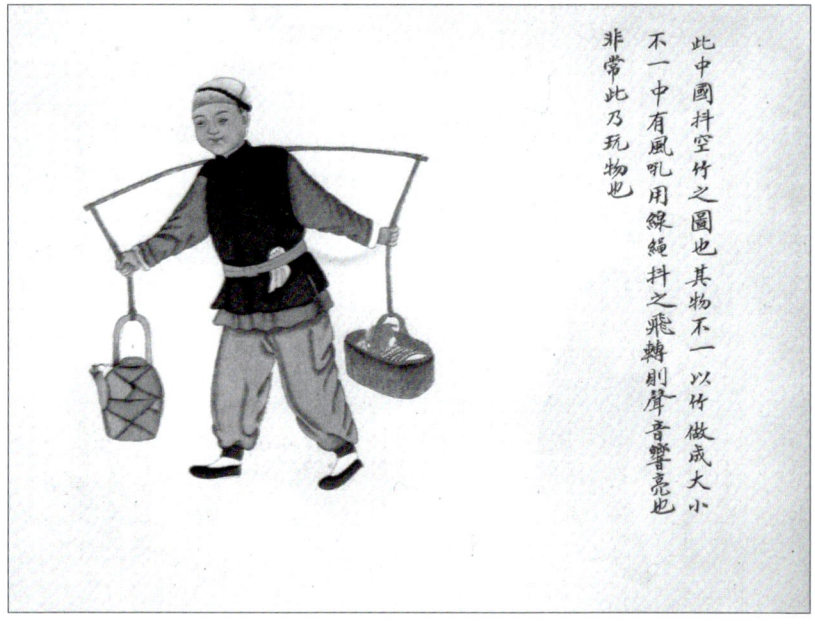

3.13 Ein »*Da Waer Cha*«-Verkäufer, wie er in den Straßen des alten Peking üblich war. An einem Ende seines Jochs hängt eine große Kanne mit heißem Tee, am anderen ein Korb voller Teeschalen (*Da Waer*).

4.   Teeanbaugebiete

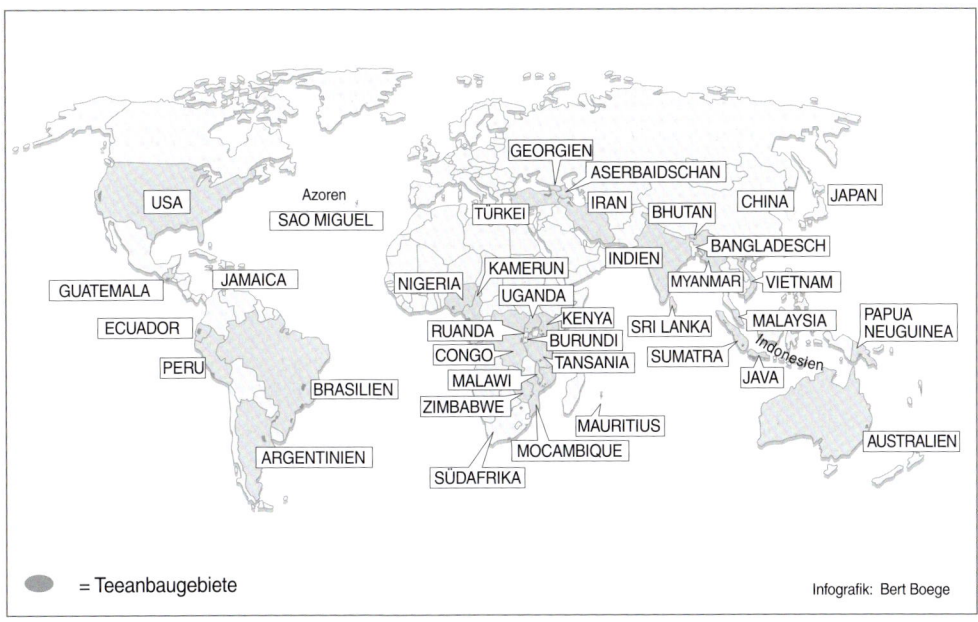

4.1   Weltkarte der Teeanbauländer

Teeanbau wird in tropischen und subtropischen Gebieten mit folgenden Charakteristika betrieben:

- tropischer Regenwald
- tropische Savanne
- Sommerregen

Teepflanzungen benötigen Höhenlagen von 600 m bis zu 2800 m.
Sie befinden sich hauptsächlich in Monsunwindgebieten mit tropi-
schem bis subtropischem Klima.

In kühleren Höhenlagen mit subtropischem Klima werden käl-
teverträgliche China-Teepflanzen gezüchtet und ausgepflanzt. In
feuchtwarm-heißen Tropenklimaten kommen hingegen wärme- und
nässeverträgliche Assampflanzen zum Einsatz. In Tropengebieten größerer Höhenlagen haben sich speziell vor Ort gezüchtete Kreuzungen aus China- und Assampflanzen (Hybriden) bewährt.

Aus der traditionell bäuerlichen Anbauweise in Südostasien mit
Handverarbeitung zu Grüntee entwickelte sich ab 1834, ausgehend
von neuen Teeplantagen in britisch-holländischen Kolonialgebieten,
eine weltwirtschaftlich bedeutsame, großflächige Plantagenwirtschaft
mit Hinwendung zur neu entwickelten, teilmaschinellen Schwarzteemanufaktur.

Weltweit werden kleinere Teegärten zu großen Plantagen zusammengelegt und als Kapitalgesellschaften betrieben. Private Teegärten existieren heute aufgrund hohen Kapitalbedarfs nur noch vereinzelt z. B. in Darjeeling, Nordindien, in Südindien sowie auf der portugiesischen Azoreninsel São Miguel.

Welche Erzeugergebiete sind für den Westen heute von Bedeutung?

Etwa 40 % des zum Beispiel in Deutschland verbrauchten Schwarzen Tees stammen aus indischer und chinesischer Produktion. Es folgen Sri Lanka, im Teehandel immer noch Ceylon genannt, und Indonesien (Java, Sumatra, Neuguinea) mit je 12 %, Afrika und Vietnam mit je 9 %, gefolgt von Argentinien, Japan und der Türkei.

Grünen Tee beziehen Europa und Amerika nach wie vor überwiegend aus China, gefolgt von Japan, Taiwan, Vietnam und neuerdings auch aus Indien und Sri Lanka.

China

Tributgärten

Mehrere hundert Tributgärten finden sich meist inmitten urwüchsiger Gebirgswälder in den Provinzen Süd-Chinas. Sie sind oft mit der Tradition buddhistischer Klöster verbunden. Die Bevölkerung der umliegenden Dörfer pflückte in ihnen Tributtee, der einstmals bevorzugt dem Kaiserhof zustand. Die geringen Pflückmengen erzielen Spitzenpreise von 50 bis über 1000 Euro per Kilo. Der Pflege-

4.2
Chinesische
Teemanufaktur
1898.

4.3   Tee reinigen. China, Ende des 19. Jahrhunderts.

aufwand in solchen Tributgärten beschränkt sich auf gelegentlichen Beschnitt und die allgemeine Pflege der Terrassenanlagen. Verjüngende Nachpflanzung von Büschen wird hier nach 150 und mehr Jahren gelegentlich vorgenommen. Je kühler das Gebirgswaldklima, umso älter können die Büsche werden. Düngung ist unnötig, denn das besorgt die Natur mit verrottenden organischen Stoffen. Auf 1 kg zu trocknende Blattmenge kommen bis zu 8 000 jung entsprossene, pelzig behaarte Teeblätter, die von Hand gezupft werden.

Alten Reinlichkeitsvorstellungen entsprechend, durfte einstmals Tributtee nur von weiß gewandeten, frisch gewaschenen Jungfrauen mit silbernen Körben unter der Obhut kaiserlicher Aufseher gepflückt werden. Kein gewöhnlich Sterblicher durfte den Tee durch »unwürdiges« Betrachten oder gar Berühren beschmutzen.

Teeanbau in Monokultur (China und Taiwan)

Mit Beginn des 20. Jahrhunderts wurden auch in China viele große Teeplantagen in Monokultur angelegt. Moderne Agrarchemie und maschinelle Bewirtschaftung hielten Einzug in den Teeanbau.

In China und Taiwan wird vorwiegend Grüntee hergestellt und fast ausschließlich getrunken. Die Schwarzteemanufaktur erlangte nur für Exportzwecke Bedeutung. In den modernen Großplantagen werden Grün- und Schwarztee gepflückt und verarbeitet. Mehrere Herstellungspartien einer Saison werden zu regional und traditionell typischen Geschmacksstandards vermischt und weltweit vertrieben.

Zum Saisonende erfolgt in den Plantagen ein Rückschnitt der Buschreihen auf 100-120 cm Pflückhöhe. Das regt die Pflanze zu neuer Wurzelbildung und damit ertragreichem Blatt-Neuaustrieb an. Die verstärkte Inanspruchnahme erfordert höheren Düngemittel- und Pflanzenschutzaufwand, sodass eine laufende Rückstandsüberwachung chinesischer Importe nach europäischer Norm für Verbraucherschutz unumgänglich ist.

Traditioneller und moderner Teeanbau

Die Teeanbaugebiete erstrecken sich heute über ganz Südchina sowie über die vorgelagerten Inseln Hainan Dao und Formosa (Taiwan). Die uns bekannte Anbaufläche beträgt etwa eine Million Hektar mit einer halben Million Tonnen jährlichen Tee-Ertrages. Das entspricht nur 500 kg Hektarertrag. Genauer besehen liegt dieser zwischen 50 kg in Wildwuchsgebieten und Gebirgsgärten und 1500 - 3000 kg/ha auf modernen Teeplantagen im Süden, z. B. auf der Insel Hainan Dao. Hieran wird ersichtlich, welch hohen flächenmäßigen Anteil in China die nicht nach modernen Agrarmethoden bewirtschafteten Gebirgsstandorte mit geringer Hektarleistung heute noch besitzen. Von hier stammen auch die schönsten, geschmackvollsten und seltensten Tees (Tributtees) der Welt.

Traditionelle Pflückzeiten

Das Erntejahr wird in China in 24 »*Solar Terms*« (Sonnenabschnitte) eingeteilt, nach denen sich die Pflückungen richten:

Pinyin	English	Date
Lichun	Spring Begins	February 5
Yushui	The Rains	February 19
Jingzhe	Insects Awaken	March 5
Chunfen	Spring Equinox	March 20
Quingming	Clear and Bright	April 5
Guyu	Grain Rain	April 20
Lixia	Summer Begins	May 5
Xiaoman	Grain Fills Out	May 21
Mangzhong	Grain in Ear	June 6
Xiazhu	Summer Solstice	June 21
Xiaoshu	Small Heat	July 7
Dashu	Great Heat	July 23
Liqiu	Autumn Begins	August 7
Chushu	Limit of Heat	August 23
Bailu	White Dew	September 8
Qiufen	Autumn Equinox	September 23
Hanlu	Cold Dew	October 8
Shuangjiang	Frost Descends	October 23
Lidong	Winter Begins	November 7
Xiaoxue	Small Snow	November 22
Daxue	Great Snow	December 7
Dongzhi	Winter Solstice	December 21
Xiaohan	Small Cold	January 6
Dahan	Great Cold	January 26

4.4 Weißer Tee mit Kälteflaum, im Wok gearbeitet.

Die Pflücksaison beginnt nach chinesischer Tradition im März mit dem ersten »weißen Tee«, ein noch von weißem Kälteflaum unterseitig behaartes junges Blatt, das nach nur kurzer Welkzeit in heißen Woks oder Pfannen (Mao Jian, Hingqing, Chaoqing oder Hongchaoqing) blanchiert, gerollt und gleichzeitig getrocknet wird. Nur Sorten aus der kühleren Vorfrühlingszeit werden als »weiße Tees« oder als »*hairpoint plucket*« bezeichnet.

Im wärmeren Mai folgt die »*Quingming*« Pflückperiode. Eine Zeit, in der die Gebirgsgärten nachts bis in die späten Morgenstunden von feuchtwarmem, mit vielen Blütendüften angereichertem Wolkennebel eingehüllt sind. Blütendüfte, die sich, in feuchtem Nebeltau gebunden, an den jungen Teeblättern aromabereichernd absetzen. Jetzt werden Grüntees auch während der Verarbeitung mit Duftblüten aromabereichert.

Auf die warme Regenzeit folgen der trockene Sommer und der Herbst mit weiteren Pflückungen.

Zur Winterzeit herrscht in den kälteren Pflückgebieten eine Vegetationspause, in der die Teebüsche Kraft sammeln.

Traditionelle Anbaugebiete

Anhui Traditionsgebiet für seltene, erlesene Teesorten. In zerklüftetem Bergland liegen viele wild und halbwild wachsende Teegärten.
Einige Sortennamen sind z. B.: Ding Gu Dafang, Huanshan Mu Dan, Keemun Black, Yongxi Huoqing, Xia Zhou Bi Feng, Bi Luo Chun, Ying Zhen Mei, Ba Shan Ying Ya, White Monkey.
Keemun-Tee ist die Krönung der chinesischen Schwarztees. Er fällt geschmacklich voll, rund, fruchtig-süßlich und harmonisch, einfache Sorten gelegentlich auch etwas *smoky* (rauchig) mundend aus.

Fujian teilt sich in Nord-Fujian (Min Bei) und Süd-Fujian (Min Nam). Beide zählen zu den Traditionsgebieten für seltene Teesorten.

Teesorten aus Nord Fujian: Jasmin (Moli Huacha), Pai Mu Tan (Bai Mu Dan), Show Mee (Chun Mee), Ti Kuan Yin (Tieguanyin). Sehr viele weiße Tees kommen aus Nord-Fujian.

Teesorten aus Süd Fujian: Jasmin (Moli Huacha), Lapsang Souchong

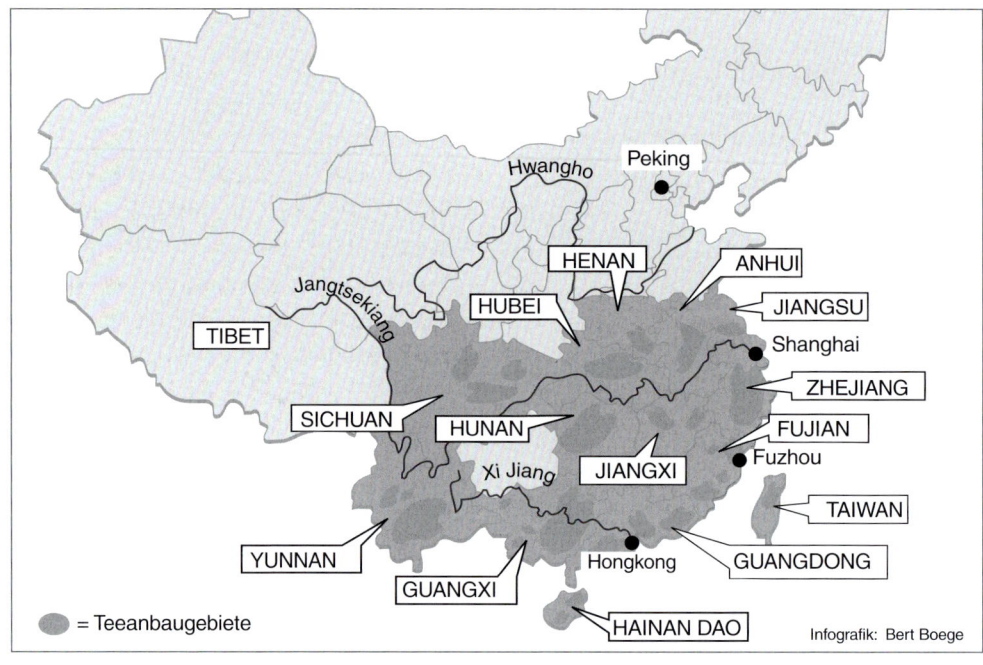

4.5   Teeanbaugebiete in China

(Zhengshan Xiaozhong), Show Mee (Chun Mee), Wuyi Black sowie weiße Sorten wie z.B. Bai Mu Dan.

Guangdong In dieser an Hongkong nordöstlich angrenzenden Provinz findet neben Teeanbau der großflächige Anbau von Licheefrüchten statt. So lag es nahe, nach Einführung der Schwarzteeproduktion mit dem Fruchtfleisch reifer Licheefrüchte eine natürliche Aromatisierung vorzunehmen. Somit erhält weniger aromatischer Schwarztee eine gute Vermarktungsfähigkeit.

Bekannte Sorten sind: Fong Hwang Tan Chung (Feng Huang Dan Cong), Kooloo (Gulao), Liupao (Liubao) Liuxi, Shui Hsien (Shuixian), Taoren, Ti Kwan Yin (Tie Guan Yin). Für den Export ist der Qingteh Black (Ying Hong) bestimmt, dessen Überhangmengen ebenfalls gern mit Licheefrüchten aromatisiert werden.

Guangxi Zhuang

Eine autonome Bergregion im Süden, westlich von Hongkong.

Bekannte Sorten sind: Jasmin (einfachere Sorten), Huanghua Yun Yian (Gelbe Blume Wolkennadel) Zhenbao Ding Osmanthus. Viele neue, ebenerdig angelegte Plantagen produzieren hier auch große Mengen an Schwarztee (Guanxi Black) für den Export.

4.6
Aus Huangshan,
Provinz Anhui,
stammt die
Grünteesorte
Maofeng.

4.7
Teegarten in
Wuyishan, Fuijan.
Felsentee (stone-
grounded) wächst
üppig auf einer
dünnen Erdschicht
nur wenige
Handbreit tief.
Seit dem 13. Jh.
wurde Tee aus
dieser Region als
Tributtee für den
Kaiser auserwählt.

Guizhou   Bergland nördlich von Guanxi.

Bekannteste Traditionssorte ist der »weiße« Du Yun Mao Jian.

Hainan Dao Insel im Süden vor dem chinesischen Festland. Großflächig moderner Teeanbau. Hauptsächliche Sorte: Hainan-Black Tea. Er wird, wie auch der Guanxi Black, weltweit für viele Teemischungen basisgebend verwendet.

Henan   Zerklüftetes Bergland nördlich an Hubei und Anhui anschließend. Bekannt durch viele seltene Tributteesorten wie z. B. Xin Yang Mao Jian.

4.8
Teepflücken vom
Busch in einem
Teegarten in der
Provinz Hubei.

4.9
Hier wird auf einer
großflächig angeleg-
ten Plantage maschi-
nell gepflückt.

Hubei   Eine bizarre, in weiten Teilen schwer zugängliche Bergregion nördlich des Flusses Yangtze mit vielen kleinbäuerlich bewirtschafteten Tri-
butgartenflächen.

Nur selten sind die hier hergestellten Sorten Lao Qing, Yi Hong Black
oder Yu Lu außer Landes erhältlich.

Hunan   Südlich des Yangtze an Hubei anschließende Gebirgsregion. Mutterland vieler Pflanzen dieser Erde mit großflächig bewahrten Natur-
reservaten. Bergregionen mit vielen Flüssen, Seen, Wasserfällen, mit
Bergwaldgebieten.

Bedeutende Teesorten: Yun Shan Silver Needle, San Xia, Xiang Bo
Lu und andere seltene Wolkennebel Flushs. Ferner Jasmin Chun Hao
sowie große Mengen an Hunan Black Tea für den Export.

Jiangsu	Hügelland nördlich Shanghais.
	Bekannte Sorten: Pi Lo Chun, Jasmin (Moli Huacha), Yuhua.
Jiangxi	Zerklüftetes Bergland nördlich von Hongkong.
	Bekannte Sorten sind: Chun Mee (Chunmei, Zhenmei), Lushan Yun-wu, Ninghong, Wuyuan Mingmei.
Shaanxi	Abgelegene Gebirgsregion nördlich von Hubei/Sichuan. Teeanbau für den heimischen Bedarf. Im Export von nur geringer Bedeutung.
Sichuan	Nördlich des Jangtze östlich Tibets gelegenes Gebirgsgebiet.
	Bekannte Sorte: Sichuan Black (Chuanhong).
Yunnan	Das Bergland von Yunnan, dem indischen Assam östlich fast angrenzend gelegen, wird als Ursprungsgebiet der Teepflanze bezeichnet. Hier gedeiht in höheren Lagen in vielen hundert Gärten der bekömmliche, zu Schwarzem Tee verarbeitete Yunnan Tee mit vollmundigem Geschmack und ansprechendem Duft. Andererseits finden sich in Yunnan auch große Urwaldflächen mit vielen Quinmao-Teebäumen. Einzelne Exemplare werden bis zu 2000 Jahre alt.
	Berühmtheit hat der Pu' Erh Tee erlangt, ein mit einem Teepilz angereicherter Grüner Tee (s. Kapitel 10).

Formosa / Taiwan

Die seit Jahrhunderten nach Formosa auswandernden Chinesen pflegen die alte Teetradition des Festlands auf der heute von China politisch-wirtschaftlich abgetrennten Insel ungebrochen weiter. Im Zentralhochland werden Sorten gearbeitet, die der festlandchinesischen Tributgartentradition entsprechen. Besonders hoch im Ansehen stehen einige halbfermentierte Oolong Tees. Schwarzer Tee wird hauptsächlich von Pflückungen im Sun-Moon-Seegebiet produziert. Die Grünteeproduktion umfasst im wesentlichen länglich flach gepresste Sencha- und kugelig gerollte Gunpowder-Typen. Taiwan exportiert große Mengen nach Japan und in die USA.

4.10 Briefmarke aus China (1980): Mit dieser chinesischen Dschunke reiste der buddhistische Mönch und Missionar Jian Zhen von China nach Japan (688-763).

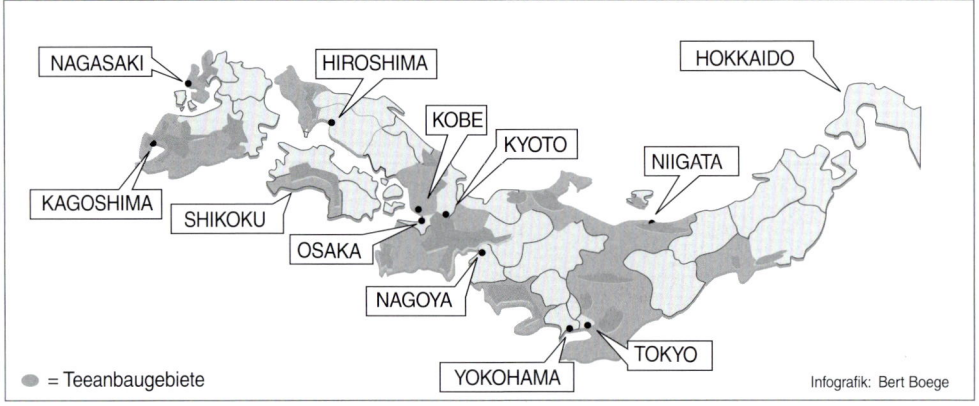

= Teeanbaugebiete

NAGASAKI HIROSHIMA HOKKAIDO KOBE KYOTO NIIGATA KAGOSHIMA SHIKOKU OSAKA NAGOYA TOKYO YOKOHAMA

Infografik: Bert Boege

4.11 Teeanbaugebiete in Japan.

Japan

In Japan wird fast ausschließlich Grüner Tee getrunken. Die Gesamtanbaufläche beträgt etwa 60 000 ha, verteilt auf sieben Anbaugebiete, in denen jährlich ca. 90 000 t Grüner Tee produziert werden. Das entspricht einem Hektarertrag von 1 500 kg.

Japan importiert heute zur Deckung des Eigenbedarfs große Teemengen aus Taiwan und anderen fernöstlichen Nachbarstaaten.

Qualitativ herausragend sind die sogenannten Kaltwetterflushs aus *highgrown* Gärten (Gebiete in Hochgebirgslagen) im Fujiyamagebiet. Generell ist das Klima in Japan kühler als in den benachbarten Teeanbauländern. In Jahrhunderten haben sich die einst aus China eingeschmuggelten Teepflanzen an das kühlere Klima Japans gewöhnt.

Der japanische Tee-Weg hat sich etwa 400 n. Chr. beginnend aus dem chinesischen Teekult heraus völlig eigenständig in engem Zusammenspiel mit dem Zen-Buddhismus weiterentwickelt. Er gipfelt in der japanischen Teezeremonie (s. Kapitel 12).

4.12 Japanische Teekanne aus dem frühen 17. Jahrhundert.
Cleveland Museum of Art.

4.13
Japanisches Teehaus aus der Momo-
yama Periode (1573-1867).
HARA COLLECTION, Yokohama.

Indien

Die wichtigsten Verschiffungshäfen Indiens sind heute Calcutta, Ma-
dras und Bombay. Hier laufen alle Teeproduktionen zur Zwischenlagerung in klimatisierten Hallen ein und werden nach Versteigerung
oder Direktvermarktung zu Containerfrachten nach Übersee zusam-
mengestellt.

Assam Bundesstaat in Nordost-Indien. Er umfasst das breite Niederungs-
land beiderseits des Brahmaputra-Flusses zwischen seinem Austritt
aus dem Himalaya-Archipel und der Flussbiegung nach Süden, das
eigentliche Assam-Tal. Im Norden wird Assam von den Ketten des
östlichen Himalaya begrenzt. Aus der Ebene (500 m Höhe) erheben
sich nach Norden die bis zu 2100 m hohen Assamberge. Assams
Hochebenen verfügen über fruchtbaren Urwaldboden. Monsunwinde
tragen viel Feuchtigkeit heran.

Mit Gründung der *Assam Tea Company* 1834 gelang erstmals pro-
fitabler Teeanbau auch außerhalb Chinas und Japans. Seit 1839 erscheint Assamtee regelmäßig auf Londoner Auktionen.

Die Wirtschaft Assams beruht in hohem Maße auf dem Teeanbau.
Es ist mit über 200 000 ha Anbaufläche das größte zusammenhängende Teeanbaugebiet der Welt.

Geschmacklich wird Assamtee als eine schwere, würzig kräftige,
gehaltvolle, dunkle Tasse bezeichnet. Nur wenn im Mai und Juni ein
mäßigeres, weniger feuchtheißes Klima herrscht, wird der mildere,
malzig-aromatische *First Flush* gepflückt und *hochtippy* (d. h. mit *sehr*

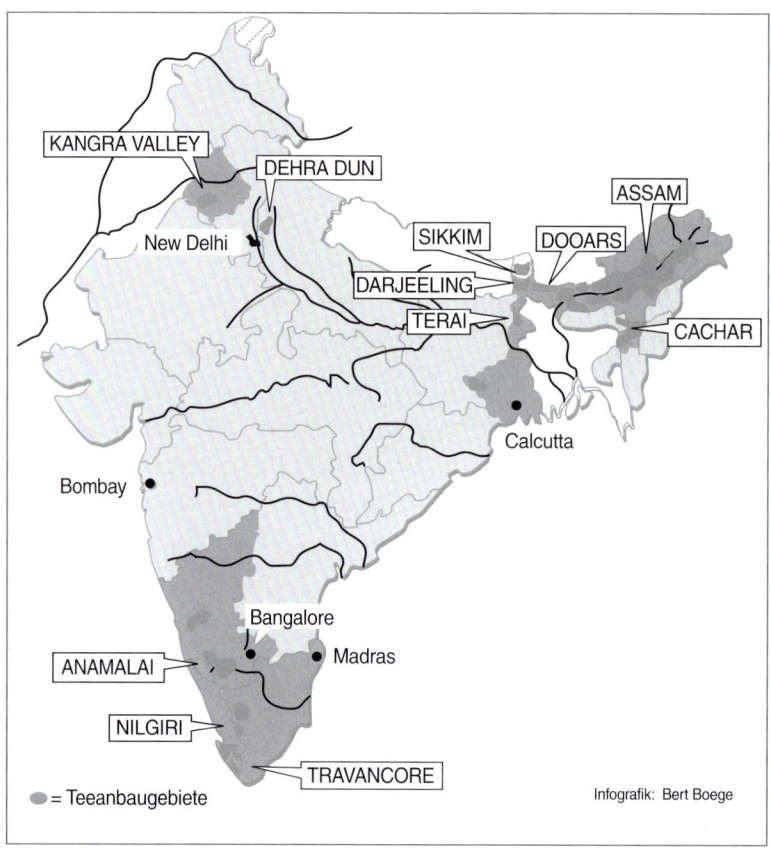

4.14
Teeanbauge-
biete in Indien.

vielen weißlich-pelzigen Frühlingsblättchen) verarbeitet. Assamsorten zählen zu den Grundbestandteilen vieler englischer und friesischer Teemischungen.

Seit einigen Jahren kommen aus Assamplantagen auch Grüntee-produktionen auf den Markt. Ihr Aroma konnte mich bislang nicht von meinen geliebten Chinasorten abwerben, deren Vorteil ein geringerer Gerbstoffgehalt ist.

Darjeeling (Platz des Donners)

ist eigentlich nur eine Stadt im indischen Staat Westbengalen, auf einer Vorkette des östlichen Himalayas 2185 m ü. d. M. südwestlich von Sikkim gelegen. Von Süden her ist Darjeeling über zwei Straßen sowie eine Dampfeisenbahn-Schmalspurstrecke, erbaut unter britischer Kolonialverwaltung im 19. Jahrhundert, erreichbar. Im Umkreis von Darjeeling liegt das gleichnamige, berühmteste Teeanbaugebiet Indiens mit etwa 200 Teegärten in Höhenlagen zwischen 1500 m und 2800 m. Die Entfernung zum Verschiffungshafen Calcutta beträgt 500 km.

4.15
Ein Teeverkaufs-
stand in Darjee-
ling.

Pflückzeiten: Im April wird der *First Flush* Frühlingstee mit heller, leichter, feiner, blumig-spritziger Tasse gepflückt. Kühl sind jetzt noch die Nächte, bei Tag drängt sich die Sonne aus dem Nebeltau allmählich hervor.

Ab Mai wird der *Inbetween* mit sehr vielseitigem, leicht fruchtigem Aroma geerntet.

Von Ende Mai bis in den Juni folgt mit dem Südwest-Monsun der *Second Flush* (zweite Pflückung) mit schwerer, kräftiger, würziger, dunkel abgießender Tasse.

Ab Juli folgen die durch schnellen Wuchs aromatisch nicht so ausgeprägten *Bread and Butter Teas* für den weniger anspruchsvollen Genuss, ab Mitte August gefolgt vom *Autumnal*, einer von mehr Herbstsonne wieder aromatisch anspruchsvoller geprägten Herbstpflückung. Im September und Oktober werden unter oft starken Regenfällen die letzten Ernten des Jahres eingebracht.

Erste Teegärten entstanden in Darjeeling um 1860, teils auch von deutschen Pflanzern angelegt. Mit *Steinthal* (indischer Name: Kambal) ist ein solcher Garten heute noch namentlich existent.

Die durchschnittliche Jahrespflückmenge fällt bei den höher gelegenen Gärten Darjeelings mit 300-600 kg/ha ziemlich gering, qualitativ und preislich dafür aber höchstwertig aus. Etwa seit 1998 werden in Darjeeling spätere Pflückungen zunehmend auch zu Grünem Tee in teils beachtlicher, teils aber auch aromatisch minderwertigerer Qualität verarbeitet. Dies hängt mit dem höheren Gerbstoffgehalt der Assampflanzen zusammen, die in höheren, kühlen Gebirgslagen gegen Chinapflanzen mit geringerem Gerbstoffgehalt ausgetauscht wurden.

4.17 Rüttelmachine.

4.16 Teefabrik in Darjeeling.

4.18 Tee fermentieren.

Sikkim Autonomes Gebiet zur Grenze Tibets hin gelegen, unter indischer Verwaltung stehend. Kleines Anbaugebiet nördlich Darjeeling mit gleichen Wachstumsbedingungen.

Dooars Teeanbaugebiet im Nordosten Indiens. Für den Export von untergeordneter Bedeutung. Tees von darjeelingähnlichem Charakter, die hauptsächlich Verwendung zum Mischen finden. An Jahresmenge wird das Zehnfache von Darjeeling erreicht. Grünteeproduktionen sind bislang noch nicht bekannt geworden.

Terai Ein Hügelland von 300-800 m Höhe mit lehmhaltigem Urwaldboden, dem Darjeeling-Distrikt Nordindiens nach Süden hin vorgelagert. Etwa 40 Teegärten mit über 10 000 ha Ertragsflächen erbringen im Jahr um 500 kg/ha in einfacher bis mittlerer Qualität. Als Exportware ist Teraitee heute von geringer Bedeutung. Grünteeproduktionen aus dem Terai stehen noch ganz am Anfang. Es mangelt an Fachkräften und Erfahrung sowie an Abnehmern.

Cachar Ein Anbaugebiet, das zwischen Bangladesh und Myanmar (Burma) in Nordostindien liegt. Früher war Cachar ein Gebiet von Kopfjägern. Hügelgebiet mit Teeplantagen, ab 1850 durch englische Pflanzer angelegt. Heute verzeichnet Cachar um die 30 000 ha Teeflächen, verteilt auf über 100 Plantagen mit 1000 kg/ha Mengenertrag pro Jahr. Mittlere Teequalität mit kräftiger, assamähnlich malzig-erdiger Tasse. Im Export kommt Cachartee heute keine große Bedeutung zu. Grünteeproduktionen gibt es nur vereinzelt.

Dehra Dun, Kangra Valley

Large- (niedrig gelegene, großflächige) und *mediumgrown* (in mittlerer Gebirgslage) Anbaugebiete im Nordwesten Indiens gelegen. Im Welthandel weitgehend unbekannt, für den indischen Markt jedoch von größerer Bedeutung.

Nilgiri, Travancore, Kerala, Anamalai

Bergland und Hochebenen im Süden Indiens mit Teegärten in bis zu 2000 m Höhe. Im Januar wird hier aufgrund kühler Monsunwinde ein Kaltwettertee mit feinem, spritzigem Aroma gepflückt. Insgesamt rund 75 000 ha Teeanbauflächen mit bis zu 1500 kg/ha Ertragsmenge. Nur vereinzelt finden Grünteeproduktionen von mäßiger Qualität statt.

4.19 Indische Teekanne aus Messing.

Sri Lanka (Ceylon) – Insel südlich des indischen Kontinents

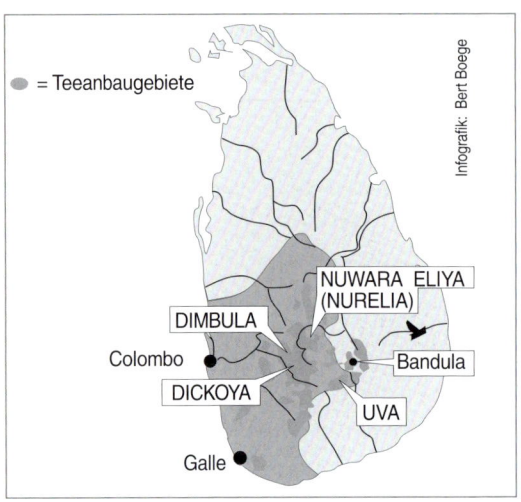

● = Teeanbaugebiete

Infografik: Bert Boege

NUWARA ELIYA (NURELIA)
DIMBULA
Colombo
Bandula
DICKOYA
UVA
Galle

4.20 Teeanbaugebiete auf Sri Lanka

Lange bevor Ceylon in britische Hände überging, hatten sich Holländer schon um 1660 auf der Insel erfolglos um Teeanbau bemüht. Berichten zufolge wurden im Botanischen Garten von Peradeniya Teepflanzen der kurz zuvor entdeckten Assampflanze kultiviert. Um 1841 wurden erneut chinesische Teepflanzen eingeführt. Erste Teeproben der Chinapflanze von Ceylon erreichten London 1866. Schließlich wurde aber die für das Klima Ceylons höhere Eignung der Assampflanze, insbesondere für Anbau in niederen Lagen, erkannt. In Anbauhöhen ab 1800 Meter hingegen erwies sich die Chinapflanze als geeigneter.

Ceylons Teeanbau beginnt somit nicht, wie bislang behauptet, im Jahre 1867, als die Rostpilzerkrankung »*Hemileia vastatrix*« alle Kaffeeplantagen vernichtete. Im Auftrag der Firma *Harrison & Lake* legte der Schotte *James Taylor* im Gebiet von *Loolecondera* zwischen *Nandy* und *Nuwara Eliya* ab 1875 Teepflanzungen an. Taylor stellte in der Anfangsphase sogar sein eigenes Haus und die Veranda zur Blattverarbeitung zur Verfügung. Zum Trocknen ließ er Lehmöfen mit Eisenrosten versehen. Und schließlich erfand er die erste Rollmaschine zum Weichrollen der kräftig strukturierten Teeblätter.

Waren die Händler in Übersee noch nicht recht vom Erfolg des indischen Teeanbaus überzeugt, so änderte sich das mit den ersten Teepartien aus Ceylon schlagartig. Dank Taylor fiel der neue, fermentierte Tee so gut aus, dass sich 1890 *Thomas Lipton* entschloss, auf Ceylon eigene Teeplantagen und Fabriken zur Blattverarbeitung zu errichten. Durch weitere rationelle Verfahrenstechnik gelang eine Absenkung der Preise um zwei Drittel. Teeanbau und -manufaktur erforderten billige Arbeitskräfte. Hierfür holten die Briten vom indischen Festland 700 000 Tamilen auf die Insel, deren Nachkommen nach der Unabhängigkeit 1948 die ceylonesische Staatsbürgerschaft verweigert wurde. Dennoch stellen bis heute fast ausschließlich Tamilen das Personal für Teeanbau und Verarbeitung.

4.21　Teeplantage auf Sri Lanka.　　　4.22　Tee wiegen.

Heute ist Ceylon, das sich seit 1972 *Sri Lanka* nennt, nach Indien zweitgrößter Schwarzteeproduzent der Welt. Mir vorliegende Grünteemuster fielen bislang nur in untergeordneter, minderer Qualität aus.

Als Ceylon 1948 unabhängig wurde, wirtschafteten dort 259 Teeplantagen, verwaltet von nur 13 britischen Agenturen. Seitdem kauften sich verschiedene indische Kapitalgesellschaften in den Teeanbau ein. Es entwickelte sich auf Ceylon nun ein neo-koloniales Auslandsmonopol. Zusätzlich vergrößerte die anhaltende Zuwanderung von Tamilen aus Südindien die ethnischen und sozialen Probleme in der Bevölkerung. Nachdem sich diese in bürgerkriegsähnlichen Unruhen entluden, begegnete die Regierung dem nach langer Untätigkeit 1972 mit der Verstaatlichung aller Erzeugerbetriebe. Zu dieser Zeit war der durch lange vernachlässigte Pflege gefährdete Teepflanzenbestand in den meisten Plantagen mit oft über 100 Jahren Alter stark erneuerungsbedürftig. Doch die zu Kolonialzeiten noch ansässigen britischen Teegesellschaften hatten sich längst nach Afrika neu orientiert, um dort mit Krediten der Weltbank ein neues Tee-Refugium aufzubauen.

Seit 1990 ist die Pflanzenzucht auf Sri Lanka, unterstützt von regionalen Forschungsinstituten, staatlich organisiert. Der soziale Stand der tamilischen Pflückerinnen hat sich seither, gewerkschaftlich organisiert, auch durch höhere Löhne wesentlich verbessert. Insgesamt dienen heute etwa 10 % der landwirtschaftlichen Nutzfläche Sri Lankas dem Teeanbau. In Gebirgslagen wird weiterhin von Hand gepflückt, wodurch in fast ganzjähriger Pflückzeit entsprechend viele Arbeitskräfte eingesetzt werden können.

Ganzjährig wechselnde Monsunwinde verursachen auf Sri Lanka unterschiedlich ausgeprägte Tee-Jahreszeiten:

Sommerzeit: Regen im Westen durch den Südwest-Monsun von Juni bis September, trockene Winde im Osten. Im Uva Distrikt werden jetzt die besseren Qualitäten geerntet.

Winterzeit: Regen im Osten der Insel von Dezember bis März wegen Nordost-Monsun. Im Westen (*Dimbula* und *Dikoya*) herrscht jetzt die Trockenperiode mit gleichzeitig zunehmender Teequalität.

Ganzjährig: Im Zentrum der Insel um die Stadt *Kandy* und besonders im Distrikt *Nuwara Eliya* (*Nurelia*) ist das Klima und infolge dessen die Teequalität beständiger.

Januar und Februar:

Jetzt wächst auf den Hochebenen von *Nurelia (Nuwara Eliya)* der qualitativ herausragendste, lemonspritzige Tee. Er zeigt eine charakteristische kupferrote Färbung und wird zu besonders schönem, drahtig krausem *tippy-Blatt* (mit weißen Blattspitzen) gearbeitet.

Höhenlagen der Teeanbaugebiete auf Sri Lanka:

Unter 600 m   *Lowgrown* mit zumeist schwarzem Blatt. Minderwertige Unterzieh-Teequalitäten für viele Blends.

600-1300 m   *Mediumgrown* Lagen mit kraftvollen Sorten.

1300-2500 m   *Highgrown* Höhenlagen mit spritzigen Sorten. Drei highgrown Gebiete haben sich besonders hervorgetan: *Uva* mit kräftigen, vollmundigen Sorten. *Dimbula* mit etwas herben, kräftigen Sorten und *Nuwary Eliya* mit feinerem, spritzig fruchtigem Aroma wie es eben nur »*über den Wolken*« entstehen kann.

4.23
Teefabrik auf
Sri Lanka.
3. Etage: Welken
2. Etage: Rollen
und Sieben
1. Etage:
Fermentieren
und Trocknen
Parterre:
Verpacken,
Verkosten etc.

4.24
Welktrog mit
temperierter
Belüftung für
30 % Feuchte-
Verdunstung.

4.25 Rollma-
schine. Über
eine Spindel
wird der Roll-
druck dem
Blattgut ange-
passt.

4.26 Erstes Aussieben nach Trocknung.

4.27 Handverlesung mit letztem Aussortieren von *Stalks* (Stengel-teilchen).

4.28 Teegarten und Pflückersied-lung auf Sri Lanka.

Afrika

= Teeanbaugebiete

Infografik: Bert Boege

4.29 Teeanbaugebiete in Afrika

Die Teepflanze kommt von Natur aus in Afrika nicht vor. 1851 führten Kolonisten Teepflanzen nach Afrika ein und pflanzten sie im botanischen Garten von Durban, (Prov. Natal) in Südafrika. Ab 1887 entstanden Teegärten mit Assampflanzen. Als die indische Regierung 1911 ein Auswanderungsverbot für indische Kulis verfügte, erlebte der Teeanbau in Natal einen Rückschlag, denn nun mangelte es an Arbeitern.

In der Trockenzeit von Dezember bis März werden in Afrika die besseren Qualitäten produziert, heute hauptsächlich im modernen CTC-Verfahren, in welchem die Blätter in Rotovane-Maschinen unkenntlich kleingeschreddert und »beutelfähig« gearbeitet werden. Es sind zumeist kräftig mundende Sorten von heller Tassenfärbung, die sich gut als preiswerte Basis für Teemischungen eignen. In Afrika werden nur Schwarze Tees hergestellt; eine Grünteeproduktion gibt es bislang nicht. Im wesentlichen beruht der afrikanische Teeanbau heute auf dem Prinzip: *Kernfarm mit Teefabrik und rundherum viele bäuerliche Kleinstbetriebe.*

Dieses System avancierte zu den erfolgreichsten kleinbäuerlichen Weltbankprojekten weltweit. Die Bauern besitzen zwar keine eigene Vermarktungslinie, erhalten aber dank staatlich festgesetzter Preise ein faires Einkommen. Derzeit findet zur weiteren Absicherung der kleinbäuerlichen Sozialstruktur und der Verdienstmöglichkeiten in einigen Gebieten teils mit kirchlicher Entwicklungshilfe und deutschem Personal ein zusätzlicher Aufbau milchwirtschaftlicher Ziegenprojekte statt. Das Ziel ist, die Einkommensstrukturen künftig noch unabhängiger zu machen und durch regionale Produkt- und Vermarktungspläne auch sicherer werden zu lassen.

Afrikanische Anbauländer

Äthiopien Von Kenya aus begannen Pflanzer bereits 1930 mit Tee-Anbauversuchen. Was daraus geworden ist, ist heute nicht feststellbar.

Burundi Hochland Teegärten auf etwa 2 000 m Höhe produzieren hier den besten Tee Afrikas in guten Blattqualitäten, aber kleinen Mengen. 1980 betrug die Produktion unter belgischer Verwaltung nur 80 t. Nach der Unabhängigkeit steigt 1982 die Jahresmenge auf 2 170 t mit drei Teefabriken. Zielsetzung sind ca. 10 000 t jährlich.

Congo (vorm. Zaire)

Das Land besitzt eine minimale Teeproduktion, die aber kaum auf Auktionen im Ausland als Offerte erscheint.

Kamerun *Bernd Merzenich* und *Al Imfeld* schreiben in einem Entwicklungshilfebericht, dass sich kamerunische Medizinmänner darüber beschweren, dass der ständige Konsum von Schwarztee zuerst in städtischen Bereichen, dann aber auch im Ländlichen das traditionelle Heilkunstsystem, welches auf Anwendung heimischer Kräuter beruhe, völlig durcheinander gebracht hätte. Den pharmakologisch unkundigen Medizinmännern sind natürlich Kombinationswirkungen, die aus dem vermischten Konsum von Schwarztee und Kräutern resultieren können, ein schwer einzuschätzendes Ärgernis.

Kameruns Teeproduktion begann mit dem Jahr 1893, als deutsche Siedler, seit 1884 im Lande, Tee anpflanzten. Nach dem Verlust der deutschen Hoheit 1916 folgte eine Verwahrlosung der Anbauflächen. Erfolgreiche Teeproduktion besteht wieder seit 1954. Zwei Teegärten liegen um die 2500 m hoch.

Kenya In Ostafrika beiderseits des Äquators gelegen, besitzt das Land eine etwa 400 km lange Küste am Indischen Ozean. Von der Küste steigt das Land nach NW allmählich bis auf 1500-2000 m Höhe an. Das Hochland hat südwestlich von Mt. Kenya fruchtbare vulkanische Böden und geht in das nord-südlich verlaufende Aberdare-Gebirge über. Es bildet den Ostrand des Ostafrikanischen Grabens, an dessen beiden Seiten in Lagen über 1000 m mit 800-1900 mm Niederschlag pro Jahr (Feuchtsavannen) von 1921 bis 1925 durch die britischen Firmen *Brooke Bond* und *James Finlay & Co.* großflächig Teeplantagen angelegt wurden. An geernteten Mengen sind sie noch heute weltweit führend in der Teeproduktion.

Der Beginn des kenyanischen Teeanbaus geht auf Versuche europäischer Pflanzer in den Jahren 1904 bis 1912 zurück. Allerdings hat in den letzten Jahren eine fast völlige Umstellung auf moderne, hoch-

4.31 Teeplantage mit Schattenbäumen im Tigoni Hochland nördlich von Nairobi, Kenya.

4.30 Der kenyanischeTeeanbau wird seit der Trennung von Großbritannien wirkungsvoll zugunsten einheimischer Kleinanbauer unterstützt.

lösliche Bröseltee-Sorten (Broken- und Fanningsgrade) stattgefunden, die unter anspruchsvollen Teetrinkern wenig Beliebtheit finden. Seit Kenya 1963 seine Unabhängigkeit erlangte, unterstützen Weltbank und Europäische Entwicklungsfonds in Zusammenarbeit mit der kenyanischen Teebehörde (KTDA) viele kleinbäuerliche Teeanbauprojekte. So waren um 1990 über 60% der Gesamtanbaufläche von fast 60 000 ha im Besitz von über 150 000 kleinbäuerlichen Familien. Die übrigen Flächen bewirtschafteten nur vier britische und zwei kenyanische Plantagenunternehmen, welche gleichzeitig die Verarbeitung und Vermarktung handhabten. Wichtigster Tee-Exportpartner Kenyas ist heute Großbritannien. Die Hauptanbaugebiete liegen in den Hochland-Distrikten Nandi, Nyeri, Meru, Kericho, Limuru und Kiambu.

Madagaskar Teeanbau begann 1954 in bescheidenem Umfang.

Malawi Malawi war von 1891 bis 1964 ein unter britischer Kolonialherrschaft stehendes Protektorat, genannt »Njassaland«. 1887 begannen britische Missionare in Blantyre/Süd-Malawi Teepflanzungen anzulegen. Sie wollten durch Aufbau einer Teeproduktion für den englischen Markt die Sozialstruktur der einheimischen Bevölkerung anheben; Bemühungen, die erst ab 1900 zu wirtschaftlichem Erfolg führten. Von 1906 bis 1930 betrieben vier englische Firmen den Teeanbau

konsequent weiter. Nach 1950 wurden die Teeanbauflächen nochmals erweitert. Die Jahresproduktion stieg von 4 300 t (1934) auf über
12 000 t (1960) an und lag 1984 bei 38 000 t. Mit über 40 000 ha
Fläche und ebensoviel Kilo Tee-Jahresproduktion in mittlerer Aromaqualität ist Malawi heute das zweitgrößte afrikanische Tee-Erzeuger-
land.

Hauptanbaugebiete sind Cholo und Mlanje im Süden, wo ganzjährig in Lagen zwischen 800-1400 m Höhe einfache Standards für den
britischen Markt produziert werden. Im Oktober und November sind
aufgrund des günstigeren Klimas bessere Qualitäten möglich.

Mauritius Auf der Insel wirtschaften seit 1884 viele Kleinstbetriebe im Teeanbau. Diese sind heute in Genossenschaften zusammengeschlossen.
Der Ertrag reicht in etwa zur Deckung des Landesbedarfs.

Mocambique Mediumgrown Gärten um 1000 m Höhe. Es wird nur Broken-Tee
unterer Qualitätskategorien produziert, der als »Unterziehqualität«
für Teebeutel-Mischungen dient.

Ruanda Die staatliche Teebehörde ließ Teeplantagen im Norden und Westen
nach kenyanischem Modell (Kernplantage und viele kleinbäuerliche
Erzeuger rundum) aufbauen. 1984 wurde für Ruanda eine Produktionsmenge von 8 700 t mitgeteilt. Neuere Angaben sind nicht bekannt.

Südafrika Aufgrund des gemäßigten Meeresklimas fallen hier gute Qualitäten,
Ceylontee ähnlich, mit fruchtig-spritziger Tasse an. Die Anbaugebiete
finden sich in Höhenlagen von 1500-1700 m. Vorwiegend zu Beu-
teltee verarbeitet wird der Ertrag im eigenen Land verbraucht, kein
Export. Hingegen macht sich Südafrika durch den Export von Rooibostee (Rotbuschtee: ein wohlschmeckender, coffeinfreier Kräutertee) derzeit einen guten Namen.

Tansania Begonnen hat der Teeanbau hier vor dem Ersten Weltkrieg unter
deutscher Kolonialverwaltung, die Briten setzten ihn in den 30er
Jahren durch englische Firmen fort. Von 1961 an, dem Jahr der
Unabhängigkeit, begannen staatliche Bemühungen, durch Teeanbau
neben den Traditionsprodukten Kaffee, Sisal und Baumwolle ein
weiteres wirtschaftliches Standbein zu schaffen. Bis 1977 wurde die
Teeproduktion nach dem Weltbank-Modell zusammen mit britischen
Konzernen vervierfacht. Tansanias Teeplantagen befinden sich in
Lagen von 1000-2000 m Höhe in den Distrikten Bukoba (Nordwest),
in den Usambara-Bergen (Norden) sowie Mufindi, Njombe und
Rungwe (Süden).

Uganda	Westlich vom Victoria-See finden sich in den Ausläufern des Ruwenz-ori-Berges Teegärten. Ihre Entstehung geht auf das Jahr 1900 zurück, als durch die Regierung indische Teesamen importiert wurden. Ab 1925 kamen nennenswerte Tee-Erträge zustande. Betrug die Teeproduktion des Landes 1972 immerhin 23 000 t, geliefert von 21 Teefabriken, so war seit dem Idi Amin-Regime (1971-79) und den späteren schlimmen Wirren über die Tee-Wirtschaft des Landes nichts Offizielles zu erfahren.

Zimbabwe (vorm. Rhodesien)

Einige Teegärten befinden sich in Höhenlagen von 1000-1400 m im Bergland entlang der malawischen Grenze, liefern aber nur Ware minderer Qualität für den britischen und irischen Beutel- und Brö-selteemarkt. 1980 erfolgte die Erklärung der Unabhängigkeit und die Verstaatlichung sämtlicher Teeplantagen und Teefabriken. Politische Unruhen haben die Wirtschaft des Landes ruiniert.

Teeanbau – andere Länder

Argentinien	Schon 1830 wurden von dem französischen Botaniker *Aimé Goujaud* Pflanzversuche im Gebiet von Loreto (Misiones) vorgenommen. Doch seine Pflanzungen wurden im Krieg gegen Paraguay 1864-1870 zerstört. Argentinien verzeichnete weiteren Teeanbau ab 1904 durch *Antonio de Llamás*. Im Jahre 1909 folgte *Jorge Naville*, der in Villarica Assam-Teesamen ausbrachte. 1910 gelangte der russische Siedler *Wladimiro Hnatiuk* in der Colonia Tres Capones / Misiones erstmals zu wirtschaftlichem Erfolg. Dies veranlasste die argentinische Regierung 1924, chinesische Teesamen zum Anbau in den Provinzen Misiones, Formosa, Corrientes, Chaco und Tucumán zu verteilen.

Entlang der Andenkette wurden nach dem Zweiten Weltkrieg, angeregt von japanischen Firmen, einige Teegärten mit Assampflanzen sowie mit der japanischen Varietät der Chinapflanze angelegt. Mit modernen CTC-Verfahren werden heute einfache, billige Teestandards erzeugt und finden besonders in den USA in Teebeutelmischungen ihren Markt. Die minderwertigste Qualität wird dorthin für die *Instant-Tee* Produktion verkauft. Weiterer Export besteht nach Chile, England und Holland.

Um 1980 betrug die Jahresproduktion Argentiniens ca. 34 000 t auf 4 000 ha Fläche. Damit ist Argentinien das erfolgreichste Teeanbauland Südamerikas.

Die besten Teegärten befinden sich im Nordosten in den Provinzen Corrientes (2 600 ha) und Misiones (26 000 ha) mit subtropischem Klima. Ein Gemisch von Nationalitäten lebt hier friedlich miteinander und bemüht sich um den Teeanbau sowie die Verarbeitung, beides ist überwiegend kleinbäuerlich organisiert. Das von den Familienbetrieben gelieferte Erntegut wird jedoch zu grob gepflückt und verliert auf dem langen Transportweg zur Teefabrik durch Fermentation an Aroma, außerdem sind steigende Arbeitslöhne ein weiteres Hindernis für gute Handverarbeitung.

In Argentinien wird von einigen japanischen Produzenten (*Kairiyama* und *Ataku*) auch ein wenig Grüner Tee in Bancha Qualität hergestellt, auf Argentinisch »*té comùn*« genannt.

Australien Im Bergland entlang der Ostküste Australiens existieren seit etwa 1960 einige mittelgroße Betriebe mit großflächigem Teeanbau auf Ebenen ohne Sonnenschutz. Es wachsen vorwiegend China-Assamhybriden, die in Dürrezeiten künstlicher Bewässerung bedürfen. In australischen Teegärten, es soll nur etwa ein Dutzend davon geben, wird Blattgut maschinell geschnitten und zu Schwarztee in minderer Beuteltee-Qualität verarbeitet. Ganz vereinzelt wird auch mal eine Charge Grüntee produziert. Die Mengen des heimischen Teeanbaus können nur einen kleinen Teil des Gesamtverbrauchs im Lande decken.

Die Australier trinken mit über 1,5 kg Tee pro Jahr nach England (3,1 kg) ansehnliche Teemengen. In den Teegeschäften Sydneys, Brisbanes und anderer Städte habe ich auf meinen Reisen neben Tee-Direktimporten aus Sri Lanka und Indonesien hochwertige Darjeelings und Assams entdeckt, deren Original-Kistenlabels auch Hamburger Firmen als Zwischenhändler auswiesen.

Bangladesh Im Gebiet des Brahmaputra befinden sich einige großflächige Teeplantagen, die auf Schwemmland Assamtee ähnelnde Produkte erzeugen, deren Qualität bislang aber eher niedrig einzustufen ist.

Brasilien Teeanbauversuche gab es bereits um 1810 im Umland von Rio de Janeiro und São Paulo mit chinesischen Teepflanzen. 1919 begannen japanische Siedler Tee in der Provinz Minas Gerais anzupflanzen, ebenso in der Provinz São Paulo in Höhenlagen zwischen 1000-1300 m. Moderne Aufbereitungsmethoden wurden erst nach 1960 eingeführt.

Ecuador Hier befindet sich Teeanbau noch im Anfangsstadium.

4.32 Teeanbaugebiete in Indonesien und auf Papua Neuguinea.

Indonesien

Java Ab 1596 nahmen Holländer neben Sumatra und den Molukken auch Java in kolonialen Besitz. Ihr Interesse galt zuerst nur den Gewürzen der Region. Einige Küstenplätze entwickelten sich in der Folgezeit zu bedeutenden Handelsplätzen, z. B. Batavia, das heutige Jakarta.

Mitte des 18. Jahrhunderts folgte durch zugewanderte Pflanzer die Anlage vieler Kaffee-, Zucker-, Gummi- und Indigoplantagen. Versuche, japanische Teepflanzen zu ziehen, begannen bereits 1684 durch den deutschen Arzt *Andreas Cleyer* mit japanischen Teesamen. 1728 wurde daraufhin von der VOC veranlasst, größere Anpflanzungen vorzunehmen, doch erst seit 1826 verliefen Anbauversuche positiv. Ab 1833 erfolgte eine weitere Anlage größerer Plantagen, für deren Pflanzgut gestohlene chinesische Teesamen auf Java zu Teepflanzen gezüchtet wurden. Ab 1878 wurden auch Assampflanzen nach Java eingeführt und mit ihnen setzte unter holländischer Kolonialherrschaft und mit importierten Verarbeitungsmaschinen eine mengenmäßig bedeutsame Schwarzteeproduktion ein.

Über Java, eine der großen tropischen Sunda-Inseln, erstrecken sich heute auf fruchtbaren Vulkanböden des Pengalengan-Plateaus großflächige, von Osten nach Westen angelegte Teeplantagen.

Java produziert dank des Klimas ganzjährig mit jahreszeitlich wechselnden Teequalitäten. Wirklich hochwertig sind nur die Pflückungen während der Trockenzeit von Juli bis September. Sie erreichen ein feineres, gelegentlich fruchtiges Aroma. Für den westlichen Markt hat Javatee als Beigabe in vielen Schwarzteemischungen Bedeutung. Nachdem die Einheimischen bei ihren Kolonialherren das Teetrinken kennen lernten, wird allerdings der meiste Javatee im eigenen Land verbraucht.

Malaysia	In den Cameron Highlands befinden sich auf 600-800 m Höhe einige großflächig angelegte Teeplantagen mit weitgehend mechanisierter Produktion. Der Pflück wird maschinell geschnitten und im modernen CTC-Verfahren zu Broken- und Fanningsgraden (Bröseltee) verarbeitet. Ein Tee von mildem, flachem Geschmack, der größtenteils im eigenen Land Absatz findet.
Sumatra	Sumatra gehört zu Indonesien und ist die zweitgrößte Insel des Malaiischen Archipels. An der Südwestküste erstrecken sich, zur Küste steil abfallend, das südliche Barisan- und das sich nördlich daran anschließende Pegunungan-Gebirge, beide vulkanischen Ursprungs mit teilweise heute aktiven Schloten. Teeplantagen wurden ab 1910 erstmals im Gebiet des ursprünglichen Regenwaldes angelegt. Im Nordosten der Insel finden sich heute noch kleinere Teeanbaugebiete in der Nähe der Orte Deli und Medan.

Sumatra produziert aufgrund des Tropenklimas ganzjährig Tee mit jahreszeitlich wechselnden Teequalitäten. In Äquatornähe schaffen ganzjährig hinreichende Regenfälle die Voraussetzung für eine gleichbleibende Teequalität, die dennoch meist nur »Untermischer«-Standards erreicht.

Korea	Hier gibt es einige Teegärten, deren Geschichte aber nicht zu erfahren ist. Export findet nicht statt.

Mittelamerika

In **Guatemala** und **Mexiko** existieren einige Teepflanzungen, die ab 1900 von japanischen Siedlern angelegt wurden.

Papua Neuguinea

In mediumgrown Lagen befinden sich einige moderne Großplantagen mit Grüntee- und Schwarzteeproduktion, die für den indonesischen, australischen und japanischen Markt produzieren. Die Kapitalstruktur dieser Plantagen ist seit der südostasiatischen Wirtschaftskrise etwa ab 1995 sehr geschwächt. Es mangelt an Geld für eine sorgfältige Bewirtschaftung zur Anhebung der Qualität. Das wiederum drückt auf das Preisniveau. Selbst für Düngemittel ist kaum Geld vorhanden. Einige Betriebe versuchen, Bio-Tee anzubieten. Doch bloßer Mangel an mineralischen Düngemitteln oder chemischem Pflanzenschutz garantiert noch keinen hochwertigen Bio-Tee. Es bedürfte einer kontrollierten, biodynamischen Bodenbewirtschaftung im Rahmen von Entwicklungsprojekten. Zu wünschen wäre es diesem armen Land, in dessen Urwald erst vor wenigen Jahren das letzte steinzeitlich lebende Urvolk der Erde, die Papuas, entdeckt wurde.

4.33 Teeproduktion auf São Miguel: Trocknen, sortieren und sieben.

4.34 Rollmaschine für die Grüntee-Produktion.

4.35 Mit Öl befeuerter Trockenofen

4.36 Nach etwa 30-minütiger Heißluft-verwirbelung erscheint das Blattgut fertig getrocknet.

Peru Konsul *Francisco Loayza* führte Teesamen aus Japan ein. Die Initiative dazu ging von *Benjamin de la Torre Mar* aus, dem Deputierten von Cuzco. 1930 beginnt privater Teeanbau auf dem Gut Huyro / Provinz Convención del Cuzco. Heute wird Tee in Cuzco und Huánuco sowie im Departement de Puno in Höhenlagen zwischen 700 - 2600 m in frostfreiem Klima bei 1500 mm Niederschlag / Jahr angebaut. Die Verarbeitung erfolgt ausschließlich zu Schwarztee nach dem CTC-Verfahren.

Portugal – Azoreninsel São Miguel

An der Südseite der Insel finden sich zwei von einheimischen Pflanzern nach dem Zweiten Weltkrieg angelegte Teegärten auf vulkanischem Boden in ca. 300-500 m Höhe mit wunderbarem Ausblick auf den Atlantik. Angepflanzt sind China-Assam Hybriden, die von Mai bis September mehrfach mit Handschneidegeräten und teils auch von

Hand bepflückt werden. Es wird Grüntee und Schwarztee (Cha Ghorreana) in mild mundender, mittlerer Qualität hergestellt. Nur wenig davon gelangt, abgepackt in 100 g-Tütchen, an Liebhaber zu Liebhaberpreisen in den Export.

Thailand / Myanmar (Burma)

Die Eingeborenen Südostasiens nutzen seit jeher die Blätter wildwachsender Teebüsche. Auf gerodeten Urwaldflächen existieren auch einige Teegärten mit Bewirtschaftung nach japanischer Methode. Teeblätter werden gern auch als Gemüse zubereitet. In Thailand wird solches Gemüse »Mieng«, in Myanmar hingegen »Letpetso« genannt.

Vietnam   Seit Jahrhunderten wird Teeanbau in kleinbäuerlicher Struktur wie in China betrieben. Wild wachsende Teesträucher werden leergepflückt und die Ernte zu Grünem und Schwarzem Tee verarbeitet. 1918 wurde in Phu-tho unter französischer Initiative eine Versuchsanstalt gegründet, die Javapflanzen des Assamtyps einführte. Nach dem Vietnam-Krieg lag die Produktion völlig brach. Sie kommt nur beschwerlich über mindere Qualitäten wieder in Gang.

5.　　Echter Tee – die unterschiedlichen Arten

Ob Grüntee, Oolong Tee, Schwarztee – für ein besseres Gesamtverständnis und um die uns genehme Teesorte für den Eigenkonsum zu finden, wollen wir die verschiedenen Teearten kennen lernen und uns über die Unterschiede informieren.

Alle nachfolgend beschriebenen Teearten stammen von den bereits im botanischen Teil beschriebenen Teepflanzen respektive von deren Kreuzungen ab. Klima und Bodengüte bedingen, dass sich jede Teeplantage standortverträglichen Pflanzennachwuchs selbst züchtet und beständig verjüngend nachpflanzt.

Grüner Tee

Die Teeblätter werden nach dem Pflücken im erhitzten Wok oder mittels Dampf behandelt, dann von Hand oder maschinell gerollt und nachfolgend getrocknet. Die wertgebenden Inhaltsstoffe der frischen Blätter bleiben durch die Hitzezerstörung der blatteigenen Enzyme weitestgehend erhalten. Grünteewirkstoffe befinden sich noch in natürlicher Verkettung zueinander und stehen im Grünteeabguss zur Verfügung. Auch die Vitamine B und C, die dank begleitender Antioxidantien im Abguss hitzegeschützt sind.

Unterschiedliche Qualitäten werden angeboten. Auf sorgsam gearbeitete Blattqualitäten und auf jung gepflücktes Blattgut, am besten aus Frühlingspflückungen, ist zu achten.

Der Geschmack Grünen Tees wird von mild frischmundend über duftig-blumig bis herb bitterlich je nach Pflück- und Verarbeitungs-

5.1
Grüner Gunpowder Tee.

qualität recht unterschiedlich, manchmal auch als gewöhnungsbedürftig bewertet. Zur Intensitätsminderung kann Grüner Tee auch mit etwas abgekühltem Wasser aufgebrüht oder in mehrfach aufeinander folgenden Abgüssen getrunken werden. Je länger allerdings die Blätter in solchen Folgeabgüssen ausgezogen werden, umso mehr begibt sich deren mögliche Schadstoffbelastung in Lösung und wird mitkonsumiert. Wahren Genuss verspricht nur ein milder Erstaufguss. Mein Tipp: Nachfolgeabgüsse einfacherer Sorten besser als Blumengießwasser verwenden. Sie werden staunen über die Pracht ihrer damit verwöhnten Zimmer- und Balkonpflanzen.

Postfermentierter Tee (Pu' Erh Tee)

Verarbeitung wie Grüner Tee, jedoch wird das Blattgut nach dem Rollen mit einem wässrig gelösten Teepilz (Mikroorganismen enthaltend) behandelt, der auf die allmählich trocknenden Blätter einwirkt. Mit der Pilzbehandlung ist gleichzeitig auch eine natürliche Konservierung aller Grünblattwirkstoffe über viele Jahre hinweg gegeben. Forscher meinen, dass mit gelegentlichem Konsum solcher Tees eine positive Symbioselenkung der Darmflora einhergeht. Von allen Pu'Erh Tees mundet mir der grün verarbeitete besser als der aus gröberem Blattgut anfermentierte rote Pu'Erh. In Europa besitzt Pu'Erh nach einem anfänglichen Boom heute nur noch eine geringe Marktbedeutung. Er wird aufgrund entsprechender Zeitungsberichte als vermeintlicher »Schlankmacher« gekauft und getrunken. Weitere Informationen zu Pu' Erh Tee finden Sie in Kapitel 10.

5.2
Pu' Erh Tee.

5.3
Teeblätter werden im
Wok von Hand ge-
wendet und enzymbe-
freit getrocknet.

5.4 Bastkorbtrommel
für nachträgliche
Beduftung von Tee-
blättern mit Jasmin
und anderen Duft-
blütenzusätzen.

Halbfermentierter Oolong Tee (Brauner Tee)

Frisch von Hand gezupftes Blattgut wird in Bastkörben für einige
Stunden gewelkt. Durch Schütteln der an Frischluft aufgehängten
Körbe wird

a) eine Eigenerwärmung über 30 °C hinaus verhindert,

b) Zellsäfte treten an den Blattenden aus und oxidieren mit zunehmend dunklerer Verfärbung.

Nach Beendigung des Welkens (ca. 2-8 Std.) wird das Blattgut von
Hand oder maschinell in Längsrichtung, halbkreisförmig oder krei-

send gerollt. Dann erfolgt Trocknung in heißen Pfannen oder in Heißluftöfen. Je nach angewandter Rolltechnik entsteht beim Trocknen ein offenes, krausdrahtiges oder kugelförmig sich zusammenrollendes Blatt.

Mit der im Oolong-Verfahren gebremst ablaufenden Oxidation ist eine Teilentkettung der Wirkstoffe mit nur mittleren Vitaminverlusten (Vit. C und B) verbunden. Das China-Oolong-Blattgut zeigt im Aufguss eine gegenüber Grünem Tee farb- und geschmacklich etwas kräftigere, gelegentlich auch fruchtig wahrnehmbare Tasse.

Einigen, in kleinbäuerlicher Wirtschaft hergestellten Taiwan-Oolongs werden während des Welkprozesses Orchideenblüten zugefügt (Dung Ti – Jade Oolong).

Der Geschmack von Taiwan-Oolongs fällt je nach Sorte malzig-brotig, fruchtig pfirsichduftig oder orchideenduftig aus. Die Farbe variiert von grüngolden über bernsteingolden bis tieforange.

Vollfermentierter Schwarzer Tee (Roter Tee)

In einem Welkverfahren von 10-15 Stunden verliert das frische Blattgut auf belüfteten Welktischen bei 24-28 °C etwa 30 % seiner Blattfeuchte. Die Teeblätter sind dadurch geschmeidiger geworden. Nun schließt sich ein etwa halbstündiges maschinelles Rollen der gewelkten Blätter unter vorsichtig dosiertem Druck an. Die Blattzellen geben durch den Rolldruck ihre Säfte frei, die Blätter werden leicht zerrissen. Nach dem Rollen wird das Blattgut im »Ballbreaker« belüftend geschüttelt und dabei eine erste, feine Absiebung (1. Dhool) gewonnen, die von den jüngsten Blättern des Pflückguts stammt. Die gröberen Siebreste gehen ein weiteres Mal durch die mit nun höherem Druck arbeitende Rollmaschine und liefern nach zwei weiteren Roll- und Siebprozeduren den 2. und den 3. Dhool. Die einzelnen Dhools werden dann für 20-120 Minuten bei 95 % Luftfeuchtigkeit und 24-28 °C der Fermentation zu »rotem Tee« zugeführt. Mit zunehmender Oxidation der Zellsäfte setzt eine kupferne Verfärbung ein und ein erdiger Geruch wird wahrnehmbar. Die Intensität dieser Verfärbung und des Geruchs signalisieren dem Fermentationsmeister den richtigen Zeitpunkt zur sofortigen Verbringung in den Heißlufttrockner für ca. 30 Minuten. Der fertige Tee ist dann auf 2-3 % Feuchte getrocknet. Anschließend werden die fermentierten Dhools in unterschiedliche Größengrade abgesiebt.

Chemisch besehen, haben die blatteigenen Enzyme in den einzelnen Manufakturschritten polyphenolische Umsetzungsvorgänge

5.5 und 5.6
Grüntee-Herstellung in
China. Die Blätter
werden nach Dämp-
fung mit Heißluft
gerollt und getrocknet.

bewirkt, in denen Hunderte neuer Oxidationsprodukte farb- und ge-
schmacksgebend entstanden sind. Die Oxidation im Fermentations-
raum muss bei größter Sauberkeit stattfinden und zum richtigen Rei-
fezeitpunkt abrupt durch Trocknung abgebrochen werden.

Schwarzer Tee ist ein Oxidationsprodukt mit kräftigerem Geschmack.
Im Gegensatz zu Grünem Tee enthält er keine Vitamine mehr. Der Cof-
fein- und der Gerbstoffgehalt sind gegenüber Grüntee zwar um etwa
$1/3$ geringer, durch die chemische Entkettung allerdings etwas intensiver wirkend.

Blüten- und Gewürztee

Hierunter versteht man aus alter Tradition grüne und schwarze Tee-sorten, denen für einige Stunden beim Welken oder Dämpfen Blü-ten (Orchideen-, Jasminblüten u. a.) duftbereichernd zugesetzt wer-den. (Jasmintee, Kwai Flower, Jade Oolong, Lichee Tee u. a. m.) Einfa-cheren Sorten werden auch zu Nachtzeiten Duftblüten für einige Stunden untergemischt und am Folgemorgen wieder abgesiebt. Ach-tung: Jasminblüten aus Intensivanbau sind oft stark pestizidbelastet (Analyse verlangen!). Neben Blüten verwenden Inder, Perser, Türken und Araber auch Gewürzzusätze. Sie werden dem trockenen Grünen oder Schwarzen Tee während des Aufbrühens hinzugefügt. In Tune-sien und Marokko werden dem Tee auch frische Minzblätter (Nana-minze) zugesetzt.

Aromatisierter Grüner und Schwarzer Tee

Das Angebot aromatisierter Grüner und Schwarzer Tees ist heute sehr vielfältig. Hierfür kaufen Importeure einfachere »*Bread & Butter Teas*« oder auch aus Alternten überhängende Teepartien preiswert auf. Diese werden zu einer Teebasis vermischt, der Flüssigaromen, optisch schmückende Kräuter und Blüten (»Schmuckdrogen«) oder auch Ge-würze und Fruchtstückchen zugesetzt werden.

Im Handel finden sich Mischungen von A (Anis) über K (Kiwi), V (Vanille) bis Z (Zitrone). Einige solcher Teesorten, wie z. B. *Earl Grey*, *Vanille*, *Karamell* oder *Orange* zählen in Europa und Amerika bereits zu den Klassikern. Aromatisierung wird meist mit naturiden-tischen Aromen vorgenommen, die gegenüber natürlichen Aromen länger duftstabil und billiger sind.

Mir sind Aromatees mit Zusatz natürlicher Aromen lieber. Sie rie-chen angenehm und nicht so penetrant wie naturidentische. Teehänd-ler, die natürlich aromatisierte Sorten in Verkehr bringen, mischen diese meist in kleinen Chargen tagesfrisch selbst.

Es heißt zwar, dass »naturidentisch« gleichsam »natürlich« sei. Wenn ich aber natürliches Bergamotte-Zitrusöl (Earl Grey Aroma) mit einigen naturidentisch nachgebauten Bergamotte-Aromen duft- und geschmackswahrnehmend vergleiche, dann liegen Welten dazwi-schen. Wo es möglich ist, entscheide ich mich deshalb konsequent für eine natürliche Aromatisierung oder ich übe Verzicht. Interessante Aromatees lassen sich auch mit Gewürzen, Apfelschalen, Vanille, Zimt, Nelken und dergleichen selbst zubereiten.

6.   Der Teemarkt heute

Zu Beginn des Imports aus Fernost verhandelten die Kapitäne der europäischen Schiffe mit den am Anlegeplatz ansässigen Beauftragten der Erzeuger. Bald etablierten überseeische Reeder und Importkaufleute dort feste Niederlassungen. Es entstanden eigene Packhäuser zur Zwischenlagerung der direkt oder über weitere Vermittler aufgekauften Waren. Der Handel in Chinas Hafenstädten stand bald unter ständiger Aufsicht chinesischer Beamter, die für jedes einlaufende Überseeschiff ein nach dessen Größe bemessenes »Eintrittsgeld« kassierten. Auch wachte der kaiserliche Beamte darüber, dass nur Silber, Gold oder Kupfer gegen Exportprodukte eingetauscht wurden. Edelmetalle, an denen es in Europa zunehmend mangelte.

Mit Beginn des 20. Jahrhunderts, insbesondere nach Einführung des Schwarztees aus den Kolonialgebieten Englands und Hollands, strukturierte sich der Teehandel völlig um. Chinas Tee-Exporte sanken nach dem Opiumkrieg und der Aufnahme der Teeproduktion in Indien rapide ab. Das war auch ein Grund für die chinesischen Erzeuger, die Produktion von Schwarzem Tee aufzunehmen, wobei sie einige interessante Sorten in dieser Handelssparte entwickelten.

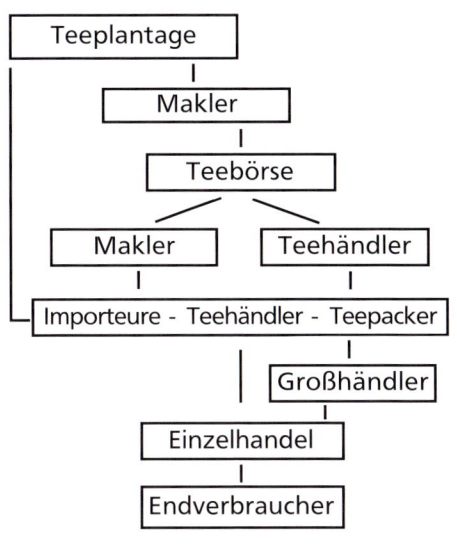

6.1   Von der Plantage zum Endverbraucher.

Heute gehen von jeder Teeplantage Muster jeder Pflückpartie entweder direkt an europäische Importeure oder über heimische Makler zu Auktionen an die Teebörsen in Calcutta, Colombo, Mombasa usw. an Makler oder Teehändler in aller Welt.

Europäische Importeure und Makler geben die nach Verkostung direkt oder über Teebörsen gekauften Partien entweder an Großhändler oder in entsprechend aufgeteilten Kleingebinden an den Einzelhandel weiter.

In der Volksrepublik China sind den Erzeugern regionale staatliche Vermarktungsgesellschaften nachgeschaltet, die von sich aus Teemuster aller ihnen aufgegebenen Partien der Region weltweit als Offerten versenden.

Entscheidet sich der Käufer in Übersee für eine ihm vorbemusterte und seinen

Wünschen entsprechende Partie, wird über die Hausbank ein Akkreditiv erstellt und dem Verkäufer zugeleitet. Dieser gibt sodann die entsprechend »gemärkte« Partie für Verschiffung mit dem nächsten Containertransport nach Europa oder Amerika frei. Nach Ankunft im Zielhafen erfolgt mit erneutem Mustervergleich durch *Teataster* (Teekoster) ein »Gutbefund«, an dessen Ende der Kauf mit Abbuchung des Kaufpreises abgeschlossen ist.

Die großen Teeimporthäuser halten für ihre feste Kundschaft stets eine große Anzahl geeigneter Partien am Lager und versenden von sich aus bemusterte Offerten an Inlands- oder auch Auslandsinteressenten. Manche Importeure handeln gleichzeitig auf mehreren Ebenen. Zum einen gegenüber Grossisten und Handelsketten im Partiegeschäft, zum anderen gegenüber Grossisten und größeren Teefachhändlern im Kistengeschäft und zusätzlich auch kiloweise aus Kisten umgepackt an kleine gewerbliche Abnehmer. Es versteht sich, dass sie hierfür unterschiedliche Preislisten ausgeben. Klassische Beispiele hierfür sind die Firmen *Hälsson & Lyon* oder *F. P. Wesenberg* mit der Tochterfirma *H. C. Buhle* in Hamburg. Andere wiederum, z. B. *Scheibler*, sind weiterhin nur dem Partiegeschäft verbunden.

Weltwirtschaftliche Fakten

Einige Zahlen zur Welt-Tee-Erzeugung und zum Teemarkt

Im Jahre 1784 wurden allein über London 4 Millionen Kilo Tee aus China und Japan eingeführt. Ein Jahrhundert zuvor betrug die Importmenge nur ein Zehntel hiervon. Tee war binnen kurzem zu einem bedeutenden Handelsprodukt geworden. Wie schon erwähnt, versuchten europäische Aufkäufer ihre Einkäufe wo nur möglich mit Opium zu begleichen, sodass zu Beginn des 19. Jahrhunderts 27% der chinesischen Küstenbevölkerung opiumsüchtig waren. Eine üble kaufmännische Verfehlung, die sogar in Krieg endete und China bis ins 20. Jahrhundert hinein schwächte.

Ich habe an anderer Stelle darüber berichtet, wie sehr sich Holländer und Briten darum bemüht hatten, Teeplantagen in ihren Kolonien in Indien oder auf Java anzupflanzen, und dass diese Bemühungen erst im späten 19. Jahrhundert erfolgreich verliefen. Dies hatte zur Folge, dass mit Aufnahme der Teeproduktion in Indien der chinesische Tee-Export fast völlig zum Erliegen kam.

6.2   Liptons Tea.
Teedose aus 1915.

Heute verfügt allein Indien über eine Teeanbaufläche von 353 000 ha mit über 500 000 t Jahreserzeugung von vorwiegend Schwarztees und avancierte damit zum größten Tee-Erzeuger weltweit.

1981 befindet sich der Tee-Welthandel zu über 90 % unter der Kontrolle von nur fünf europäischen und drei amerikanischen Großfirmen. Kritiker meinen dazu, dass an Stelle früherer Kolonialherren jetzt multinational agierende Handelskonzerne den Markt beherrschen. Eine Situation, die sich seither durch die Zunahme direkten Handels leicht besserte, aber noch nicht beseitigt ist.

1990 wurden global 2,5 Millionen Tonnen Tee produziert. Die Engländer konsumierten davon mehr als 3 kg pro Kopf, die Deutschen lediglich 220 g.

Der deutsche Teemarkt

Der deutsche Teeverbrauch war 2001 mit 19 760 t im Verhältnis zu 1999 mit 20 800 t relativ stabil. Hieraus ergibt sich für Deutschland ein Pro-Kopf-Verbrauch von nur 250 g (Früchte- und Kräutertee nicht inbegriffen).

Der Gesamtimport an Schwarz- und Grüntee betrug 2001 nach Angaben des *Deutschen Teeverbandes* 35 021 t und lag etwa 5 000 t unter dem des Vorjahres. Der Exportanteil an dieser Jahresmenge stieg um 21,5 % auf 17 008 t. Es waren aus den Vorjahren noch Überhangbestände in deutschen Importlägern vorhanden, die 2001 exportiert und damit abgebaut wurden.

60 % der deutschen Verbrauchsmenge wurden 2001 über den Lebensmitteleinzelhandel abgesetzt. Der Teefachhandel lag mit 13 % auf Platz zwei, gefolgt von der Gastronomie und Großverbrauchern mit 5 %. Den vierten Platz belegte der Teeversandhandel mit 4,6 %.

Schwarzer Tee konnte seinen bisher rückläufigen Marktanteil erstmals wieder mit 83 % gegenüber 17 % Grünteeanteil ausbauen.

1999 waren die meisten Teeimporte chinesischer Herkunft. 2001 übernahm Indien erneut die Führungsposition mit 20,6 % Gesamtmarktanteil. Chinatee war mit 19,4 Prozentpunkten um etwa 4 % rückläufig, was hauptsächlich mit dem Einbruch im Absatz des in der Vergangenheit mit viel Pressewirbel hoch gelobten Pu' Erh Tees zu begründen war.

Platz drei und vier der Herkunftsländer hielten Importe aus Indonesien mit einem Anteil von knapp 17 % und Sri Lanka mit 14,7 %.

»In keinem anderen Land der Welt ist das Qualitätsbewusstsein der Teetrinker so ausgeprägt wie in Deutschland«, betonte der Vor-

6.3 In der »Alten Speicherstadt« in Hamburg.

6.4 Teemischen »auf der Tenne«.

sitzende des *Deutschen Teeverbandes*, *Spethmann*. »Mit der Lieferung hochwertiger Spitzentees tragen Teehandel und Teefirmen diesem besonders hohen Anspruch Rechnung ...«, heißt es weiter.

Die Zahlen des internationalen Teemarktes belegen eine zunehmende Bedeutung des Teekonsums. Weltweit ist die Teeproduktion im Berichtsjahr 2001 um 50 750 t auf insgesamt 2,9 Mio. t bei stabilem Eigenverbrauch der Erzeugerländer angestiegen. Der Exportanteil an der Weltproduktion erhöhte sich 2001 um weitere 0,4 Prozentpunkte auf insgesamt 44,9 %. Tee ist somit ein wichtiger Wirtschaftsfaktor für alle Tee-Erzeugerländer und trägt bei fairem Handel auch zur Anhebung des Wohlstandes der Menschen in ländlichen Erzeugungsgebieten bei.

Im Jahre 1999 betrug der Gesamtumsatz der deutschen Teewirtschaft 800 Millionen DM. 450 Millionen DM entfielen auf den Lebensmitteleinzelhandel. 1999 konsumierte jeder zweite deutsche Haushalt klassischen Tee. Der Pro-Kopf-Verbrauch stabilisierte sich mit nunmehr 250 g auf dem Niveau von 1998. Damit liegt Deutschland im internationalen Vergleich in mittlerer Position. Ostfriesland besitzt mit einem statistischen Konsum von 2,6 kg pro Kopf und Jahr angeblich die deutsche Führungsrolle. Ostfriesen trinken demnach über zehnmal mehr Tee als der Durchschnitt aller anderen Bundesbürger. Weltweit gehören damit die Ostfriesen, wenn die Zahlen stimmen, neben Irland, Kuwait und England zur Spitzengruppe im Teekonsum. Dennoch ließe sich dies in Frage stellen. Auf Reisen durch Ostfriesland bin ich angesichts der vielen Kaffeekannen in Hotels, Gast- und Bauernstuben gegenüber solchem Zahlenspiel skeptischer geworden. Kann es sein, dass der Teeabsatz großer deutscher, in Ostfriesland ansässiger Markenartikler (*Behrens*, *Bünting* u. a.), obwohl gro-

ßenteils eher außerhalb Ostfrieslands getrunken, zu vermeintlich ostfriesischem Konsum erklärt und statistisch dem wahren Absatz in
dieser Region zugerechnet wird?

Lassen wir den Ostfriesen ihre Vorbildrolle. Ich glaube jedoch,
dass der ostfriesische Jahreskonsum inzwischen auf unter 2 kg pro
Person abgesunken ist und sich wie auch in England weiter auf Tal-
fahrt befindet.

Wenn es um Qualitätstees geht, dann liegen international die deutschen Teetrinker jedenfalls ganz vorn. Auf keinem Markt der Welt
werden so viele Qualitätstees abgesetzt wie in Deutschland, und das
von vorwiegend Hamburger Importeuren.

Eine gute Tasse Tee kostete 1999 nach Angaben des Teeverbandes
im Durchschnitt weniger als zehn Pfennige. Damit zählt Tee in
Deutschland zu den günstigsten Getränken nach Wasser.

Auf Grünen Tee entfielen in Deutschland 2001 etwa 18 % des
Gesamtverbrauchs. Das Verhältnis von losem Tee lag mit 70 % deutlich vor der Teebeutelware, die nur 30 % Marktanteil hält. Der Anteil aromatisierter Teesorten betrug 2001 rund 10 %. Immer noch
hielt Earl Grey mit ca. 45 % Marktanteil die Spitze, gefolgt von Vanille mit rund 12 %. Bedeutenden Anteil erreichten Weihnachts-
tees sowie die Geschmacksrichtungen Orange und Karamell.

1999 war China, das seine Einfuhrmenge nach Deutschland gegenüber 1998 um rund 1 731,5 t erhöhte und mit 9 383,5 t zum
ersten Mal Indien (8 358,1 t) an der Spitzenposition ablöste, das
wichtigste Lieferland für Tee. Auf dem dritten Platz folgte Sri Lanka
mit 6 026,3 t. Insgesamt importierte die deutsche Teewirtschaft 1999
ca. 40 000 t. Der Export belief sich auf ca. 14 000 t (Quelle: *Deutscher Teeverband*). Abzüglich von Lagerbeständen ergab sich für 1999
ein deutscher Eigenverbrauch von ca. 20 800 t. Der größte Anteil
an dieser Menge (12 700 t) wurde über den Lebensmitteleinzelhandel
abgesetzt.

Zur Preisentwicklung

Als Auswirkung der anhaltenden DM- und Euro-Schwäche verteu-
erte sich bis 2001 der US-Dollar gegenüber der DM um über 2 %,
das Pfund Sterling um 7,5 %. Diese Mehrkosten trafen die Importeure in Deutschland hart. Hinzu kam, dass die Länder des Mittleren und Nahen Ostens sowie Russland und andere GUS-Länder mehr
Tee importierten. Dem weltweit ansteigenden Verbrauch stehen
wegen Wetterkapriolen geringere Ernten gegenüber. Eine Dürre in
Ostafrika führte z. B. in Kenya zu erheblichen Ernteausfällen von

Schwarztee. Produzierte Kenya in den ersten sechs Monaten des Jahres 1998 noch 160,9 Mio. kg, so waren es im gleichen Zeitraum des Jahres 2000 nur noch 108,6 Mio. kg. Obwohl Indien und Ceylon im ersten Halbjahr höhere Erntemengen verzeichneten, konnte damit der Ausfall afrikanischer Produktionen nicht ausgeglichen werden. Darüber hinaus sorgten ungünstige Wetterverhältnisse in wichtigen Erntegebieten für weiteren, vor allem qualitativen Rückgang der Erträge.

Euro-Schwäche und Missernten verteuern aber nicht nur Schwarzen Tee. Betroffen sind auch viele Kräuter- und Früchtetees. So wird beispielsweise ein großer Anteil von Hibiskusblüten und Hagebutten in US-Dollar gehandelt. Monatelange Trockenheit in Ost- und Südeuropa haben die Ernteaufkommen wichtiger Rohstoffe erheblich reduziert und bei vielen Pflanzungen langfristige Schäden angerichtet.

Die politisch prekäre Situation in Serbien, Montenegro, Mazedonien und dem Kosovo hat ferner dazu geführt, dass für die Rohstoffversorgung bedeutende Regionen komplett ausgefallen sind. Probleme, die durch Importe aus anderen Erzeugungsgebieten nicht aufgefangen werden können.

Es muss langfristig, insbesondere aufgrund des Dollarkurses sowie zunehmender globaler Wetterkatastrophen, mit schwankenden Qualitäten, teilweise Ernteausfällen sowie mit Preissteigerungen von rund 10 % gerechnet werden. Dennoch bleibt Teekonsum gegenüber Kaffeekonsum günstiger.

Ökologische Hintergründe – soziale Vernetzungen

Ökonomie und Ökologie sind in der modernen Gesellschaft untrennbar miteinander verbunden. Seit Jahren schon haben Fachleute Wirtschaft und Politik gleichermaßen vor den ökosozialen Auswirkungen des weltweiten Klimawandels gewarnt. Auch wurde auf die Notwendigkeit einer konsequenten Einführung bio-organischer Wirtschaftsweise im Landbau mit Verkleinerung großer Monokulturen, Erhalt und Neuschaffung von Feuchtbiotopen, auf Regenwalderhalt und auf die längst überfällige Anwendung umweltverträglicher Technik hingewiesen. Dazu zählt auch die Einführung erneuerbarer Energien wie z. B. die Biogastechnik. Maßnahmen, die besonders die lahmende Weltwirtschaft durch neue Arbeitsplätze ökonomisch in Aufschwung versetzen und die darüber hinaus weitreichende ökologische Vorteile zum Schutze unseres Planeten und der Gesundheit seiner Menschen beinhalten.

Gift in der Landwirtschaft – Segen oder Fluch?

Der Einsatz von NPK-Dünger (*Nitrophoska*), auch »Kunstdünger« genannt, und die Anwendung diverser Gifte gegen Schädlinge und Pilzbefall birgt auf Dauer nicht nur für die damit in direktem Hautkontakt stehenden Arbeiter in Teegärten hohe Risiken. Ich denke in diesem Zusammenhang auch an das verheerende Giftgasunglück im indischen Bhopal 1984. Damals kamen 3000 Menschen nach dem Versagen einer Chemieanlage im ausströmenden Giftgas um, 200 000 wurden zum Teil schwer verletzt. Weitaus mehr Menschen leiden heute an beständig kleinen Giftbelastungen, die sie als Arbeiter und Konsumenten zwangsläufig aufnehmen. Die amerikanische Biologin *Rachel Carson* hat schon in den frühen 60er Jahren in ihrem Buch *»Der stumme Frühling«* auf künftige weitreichende ökologische Probleme im Zusammenhang mit dem bedenkenlosen Einsatz von Chemiegiften in der Land- und Forstwirtschaft hingewiesen. Doch ihre Warnungen, die sich seither als zutreffend erwiesen haben, blieben unbeachtet. Weltweit verkarsten heute landwirtschaftlich genutzte Böden aufgrund jahrelanger Anwendung zweifelhafter Pflanzenschutz-, Insekten- und Pilzbekämpfungsmittel. Das Eigenleben der Böden erstirbt. Derart behandelte Nahrungspflanzen werden immer krankheitsanfälliger, was wiederum den Gifteinsatz steigert. Das Aroma solcher Landprodukte fällt flauer und flacher aus. Das trifft auch auf dem Teesektor zu und wird mit verstärktem Absatz aromatisierter Teemischungen kaschiert, steht aber dennoch als Menetekel an der Wand.

Giftspritze per Flugeinsatz

Seit dem Ende des 2. Weltkrieges werden Spritzgifte per Flugzeug großflächig auch über bewohnten Landschaften versprüht. Im März 2001 z. B. befand ich mich im Hinterland von Cochin in Südindien. Ich wollte ein SOS-Kinderdorf sowie einen Teegarten aufsuchen. Aufgrund offensichtlich überhand nehmender landwirtschaftlicher Monokultur wird dort ein Krankheiten auf Menschen übertragendes Insekt mit Gifteinsatz aus der Luft bekämpft. Ein übler Chemieduft überzog das gesamte Umland und auch viele Wohngebiete. In Amerika ist diese Methode längst Standard. Die Bevölkerung wird nicht gefragt und beschwert sich kaum, sondern nimmt es hin.

Fair-Trade- oder Transfair-Tea – eine Lösung?

Zwischen den Gewinnmargen der Teeimporteure und -händler in der westlichen Welt und den Erlösen auf Erzeugerseite z. B. in Indien oder auf Java besteht ein erhebliches Gefälle. So entstand 1995, ausgehend von der Teeplantage Ambootia in Darjeeling, Indien, ein Direkt-Ordersystem, nach welchem in fairer Art des Handelns, »Fair-Trade« genannt, Teepartien per Mailorder ohne Zwischenhandel von Endvermarktern in Europa direkt bei den Herstellergruppen in Südostasien eingekauft werden. Die so auf Erzeugerseite erzielten Mehreinnahmen kommen direkt der in den Plantagen arbeitenden Bevölkerung zugute. Aktueller Anlass war eine Unwetterperiode in der Region der Plantage Ambootia, die einen großen Teil der Teepflanzen vernichtete und die wirtschaftliche Existenz vieler Menschen bedrohte. Seither stammen »Fair-Trade-Tees« auch aus Assam, Südindien, Sri Lanka, Nepal, Tansania und Zimbabwe.

Die einzige sinnvolle Dauerlösung wird aber nur die Ausweitung auf naturgemäßen Ackerbau und auf den sich nahtlos anschließenden fairen Handel mit Bio-Tee-Erzeugnissen sein können. Lediglich die freiwillige Entrichtung einer Extramark pro Kilo Tee (Transfair-Tee) zugunsten einiger aus dem Gesamtelend der Dritten Welt herausgepickter Sozialprojekte, und seien sie noch so nötig und gut gemeint, ohne gleichzeitige Umorientierung zu ökologisch verantwortungsvoll betriebenem Teeanbau schiebt die anstehenden ökosozialen Probleme nur weiter vor sich her, löst sie aber nicht. In diesem Sinne bedarf das gutgemeinte »Fair-Trade« oder »Transfair«-System von europäischer Seite her entsprechender Ergänzung. Doch immerhin ist ein hoffnungsvoller Anfang gemacht.

Überwachung der Rückstandsbelastung

Der deutsche Verband des Tee-Einfuhrhandels hat auf den Druck von Verbraucherseite reagiert und ein freiwilliges, regelmäßiges »Monitoring« der Importe eingeführt. Seit einiger Zeit lässt er nach einem Rasterauswahlverfahren Rückstandsanalysen von Importpartien fertigen. Das hat dazu geführt, dass eine Reihe überseeischer Erzeuger »erwischt« wurde, was nach entsprechender Ablehnung hochbelasteter Partien zu mehr Achtsamkeit und verantwortlicherem Gebrauch von Pflanzenschutzmitteln führte. Es wäre viel gewonnen, wenn künftig die Verbände der Gemüsehändler, Supermärkte, Metzger und Bäcker ebenso aus eigener Initiative Analysen anfertigen ließen. Und vor allem auch die Kaffeehändler!

Die Initiative der deutschen Teeimporteure ist ein löblicher Schritt, aber kausal besehen ergänzungsbedürftig. Unabhängige Toxikologen meinen, dass die im Jahr 2000 gesetzlich festgelegten EU-Höchstrückstandsmengen in Anbetracht der auf die Verbraucher einwirkenden Gesamtmenge toxischer Substanzen zu hoch angesetzt sind und fordern eine deutliche Herabsetzung der einzelnen Grenzwerte.

Als Verbraucher können wir diese wichtige Forderung durch den Kauf von Produkten aus giftfreiem Anbau unterstützen, auch wenn Bio-Produkte ein wenig mehr kosten. So viel freiwillige Investition in den Fortbestand des Lebens anstatt des bisherigen *»nach mir die Sintflut«* sollte es uns doch wert sein.

Ein paar Tassen geistig belebenden Tees fürs Nachdenken, um zu erkennen: Wir sitzen alle in einem Boot!

Teatasting – das Teeverkosten

Teatasting oder auch Degustation wird das professionelle Verkosten von Tee genannt. Hierzu werden die aus einer Pflückpartie erstellten Produkte unterschiedlicher Blattgradierungen im Degustationsraum der Teeplantage erster Begutachtung unterzogen. In diesem Test werden die Gütekriterien der fertig gearbeiteten Partie bestimmt und auf jede Kiste in Kürzelform mittels einer Schablone aufgedruckt. Die Anzahl aller gesiegelten Kisten einer zusammengehörenden Fertigungspartie wird durchnummeriert, sodass auf dem langen Weg bis in die Verbrauchsländer Manipulationen erkennbar sind und beim Empfänger die Partie wieder original aus der Sammelcontainerfracht zusammengefügt werden kann.

Jede Teeplantage verkauft die verschiedenen Pflückungen, auch *Lots* genannt, entweder direkt an zuvor bemusterte Händler im In- oder Ausland oder über regelmäßig stattfindende Teeauktionen an den in- oder ausländischen Teebörsen (Calcutta, Colombo, Mombasa u.a.). Die Teebörsen geben vor jeder Auktion Listen aller angemeldeten Partien heraus, die zuvor von Teekostern erneut klassifiziert worden sind. Über am Ort der Auktion oder im Erzeugerland beauftragte Agenten decken Teeimporteure weltweit ihren Bedarf.

Ein weiteres Mal ist der Teetester zur Entscheidungsfindung in allen Zwischenhandelsstufen gefragt, während die Originalpartie oft noch in irgendeinem Packhaus des Verschiffungs- oder Importhafens auf den endgültigen Empfänger wartet. Oder sie schwimmt bereits per Containerfracht gen Europa, Australien oder Amerika. Für Europa wären dies die Häfen Rotterdam, London oder Hamburg.

Im Bereich der Qualitätstees führt Hamburg heute eindeutig.

Der Importeur nimmt nach »glücklicher Dampferankunft« der von ihm georderten Partien ein Muster zum »Gutbefund«. Durch erneutes Verkosten entsteht so ein Vergleich mit dem Angebotsmuster. Schließlich könnte eine Partie, was gelegentlich auch vorkommt, vertauscht, beschädigt oder durch ungünstige Duft- oder gar Seewassereinflüsse auf dem Transportweg qualitativ beeinträchtigt worden sein. Diese wäre dann abzulehnen.

Seit Anfang des 19. Jahrhunderts haben sich einige Hamburger Importhäuser nach Einrichtung des Freihandelshafens auf Teeimport spezialisiert. Sie geben von sich aus Teemusterofferten an andere, den Handel beliefernde Großhändler weiter. Deren Teetester prüfen erneut und entscheiden über die Hereinnahme von ganzen oder Teilpartien. Erst an dieser Stelle wird die Teilung in Kleingebinde und ein Versand an Einzelhändler vorgenommen. Immer wieder ist das Urteil von Teetestern gefragt, welche die Partien schließlich in ein vorgegebenes oder neu entwickeltes Vermarktungskonzept des Handelshauses einordnen und zur realen Preisfindung nochmals qualitativ bestimmen.

Die per Bemusterungsliste »ausgelobten« Partien können gelegentlich aus nur zwei oder drei Kisten, bei einer aus ertragreichen Sommerpflückung aus mehr als dreißig Kisten per *Lot* bestehen. Somit ist es wirtschaftlicher, per Muster aus »gemärkter« Partie anzubieten, anstatt gleich die ganze Partie kostentreibend über den Globus verschiffen zu lassen. Weit mehr als 100 000 Teemuster von über 30 000 Plantagen weltweit gehen jährlich durch die Teeprüfung großer Im- und Exporthäuser. Denn innerhalb einer Vegetationsperiode stehen in den diversen Anbaugebieten täglich neue Pflückpartien an, die sofort verarbeitet und vermarktet werden müssen. Partien, die aufgrund wechselnder Kleinklimaeinwirkungen von Tag zu Tag in Geschmack und Verarbeitungsqualität sehr unterschiedlich ausfallen können.

Der Teekoster – Teataster

Teekoster sind geschulte Fachleute mit einer gut ausgeprägten Fähigkeit zur Wahrnehmung feinster Geschmacks- und Duftnuancen. Neben der Verkostung hochwertiger, meist lose im Handel verkaufter Plantagentees haben sie ständig über die Verwendung einzelner Teepartien und deren Eignung für Teemischungen als Basis oder Geschmackkorrigens zu entscheiden. Dabei behalten sie natürlich auch immer den günstigsten Preis im Auge und verkosten ständig das weltweite Angebot, um »Schnäppchen zu schießen«. Schließlich wechselt das Weltmarktangebot von Tag zu Tag und darf sich dennoch nicht negativ auf die farblich-geschmackliche Qualität einzelner, fest eingeführter Markentees auswirken.

Methodik des Teeverkostens

6.5. Degustationsgeschirr.

Für die Verkostung wird ein spezielles Degustationsgeschirr verwendet, bestehend aus einer Trinkschale mit unglasiertem Rand und einem Deckelbecher mit gezahntem Abgussrand als Brühgefäß. Darin werden je 2,2 bis 2,8 g Teeblätter in Serie mit ca. 120 ccm siedendem Wasser aufgebrüht. Nach drei bis fünf Ziehminuten wird die Infusion (der Aufguss) über den gezahnten Rand des Deckelgefäßes in die Trinkschale abgegossen, während die Teeblätter im Gefäß zurückbleiben. Diese Methode erlaubt ein gleichzeitiges Aufbrühen vieler Sorten nebeneinander bei gleicher Ziehzeit für qualitativ bewertendes Verkosten.

Zum Abwiegen der Teemuster dient eine *Handscale* (Teetesterwaage) mit inliegendem Sixpencestück von 2,8 g Gewicht. Die sich hieraus ergebende Abgussstärke nach fünf Minuten Ziehzeit ist für den normalen Teekonsum viel zu stark. Hierfür reicht nach neuerer ernährungsphysiologischer Kenntnis weniger als die Hälfte dieser Blattmenge (6-8 g/Ltr.) mit einer Ziehzeit von nur 2-3 Minuten völlig aus.

Teatasters Jargon – Fachsprache der Teekoster

Seit Einführung des Schwarzen Tees durch britische und holländische, später auch deutsche Teehandelshäuser hat sich ein Fachvokabular entwickelt, das sich überwiegend der englischen Sprache bedient. Immerhin wurde der deutsche Teehandel bis zum Beginn des Ersten Weltkriegs noch zu 59 % über Teeauktionen an der Londoner Teebörse abgewickelt. Erst nach 1930 begannen deutsche Handelshäuser direkt in den Erzeugerländern zu kaufen. Der früher weltweit wichtigste Teehandelsplatz London ist heute völlig unbedeutend. Im April 1998 wurde die traditionsreiche Londoner Teebörse in der Mincing Lane nach anhaltendem Umsatzrückgang endgültig geschlossen.

Es ist schon ein Kuriosum: Tausende Tonnen Tees werden im Handel verkauft, ohne dass ein verbindliches Vokabular zu deren exakter, sortentypischer Beschreibung besteht, weder im Deutschen, noch im Englischen. Teetester beurteilen und bezeichnen Tee oft uneinheitlich, und sie kamen bislang in den berufsständischen Verbänden nicht auf die Idee, sich selbst eine verbindliche Regelung der Ausdrucksweise zu geben. Der Teehandel sitzt demzufolge gegenüber den Endverbrauchern zwischen allen Stühlen und bedient sich ersatzweise des Weinvokabulars, ergänzt mit ein paar Phantasiebezeichnungen.

Mit der folgenden, erstmals kompletten Zusammenstellung des derzeit weltweit unter Fachleuten oft nur teilweise gebräuchlichen Fachvokabulars möchte ich anregen, adäquat hierzu ein für den Teetrinker einheitliches Teevokabular zu entwickeln.

6.6
Teeverkostung in Calcutta vor Auktion an der Teebörse.

Qualitätsbezeichnende Fachausdrücke

Aromatee	mit Aromen versehener Tee
Autumnal-Tea	herbstgepflückter Tee
black Tea	vollfermentierter Schwarzer Tee
Blend	Mischung
Body	rund, vollmundiger Tee
Break	Nummernkennzeichnung einer geteilten Partie/Lot
Broken (B̲OP)	Absiebungsgrad unter 5 mm
brisk	lebhaft farbige Infusionen/Abgüsse
chesty	Geschmack nach frischem Holz/Holzkisten
Chop	fertig manufaktierte und in Grade gesiebte Tagespflückmenge
clean	»sauberer« Teeaufguss ohne störenden Beigeschmack
creamy	mit zunehmender Erkaltung sich verändernde Tassenfärbung
CTC	in Rotorvane-Maschinen zerfetzter hochlöslicher Blattstandard
curly	im Trockenzustand gedrehtes, rundliches Blatt
earthy	Teeabguss mit erdigem Beigeschmack
Einwurf	z.B: Stengel-Einwurf in unsauberer Sortierung
fancy	gut gearbeitetes trockenes Schwarzteeblatt, z. B. F̲TGFOP
Fannings	feiner Absiebungsgrad unter 2 mm mit schnellem Infus
Färbung	hängt von der Intensität der Blattoxidation im Manufakturprozess ab
Fermentation	Oxidationsprozess nach Pflückung der Teeblätter
fibry	Tee, welcher mit Blattrippen oder Stengelteilen durchsetzt ist
Firing	meint die Trocknung nach Endoxidation/Fermentation
First Chop	gut gearbeitete u. sortierte *erste* Verarbeitungspartie nach Vegetationspause
First Flush	Frühlingspflückung, heller abgießend
flaky	offenes, leichtes Trockenblatt
Flavour	geruchliche Wahrnehmung des trockenen und gebrühten Tees
flowery	Tee von jungem Blatt
Fluff	abgesiebter Staub, der durch alle Ritzen fließt
Flugtee	per Flugfracht nach Europa eingeflogene Frühlingspflückung
FOP	feine Schwarzteesortierung nach Trocknung (ca. 5-15 mm)
geflavourt	nachträglich aromatisierter Tee (meist Flüssigaroma)
Gerbsäure	bitter mundender Anteil der Wirkstoffe im Teeabguss
G / Golden	Golden Flowery Oranje Pekoe: junges Blatt mit goldenen Tips

Grade	Blattgrößen-Sortierungsgrad (nach dem Trocknen *Blattgradierung* durch Siebung)
greentippy	Schwarztee mit viel Einschuß von nur kurz fermentierten grünlichen Tips
Green Tea	grüner, unfermentierter Tee
Gunpowder	maschinell zu Kugelblatt kreisend gerollte Teeblätter
highgrown	Hochgebirgs-Wachstumslage ab ca. 1800 m Höhe
hochtippy	Schwarztee mit *sehr vielen* weißlich-pelzigen Frühlingsblättchen
Inbetween	Pflückung zwischen First und Second Flush (Spätfrühling)
Infusion	im Tasting aufgebrühter Tee (auch: Infus)
Invoice	Nummer, welche die Partie/Lot oder das Break bezeichnet
largegrown	Wachstum in niederen Lagen, meist flacher mundend
leafy	länglich-großflächige trockene Teeblätter
light	wenig kräftig aufgießender, einfacher Tee
malty	erdig, malzig, würzig mundende Infusion, meist Assamtees
Maojiang	chin: Pflückzeit im noch kalten Frühling (weißer Tee)
Manufaktur	Verarbeitung in der Teefabrik nach Pflückung bis zum trockenen Blatt
mediumgrown	Wachstum in Mittelgebirgslagen (800 - 1600 m Höhe)
Melange	holl. Begriff für eine Teemischung/Teablend
Muscatel	Geschmackstyp mancher Spitzentees aus Sommerernten
nasal	geruchliche Wahrnehmung
Oolong Tea	mit verkürzter Welkzeit halbfermentiert/oxidierter Tee
Oranje Pekoe	gröbere Schwarzteesortierung nach Trocknung (ca. 15-20 mm)
Orchid Tea	mit Orchideen- u. a. natürl. Blütenzugabe aromatisierte Sorten
organic-grown	kontrolliert gewachsen ohne Anwendung von Agrargiften jedweder Art
overfired	zu heiß getrockneter Tee, oft leicht angebrannt mundend, trüb färbend
Oxidation	wirkstofflicher Umbau unter Sauerstoff u. Temperatureinwirkung
Panfired	Trocknungsverfahren in 200° C heißen Pfannen für Grüntee.
Peach Tea	Tee mit nach Pfirsich anmutendem Geschmack (div. Oolongs)
P / Pekoe	junges Blatt mit weißem Pelz
Postfermentation	mit Teepilz feucht über Jahre eingelagertes Teeblatt (Pu'Erh Tee)
Quiangang	spezielles Pfannen-Trocknungsverfahren für top-Greentea
Quingming	chin: Pflückzeit im Mai
Regentee	Tee von kräftigerer, aber flacher Tasse aus Regenzeitpflückungen
retronasal	Geschmacksempfinden nach dem Abgang (hinterher)

Roasting	Trocknen von Teeblättern auf unter 3 % Feuchtigkeitsgehalt
scented Tea	aromatisiert durch Blüten-, Frucht- oder Gewürzzusatz/siehe Orchid Tea
Selfdrinker	Teetyp, der bei schlechten Brühbedingungen noch gut mundet
Second Flush	gepflückt nach der Frühlingsernte
spicy	aromatisiert duftender Infus
stonegrounded	Wachstum in felsigem Boden
Süße	Tee mit Süße, meist Second Flush Tea
sweety	süßlich mundender Infus
Teataster	Fachmann, der mit geschulter Wahrnehmung Teesorten verkostet
TGFOP	tippy golden flowery Oranje Pekoe (bester Schwarztee-Blattstandard)
tippy (T)	gute Sortierung mit *einigen* jungen, weißlich schimmernden »Tips«
Tip	zartes, noch nicht entrolltes, weißlich behaartes Jungblatt (hochtippy)
Tributtee	chinesische, sehr seltene Traditionssorten, handgearbeitet
superior	kennzeichnet die feinste, handverlesene Aussiebung bei Schwarztee

6.7   Teekiste aus Sri Lanka.

Black Tea - Dry Leaf / Trockenblatt nach Manufaktur

ATTRACTIVE	wohlgeformt: wohlförmiges Trockenblatt
AUTUMNAL TEA	Herbsttee: herbstgepflücktes Blatt von kräftigerem Wuchs und geringerem Aroma
BLACK TEA	Schwarzer Tee: Oberbegriff für vollfermentierten, gerollten, endoxidierten, größenverlesenen Schwarzen Tee
BLACK	schwarz gefärbtes Blatt; nicht unbedingt ein Qualitätszeichen
BLEND	Mischung
BLISTERED	blasig-aufgetrieben: blasiges, aufgetriebenes, innen hohles Trockenblatt nach unsachgemäßer Trocknung
BLOOM	gutes äußeres Aussehen: von gleichmäßig angetrockneten Zellsäften, fehlenden Sprüngen oder Rissen auf der Trockenblatt-Oberfläche bestimmt; fein flaumhaarige Blattoberfläche mit Seidenglanz (junges Kaltwetterblatt); schonend sortiertes, gut aussehendes Blatt
BODY	Tee mit Körper – kräftiges Aroma
BOLD	derb, grobfleischig: nicht der angegebenen Grade-Sortierung entsprechendes, unsauber sortiertes Trockenblatt
BREAK	Nummernkennzeichnung einer geteilten Kisten-Partie/Lot
BRISK	im Geschmack lebhaft, gut gearbeiteter Tee
BROKEN	Absiebungsgrad unter 5 mm (BOP), zerrissene Blätter
BROWNISH	braungefärbtes Blatt: ungenügend gewelktes Blatt, das bei zu hohen Temperaturen getrocknet wurde, weist diese Missfärbung auf; ebenso grobe, alte Blätter; jahreszeitlich bedingt auch bei Herbstpflückungen
CASE HARDENING	Fehltrocknung: Blatt röhrenförmig und zu hart aufgrund zu heißer Anfangstrocknung
CHOP	Gesamtpartie: fertig manufaktierte und in Blattgrade unterteilte Tagespflückung
CHOPPY	zerhackt: im Teabreaker zerhackte, statt im Roller schön gedrehte Blätter
CHUNKY	klobig-klotzig: unförmig gearbeitetes Blatt
CLEAN	sauber: größengleich sortierter Blattgrad, frei von Unreinheiten, ohne Stengel, ohne Teestaubanteile
COLOUR	Blattfärbung: gelbgrün = Frühling, hell kupfernrot = zweite Blüte, blassbraun = Herbst
COMMON	gewöhnlich: einfaches, schlichtes Blatt
CREPY	gekräuselt, gewellt: Trockenblattform, von Rollintensität, Art der Trocknung sowie von der Pflückqualität bestimmt
CTC	in Rotorvane-Maschinen zerfetzter hochlöslicher Blattstandard
CURLY	gedreht: rundliche Blattform nach kreisendem Rollen und Trocknen

CUT	abgeschnitten: im Cutter geschnittenes Trockenblatt (wie choppy)
DISCOLOURD LEAF	missgefärbtes Blatt: durch Überlagerung, Fehlbeimpfung bei unsauberer Verarbeitung oder durch Anbrennen bei zu heißem Trocknen
DULL TIP	stumpfes Blatt: unschöne Trockenblatt-Oberfläche durch Fehlbearbeitung
DUST	Blattstaub: unsaubere Sortierung mit Teeblatt-Feinstaub
EINWURF	z. B: Stengel-Einwurf in unsauberer Sortierung
EVEN	gleichmäßig: in Form und Farbe glatte, gleichmäßige, dem jeweiligen Sortierungsgrad entsprechende Blätter oder Blattteile
FANCY	fein: gut gearbeitetes trockenes Schwarzteeblatt, z. B. FTGFOP
FANNINGS	Absiebungsgrad unter 2 mm, hoher Auslösungsgrad
FERMENTATION	Oxidationsprozess nach Pflückung der Teeblätter
FIBRY/FIBROUS	feingliedrig: mit Blattrippen oder Stengelteilen untypisch durchsetztes unsauber sortiertes Trockenblatt, oft minderwertiger Pflückqualität
FIRING	trocknen: bezeichnet die Trocknung nach Endoxidation/Fermentation
FIRST CHOP	gut gearbeitet u. sortierte erste Partie im Frühling
FIRST FLUSH	erste Frühlingspflückung, meist golden tippy
FLAKY	flockig, zu offenes, flockenförmiges, im Teeroller nicht gut gedrehtes Schwarzteeblatt. Meist von nach zu kurzer Welkzeit zu kräftig gerolltem Blatt oder von zu grob gepflücktem altem Blattgut
FLAT	durch Restfeuchte nach dem Trocknen verdorbenes, mangelhaft gedrehtes Blatt
FLAVOURY	Duft: individuelle geruchliche Wahrnehmung trockenen Blattgutes
FLAVOURING	Beduftung: nachträglich aromatisierter Tee (meist mit Flüssigaroma)
FLOWERY	zartduftig: zartes, junges, aromatisches Blatt (z. B. FOP)
FLUFF	Staub: abgesiebter Teestaub, durch alle Siebstärken fallend
FLUSH	junger, zarter Blatttrieb am Busch
FLUGTEE	per Flugfracht nach Europa eingeflogener Frühlingsflush
FOP	feinere Schwarzteesortierung nach Trocknung (ca. 5-15 mm)
GOLDEN TIP	bezeichnet die goldene Färbung des Trockenblattes
GRADE	Blattsortierungsgrad durch Siebung nach der Trocknung
GRAINY	gut gearbeitet: gleichmäßige Fannings und Dusts
GRAY	durch zu langes Schneiden ergraute Teeblätter oder wenn der Saftüberzug aus dem Blatt beim Fermentieren durch Fehlbehandlung verloren ist
GRAPENUTTY	kugelförmig: durch kräftiges Rollen kugelförmig gedrehtes Trockenblatt

GREENTIPPY	Einschuss von nur kurz fermentierten grünlichen Tips
GREEN TEA	grünes, unfermentiertes Trockenblatt
GREY	grau: gräuliche Färbung aufgrund zu schneller Trocknung, indem Bläschen im Blatt beim Sortieren aufbrechen. Ferner auch ein Zeichen von zu viel sortiertem Blatt (minderwertiger Tee)
GRITTY	hart anfühlend: zu hart getrocknetes Schwarztee-Blatt, leicht brechend
HAIRY	haarig: haariges Trockenblatt (whiskery)
HIGHGROWN	Hochgebirgs-Wachstumslage ab ca. 1800 m Höhe
HOCHTIPPY	Schwarztee mit sehr vielen weißlich-pelzigen Frühlingsblättchen
INBETWEEN	Pflückung zwischen First und Second Flush (Spätfrühling)
INVOICE	Nummer, die Partie/Lot oder das Break bezeichnend
IRREGULAR	nicht typgerecht: völliges Durcheinander an Blattgraden
KEEP	wohlproportioniert: gut gearbeitetes Trockenblatt mit guten Proportionen
KNOBBLY	halbrund-knubbelig: rundes, knubbeliges Souchong-Trockenblatt
LARGE	groß: nicht akzeptables, zu groß gearbeitetes Trockenblatt
LARGEGROWN	Wachstum in niederen Lagen
LEAFY	länglich: nach Trocknung länglicher als normal gearbeitete Teeblätter
MAKE	Gesamterscheinung: gut gearbeitetes Blatt
MAOJIANG	1.-21. April: chinesische Pflückzeit im kalten Frühling (weißer Tee)
MANUFAKTUR	Verarbeitung nach Pflückung in einer Teefabrik
MEDIUMGROWN	Wachstum in Mittelgebirgslagen (800-1600 m Höhe)
MELANGE	vermischt: Begriff für eine Teemischung/Teablend
MILLED	zermahlen: in der Rotorvane-Machine zerrissenes, geschnittenes Trockenblatt
MIXED	gemischt: unförmig gearbeitetes Trockenblatt ungleicher Sortierung
MUSCATEL	vollreifer Geschmackstyp mancher Spitzentees aus Sommerernten
NASAL	geruchlich wahrnehmen
NEAT	gleichförmig: gutes, gleichförmiges Trockenblatt
OOLONG TEA	halb gewelkt: mit verkürzter Welkzeit halbfermentiert verarbeitetes Teelatt
OPEN	offen: offen gearbeitetes Trockenblatt
ORANJE PEKOE	gröberer, von feinem Jungblatt befreiter Schwarz-Sortierungsgrad nach Trocknung (ca. 15-20 mm)
ORCHID TEA	mit Orchideen- u. a. nat. Blützugaben aromatisierte Sorten
ORGANIC-GROWN	kontrolliert giftfrei gewachsen

OVERFIRED	überhitzt: zu heiß getrocknetes, angebranntes, trüb färbendes, unschönes Blatt
OXIDATION	wirkstofflicher Umbau unter mikrobieller, Sauerstoff- u. Temperatureinwirkung
PALE TIP	bleiche Blattspitzen
PANFIRED	pfannengetrocknet: Trocknungsverfahren in 200° C erhitzter Pfanne
PEACH TEA	pfirsichduftig: Trockenblatt mit pfirsichduftigem Bouquet (div. Oolongs)
P / PEKOE	unterseitig weiß behaartes, zartes Frühlingsblatt
POSTFERMENTATION	mikrobielle Nachbehandlung: durch einen Teepilz mit vitalwertbewahrendem Effekt (Pu'Erh Tee)
POWDERY	staubig: feine leichte Spitzentees mit noch anhaftenden Teestaubpartikeln
QUIANGANG	spezielles Pfannen-Trocknungsverfahren für top-Greentea
QUINGMING	chinesische Pflückzeit im Mai
RAGGED	uneben, rau: unregelmäßige Blattstücke
RED	rötliche Trockenblattfärbung (Ceylon oder Formosa-Oolong)
REGENTEE	Tee kräftigen Blattes aus Regenzeitpflückungen
ROASTING	Trocknungsprozess: auf unter 3 % Feuchtigkeitsgehalt
ROUGH	rau, roh: untypische Trockenblattoberfläche, nicht gut geareitetes Blatt
SANDY	sandig: bei feinen Broken und Staubgraden
SCENTED TEA	duftbereichert: aromatisiert mit Blüten, Früchten oder Gewürzen/ siehe Orchid Tea
SELFDRINKER	Teetyp, bei schlechten Brühbedingungen noch gut mundend
SECOND FLUSH	zweite Pflückperiode: gepflückt nach Frühlingsernte
SHELLY	hohl gearbeitetes Trockenblatt, zu locker gedreht
SHOTTY	gut gearbeitetes Souchong-Trockenblatt
SILVERY	leicht silbrig: graue Färbung von zu lang gewelktem Blatt (grauer Schein)
SMALL	kleinblättrig: kleinerer als normaler Absiebungsgrad
SPICY	fremdduftend: aromatisiert duftend
SPONGY	flachförmig: flachförmiges Trockenblatt
STALKY	unsortiert grob: abnormal viele, rötlich gefärbte Blattstiele aufgrund zu harten Rollens oder auch aus zu grober Pflückung resultierend
STONEGROUNDED	felsgrundig gewachsen: felsig-warmer Untergrund ermöglicht beste Aromaentwicklung bei geringeren Pflückmengen
STYLISH	wie erscheinend: elegantes, sauberes, gut gedrehtes, gleichmäßiges Trockenblatt

SUPERIOR	bestens: kennzeichnet die feinste, handverlesene Aussiebung bei Schwarztee
TASTE	Geschmackswahrnehmung: z.B. glatt, rund, delikat, reif, süß, lebendig, trocken, belebend
TEA-TASTER	Teetester: Autodidakt mit geschultem Wahrnehmungsvermögen
TGFOP	tippy golden flowery Oranje Pekoe: bester, gut gearbeiteter Schwarztee Blattstandard
TIPPY	feinblättrig: gute Sortierung mit einigen jungen, weißlich schimmernden »Tips«
TIP	Jungblatt: ungeöffnete, weißlich behaarte Jungblatt-Knospe am Teebusch
TRIBUTTEE	Traditionstee: sehr seltene, handgearbeitete chinesische Traditionssorten
TWIST	gedreht: durch die Art des Rollprozesses vorbestimmt gedrehte Blattform
UNEVEN	ungleich: Trockenblatt mit unförmigen Blattstücken; Kennzeichen für überlastete Maschinen oder schlechte Sortierung
USEFUL	gebrauchsfähig: gut gebrauchsfähige Trockenblatt-Mischung
WELL-MADE	gut gearbeitet: Trockenblatt von gleichmäßiger Farbe, Form und Beschaffenheit
WELL-TWISTED	gut gewellt: gut und eng gerolltes, wohlförmig gedrehtes Trockenblatt
WHISKERY	haarig: fiebrig-haariges Trockenblatt (hairy)
WILD	wild: Trockenblatt der Herbstsaison rötlicher Färbung
WIRY	gut gedrehtes Blatt im Gegensatz zu offenen Blattstücken

Black-Tea-Infused-Leaf   /   Bewertung Feuchtblatt nach Aufguss

AROMA	Duftwahrnehmung des feuchten Blattes nach Infus
BLACK CURRANT	adstringent johannisbeerduftig: Duft junger Darjeelings
BRIGHT	leuchtend: leuchtend klare Färbung eines gut gearbeiteten Blattes
COPPERY	kupfern: rötliche Färbung eines gut gearbeiteten Blattes
DARK	dunkel: dunkle Färbung des Blattes
DULL	stumpf, nichtssagend: glanzlose bräunliche Färbung schlecht gearbeiteten, zu stark gewelkten oder überoxidierten Blattes
EVEN	gleichmäßig: in Form und Farbe glatte, gleichmäßige Blätter
FLAVOUR	Duftverströmung: individuelle Duftwahrnehmung, Bouquet der feuchten Blätter
GREENISH	grün: nicht erwünschte Grünfärbung infusierter Schwarzteeblätter aufgrund zu geringen Welk-, Roll- und/oder Oxidationsprozesses

IRREGULAR	unpassend: ungleiche Blattgrößensortierung, wahrgenommen am feuchten Blatt
MIXED or UNEVEN	gemischt oder ungleich: Feuchtblätter in unterschiedlich roter, schwarzer und grüner Farbausprägung; Ursache ist ein ungleiches Welken, Rollen und/oder Oxidieren; Mischung unterschiedlicher Sorten nach Manufaktur; gelegentlich auch ungleich grobes Blatt bezeichnend

Tea Liquors	Bewertung der Teeflüssigkeit
AROMA	individuelle Wahrnehmung der Geschmacks- und Geruchsstoffe im Infus
AUTUMNAL	herbstlich: bräunliche Färbung eines Herbsttees
BAGGY	verpackungsbelastet: nach Verpackungsmittel mundender Infus
BAKEY	verbacken: Geschmacksbeeinträchtigung verursacht durch zu hohe Trockentemperatur
BISQUITTY	positive Geschmackscharakteristik
BODY or THICKNESS	Körper und Stärke: konzentrierte, kräftig mundende Infusion mit guter Cremebildung
BOUQUET	Blume: aus dem Infus aufsteigende Duftwahrnehmung
BRASSY	metallen: metallische Infuswahrnehmung
BRIGHT	kräftig klar gefärbt: helle, lebendige nach Sortentyp arttypische Abgussfärbung im Gegensatz zu stumpf
BRISK	Lebhaft, anregend: lebhafter, munterer, kräftiger Infus im Gegensatz zu flau
BURNT	überfeuert: Geruch verbrannter organischer Substanz aufgrund zu hoher Trocknungstemperatur
CHARACTER	Gesamteindruck: Wahrnehmung im Verhältnis zum Sortentyp
CHEESY	durch Leimduft des Teekistenmaterials im Infus beeinträchtigt
CHESTY	in Duft und Geschmack von frischem Teekistenholz beeinträchtigt
CLEAN	»sauber« mundender Infus ohne störenden Beigeschmack
COARSE	unregelmäßig: unerwünscht mundender Infus aufgrund ungleich gearbeiteten Blattmaterials
COLD WEATHER	Kaltwettertee: signifikant spritziger Infuseindruck von aus kalter Witterung außerhalb der Monsunwindzeit entstammender Teepflückung
COLOUR	gute Färbung: arttypische Aufgussfärbung von blasszitro-bernstein-gelb bis dunkelbraun
COLOURY	Farbintensität: bezeichnet die Farbtiefe in der Tasse
CONTAMINATION	Fremdbelastung: durch Fremdeinwirkung entstehende Infusbeein-

	trächtigung in Farbe und Geschmack
CREAMY	cremig: Film (Häutchen), der sich mit zunehmender Erkaltung auf der Oberfläche des Infus zeigt, weist auf Kraft und Stärke des Getränks positiv hin
CROPPY	lebendig: lebendige, cremige Tasse = »croppy Tea«
DRY	trocken: negativer Geschmackseindruck aufgrund zu langer Verweildauer im Trockner
DULL	stumpf: unangenehm kräftige, bräunliche, unklare Abgüsse; sie ergeben mit Milchzusatz eine grau-gelbe Tönung; meist bei überfermentiertem und bei zu hoher Temperatur oxidiertem Blattgut schlechter Qualität auftretend
ERTHY	erdig: angenehm frisch humidduftiger Infus (Assamtee)
EMPTY	ungenügend: ungenügende Geschmacksfülle und Substanz
FINE	fein: ausnehmend gut in Qualität und Geschmack
FLAT or SOFT	flach oder schwach: leblose Tasse ohne Kraft und Stärke, meist überfermentiert
FLAVOUR	Duft: Wahrnehmung in Geschmack, Nachgeschmack und Bouquet
GERBSÄURE	bitter mundender Wirkstoffanteil im Infus
FLAVOURY	duftig: abgerundetes Aroma: süsse und saure Komponenten im Infus ergänzen einander gut, jeweils abhängig von der Erntezeit
FRUITY	fruchtig: negative Beurteilung, kennzeichnet bakterielle Infektion, die während der Fermentationsphase eintritt
FULL	voll: volle abgerundete Tasse mit starker Färbung: gute Infusion ohne Besonderheiten; setzt volle Fermentation und Oxidation voraus (siehe auch: nature, rich, ripe, round, smooth)
FULLY FIRED	Geschmackseindruck geringfügiger Überhitzung
GERANIUM	Infuswahrnehmung eines an Geranienduft erinnernden Frühlings-Darjeelings
GOLDEN	golden: goldene Tassenfärbung
GONE OFF	verdorben, überlagert: Aromaeinbuße aufgrund schlechten Blattmaterials, das zu feucht verpackt wurde (Schimmelpilzinfektion)
GRASSY	grasiger Restgeschmack nicht voll ausfermentierten Blattes
GREENISH	grün: unerwünschte Grünfärbung aufgrund zu geringen Welk-, Roll-, und/oder Oxidationsprozesses
HARD	hart, herb, roh, kratzend: hervorstechender, bitterer Geschmack bei wenig Stärke. Vermutlich zu gering fermentiert oder oxidiert (siehe auch: harsh, raw, rasping)
HARSH	bitterer, roher Geschmack von geringer Stärke
HAY FLAVOUR	Heugeruch: Infus-Dufteindruck vorherbstlicher Blatternten

HEAVY	schwer: in Färbung zu dichter, unklarer Infus
HIGH FIRED	übererhitzt: zu stark erhitzt, jedoch nicht verbrannt: Geschmacks- und Farbbeeinträchtigung durch zu lange Verweildauer im Trockner bei 95 °C
HUNGRY	unausgereift: ein Tee »dem etwas fehlt«
INFUSION	aufgebrühter Tee (auch: Infus)
JAMMY	himbeerfruchtig: Infuswahrnehmung
LACKING	sauberer Infus ohne arttypische Charakteristik
LIGHT	leicht: Infusion mit wenig Kraft und Stärke von minderwertigem Frischblatt
MALTY	malzartig mundende Infusion guter Tees (z. B. Assamtee)
MELLOW	bezeichnet das Gegenteil von greenish
METALLIC	bitter metallisch anmutender Infus
MINTY	minzig: Fehlgeschmack aufgrund fremdartiger Dufteinwirkung durch Duftpflanzen im Teegarten sowie nach unsachgemäßer Lagerung
MOULDY	verschimmelt: negative Infuswahrnehmung aufgrund Fremdbeimpfung nach unsachgemäßer Verarbeitung
MUSHY	breiig: weich schmeckend aufgrund zu feuchter Verpackung
MUSTY	modrig: modriger Infus
MUSCATEL	Geschmackstyp mancher Spitzentees aus Sommerernten
NASAL	mit Nase wahrnehmen
NATURE	volle abgerundete Tasse mit starker Färbung: Gute Infusion ohne Besonderheiten; setzt volle Fermentation und Oxidation voraus (siehe auch: full, rich, ripe, round, smooth)
NEW	unreif: nicht genügend ausgereift
NOSE, POINT	Geruchssinn: Aroma- oder Bouquetbeurteilung des Infus
OUT OF CONDITION	unakzeptabel
OLD	überlagert: lebloser Infus (wie »flat«)
PALE	missgefärbt: unschöne Infusfärbung
PAPERY	papierdünn: von der Norm abweichende, zu geringe Färbung
PEACHY	pfirsichduftiges Boquet (div. Oolongs)
PINKY	rötliche Tassenfärbung
PLAIN	flach: typische Teemerkmale und Aroma fehlen, gelegentlich säuerliche Wahrnehmung aufgrund schlechten Pflückmaterials
POINT	Punkt: Infus mit Optimum an Färbung und Geschmack
POINTY	optimal: in Färbung und Geschmack entsprechender Infus
PRE-AUTUMNAL	vor-herbstlich: Charakteristika in Farbe und Geschmack
PUNGENT	hervorstechend: adstringierend ohne Bitternis, die Schleimhäute

	zusammenziehender Geschmack
QUALITY	Qualität: Bezeichnung der essentiellen Infus-Charakteristika unter Berücksichtigung der jahreszeitlichen Gegebenheiten
RAINS / RAINY	verregnet: Nordindien-Regenzeittee
RAW	herb, unausgereift: hervorstechender, bitterer Geschmack bei wenig Stärke, vermutlich zu gering fermentiert oder oxidiert (siehe auch: hard, harsh, rasping)
RASPBERRY	himbeerähnliches Flavour
RASPING	kratzend: hervorstechender, bitterer Geschmack bei wenig Stärke, vermutlich zu gering fermentiert oder oxidiert (siehe auch: hard, harsh, raw,)
RED	rötlich färbende Tasse
RETRONASAL	Geschmacksempfinden nach dem Abgang (hinterher)
RICH, RIPE, ROUND	volle abgerundete Tasse mit starker Färbung: gute Infusion ohne Besonderheiten; setzt eine volle Fermentation und Oxidation voraus (siehe auch: full, nature, smooth)
SCORCHED	trocken: trockener Geschmack
SELFDRINKING	Teetyp, auch bei schlechten Brühbedingungen gut mundend
SLATEY	schieferfarben
SMOKY or TARRY	rauchig, teerig: rauchig-teeriger Infuseindruck durch undichte Trocknungsgeräte, bei einigen Chinatees auch durch Räuchern nachträglich erzeugt
SMOOTH	volle abgerundete Tasse mit starker Färbung: gute Infusion ohne Besonderheiten; setzt eine volle Fermentation und Oxidation voraus (siehe auch: full, nature, rich, ripe, round)
SOGGY	kräftigste, schwere (unangenehme) Tasse
SOFT	weich: im Gegensatz zu lebhaft mundend
SPICY	würzig: aromatisiert duftender Infus
STALE	abgestanden, fade, fahle Tasse
STEWED / STEWY	Kochgeschmack: unerwünschter, durch zu niedrige Trocknungstemperatur bedingter Infusgeschmack
STRENGTH/STRONG	streng: stark: kräftiger, adstringenter (zusammenziehender) Infus
SWEET	süss: leichter, nicht immer erwünschter Infus
SWEATY	schweißartig: durch Überoxidation im bakteriell infizierten Fermentationsraum entstandener negativer Infusgeschmack
TAINTED	Aromafehler: durch äußere Einflüsse entstandener, abartiger Infusgeschmack, der nach bakterieller Infektion oder durch Kontakt mit anderen duftenden Gütern (Orangen, Kerosin usw.) und Feuchte auftritt
TARRY	teerig: siehe smoky

TASTE	optisch-geschmackliche Wahrnehmung des Infus
THICK	dick: konzentriert kräftig färbende Infusion mit guter Cremebildung
THIN	dünn: dünner, schwacher Infus geringen Wertes (siehe auch: weak, washy), meist aufgrund geringer Frischblattqualität
TINNY	metallen: metallisch mundend
TIRED	müde: nichtssagende unspezifische Tasse
TOASTY	Verfärbung: Farbbeeinträchtigung durch Überhitzung beim Trocknen
UNSOUND	(noch unklar in Bedeutung)
WASHY	wässrig: schwacher Infus geringen Wertes (siehe auch: thin, weak), meist aufgrund geringer Frischblattqualität
WEAK	schwach: schwacher Infus geringen Wertes (siehe auch: thin, washy), meist aufgrund geringer Frischblattqualität
WEATHERY	wetterbeeinflusst: unschöner Geschmackseindruck von Regenzeittees
WEEDY	krautartig: unerwünscht grasig-krautig-heuartig mundender Infus
WILD	untypisch: Herbstteegeschmack, nach der Idealzeit gepflückt
WINEY	vergärt: überfermentierter Infus
WOODY	holzig: Geschmack nach Sägespänen (Holzkiste aufgesägt)

Green Tea	Grünes unfermentiertes Teeblatt und Infus
GREEN TEA	unfermentierter Tee grünlichen Blattes
BLACK	dunkle Färbung bei Grüntee aufgrund zu langer Welkzeit
GUNPOWDER	maschinell kreisend gerolltes Kugelblatt nach Trocknung
GRAPENUTTY	durch kräftiges Rollen kugelförmig gedrehtes Trockenblatt
MAOJIANG	chin: Pflückzeit im noch kalten Frühling (weißer Tee)
PANFIRED	Trocknungsverfahren in 200°C erhitzter Pfanne
POLISH	polierte trockene Grünteeblätter
PALE	untypische, blasse Färbung des Infus
CLOUDY	nicht akzeptable, untypische Infusfärbung
SILKY	glatte, weiche Oberflächenbeschaffenheit nach Trocknung

6.8   *Ranji* – japanisches Schmuckdesign für Teekisten.

Das Märken von Teepartien

Gut verpackt verkauft sich besser. Ab 1878 waren Teeimporteure in Amerika, Frankreich, England und Holland zunehmend bemüht, Teesorten ihres Sortiments zu exklusiven Markenartikeln zu machen. Sie hielten nicht nur nach besonderen Partien für ihre Kundschaft in China und Japan Ausschau, sie bemühten sich auch besonders um eine verkaufsfördernde Aufmachung. Chinesen und Japaner verpackten fortan Tee in lackierten oder mit bemaltem Pergament beklebten Kisten. Es wurden Exklusivbemalungen für feste Auftraggeber entwickelt und Kisten, Kartonschachteln, Lackdosen oder Papiertüten mit entsprechenden Labels beklebt oder bemalt. War der Teeinhalt bei verschiedenen Händlern doch derselbe, so wurde durch »*Commercial Graphic Design*« auf die Wiedererkennung für Verbraucher gesetzt – ein neues grafisches Printprodukt, das in Japan *Ranji* genannt wurde. Man schuf ein künstlerisches Design, das den europäischen Verbrauchern in Englisch oder Französisch nebst bildhaften Darstellungen die Zauberwelt des Fernen Ostens über die Teebegeisterung näher brachte.

Neben dem zunehmend florierenden *Ranji*-Schmuckkistchenverkauf musste ab 1880 aber auch der lose zu 24-32 kg in Kisten verfüllte Tee partieweise einheitlich kenntlich gemacht werden. Denn ohne eine entsprechende »Märkung« von Kistenpartien war angesichts tausender in Lagerhallen weltweit herumstehender Partien von unterschiedlicher Qualität und Herkunft keine Übersicht mehr gegeben. Das Märken von Teekisten wurde eingeführt, das dem Fachmann auf einen Blick alle nötigen Auskünfte über Herkunft, Pflückqualität, Blattstandard, Gesamtmenge der Pflückung sowie über die Pflückzeit und das Erntejahr vermittelt. Ein mittels Sprüh-Schablonen in der Teeplantage nach erster Verkostung auf die frisch vernagelten Kisten aufgebrachtes Nummern- und Qualitätserkennungssystem, das seither weltweit genutzt wird.

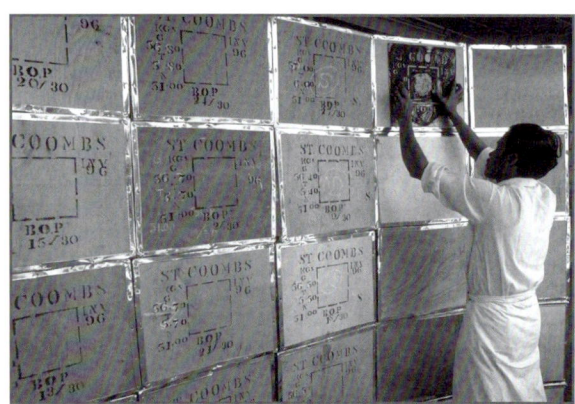

6.9   Auf Sri Lanka werden Teekisten versandfertig »gemärkt«.

6.10 Teekiste aus Darjeeling.
Rechts oben ist eine mit einem Blechschild verschlossene Prüföffnung sichtbar. Dieser Kiste wurde nach der Produktion stellvertretend für das gesamte Lot 31 von insgesamt sechs Kisten ein Offertenmuster entnommen, welches an diverse Händler weltweit versandt wurde.
Nach Erhalt kann der Empfänger sein Angebotsmuster mit einer erneuten Probe für »Gutbefund« vergleichen.

Darjeeling – gemärkter Teekistendeckel aus der 57. Pflückung des Jahres 1998 / 7 Kisten Gesamtmenge. In der Mitte wurde nach Versteigerung oder Direktverkauf zur Versandkennung das internationale Kürzel des Käufers, Teeimport Felix P. Wesenberg in Hamburg, aufgebracht.

DJ	Darjeeling
SFTGFOPI	Blattqualität
CHINA	Chinapflanzen
(CL)	standortangepasste »Clonal Plants«
5 /	Kiste Nr. 5
9422	Invoice-Partie Nr.
33,0	Bruttogewicht
5,0	Tara (Verpackungsgewicht)
28,0	Netto-Kisteninhalt
DJ03	Darjeeling 3. Pflückung
2002	Erntejahr
14	14 Kisten Verarbeitungsmenge
Snowview	Name der Plantage
T.E.	Tea Estate
Upper	Höhenlage

7.　Tee medizinisch und ernährungsphysiologisch

Wirkstoffe in Grünem und Schwarzem Tee

Zum Gesamterlebnis »Grüner Tee« tragen Hunderte verschiedener Substanzen bei. Mit heißem Wasser werden sie zum Leben erweckt. Rund 150 Aromastoffen ist zu verdanken, dass der Grüntee auch ein köstliches Vergnügen ist.

Die Zusammensetzung von Tee [*]

	Frisches Blatt am Strauch	Grüner Tee Aufguss	Schwarzer Tee Aufguss
Coffein	4	3 - 6	3 - 6
Katechine	30	30 - 42	3 - 10
Theaflavine	0	0	2 - 6
Flavonole	2	2	1
Andere Polyphenole		6	2 - 3
Theanin/Aminosäuren	4	je 3	je 3
Peptide/Proteine	15	6	6
Zucker u. a. KH	7	7/4	7/4
Kalium	5	5	5
andere Mineralstoffe		5 - 8	5 - 8

[*] Angaben in % Trockenmasse / 1 -1,5 g / 100 ml Wasser

Nach Dr. U. Engelhardt, Inst. f. Lebensmittelkunde Univ. Braunschweig

Die Extraktionsmenge pro Liter Tee beträgt in Lösung etwa 30 %. Für eine Tasse von 150 ml berechnete Engelhardt 500 mg Feststoffe, davon 150 - 200 mg Flavonoide. Natürlich besteht auch eine Abhängigkeit der Extraktionsmenge zur Blattgröße sowie zur Ziehzeit und der Lösungstemperatur.

Beschreibung einiger Teewirkstoffe

Vitamine

Vitamin B1 (Thiamin) fördert die Kohlenhydratverwertung im Leberstoffwechsel.

Vitamin B2 (Riboflavin) wichtig zur Verarbeitung von Eiweiß, Fetten und Kohlenhydraten sowie zur Energiegewinnung in den Zellen; wirkt wachstumsfördernd und unterstützt den Auf- und Abbau roter Blutkörperchen.

Vitamin B3 unterstützt die Bildung von Hormonen und Botenstoffen.

Vitamin B5 anti-Stress Vitamin, regelt die Fettverbrennung und regt die Stoffwechselentgiftung an.

Natürliche Vorkommen für B-Vitamine sind Obst, Gemüse, Wildgemüse, Bierhefeprodukte (nicht Bier) und Vollkornerzeugnisse. Antioxidativ reagierende Teebegleitstoffe schützen es im Teeabguss einige Stunden vor Hitzezerstörung.

Vitamin C stimuliert die Zellaktivität, unterstützt das Vitamin E und andere Nährstoffe, fördert die Verwertung von Nahrungseisen, regt die Kollagenbildung und das Bindegewebe (gegen Orangenhaut) an, wirkt hautregenerierend, fördert den Abbau freier Radikale.

Grünteeblätter und frische Zitronen enthalten etwa gleichviel Vitamin C. Das erklärt, weshalb auf den alten Handelsseglern Teeblätter zum Schutz vor Skorbut und Seuchen gepriemt und gegessen wurden. Für eine Tagesdosis von 75 mg Vitamin C müssten theoretisch zwischen 50-100 g Teeblätter gegessen oder 12-20 Liter davon, frisch aufgegossen, getrunken werden. Doch im Wirkstoffverbund wirken oft niedrigere Dosierungen natürlichen Vitamins besser als hochdosierte synthetische Vitamingaben.

Natürliches Vorkommen für Vitamin C sind Obst, Gemüse, milchsaure (L+) Gemüse, Kartoffeln und Gemüsemoste. Antioxidativ reagierende Teebegleitstoffe bewahren das natürliche Vitamin C im Teeabguss vor dem Hitzetod.

Peptide/Proteine

Frischblatt 15 %, Grüntee 6 %, Schwarztee 6 % i.Tr.

Mineralstoffe und Spurenelemente

Frischblatt 5%, Grüntee 10-18% (i. Tr.), Schwarztee 10-18 % (i. Tr.).

Kalzium Hauptbaustoff für Knochensubstanz und Zähne, Stabilisation der

	Zellmembranen, Abdichtung der Blutgefäße, die Übertragung von Impulsen auf die Muskulatur über das Nervensystem fördernd.
Kalium	Ermöglicht die Impulsübertragung im Nervensystem, zur Stabilisierung von Herzschlag und Blutdruck. **Kalium und Kalzium** regulieren das Säure-Basen-Gleichgewicht zum Schutz vor Übersäuerung.
Zink	Bestandteil von über 200 Enzymen, unterstützt lebenserhaltende Prozesse in allen Körperzellen, kontrolliert die Verhornung der Haut, fördert das Wachstum von Haaren und Nägeln, unterstützt wichtige Hormone z. B. des Zuckerstoffwechsels. Für gesunde Sexualfunktion ist Zink wichtig, ferner zur Reifung der Spermien und Bildung männlicher und weiblicher Geschlechtshormone. Zink steuert das kindliche Wachstum und fördert die gesunde Entwicklung ungeborenen Lebens. Als Spurenelement mit antioxidativer Wirkung hilft Zink, freie Sauerstoffradikale, die für viele chronische Krankheiten wie z. B. Arteriosklerose, Infarkt, Schlaganfall, rheumatische Erkrankungen und Krebs verantwortlich sind, abzufangen.
Fluor	Wirkt vorbeugend gegen Karies und Osteoporose. In Langzeitstudien fanden japanische Forscher heraus, dass bei täglich einer Tasse Grüntee Kinder nach sechs Jahren fünfzig Prozent weniger Karieshäufigkeit aufwiesen. In Tee findet sich natürliches **Fluor** kalzium- und kaliumgebunden. Medizinisch substituiertes **Fluorid** hingegen ist an **Natrium** gebunden (NaF). Toxikologen sehen in dieser Verkettung an Natrium langfristig einen möglichen Grund für die heute bedenkliche Zunahme der Knochenentkalkung (Osteoporose). Natrium fällt Kalzium aus und reichert sich stattdessen im Knochen an. Kritiker fragen: Ist es Zufall, dass NaF, wie übrigens auch **Jodid** in Jodsalz, beides Abfallprodukte aus Aluminiumfabriken, auf diese Weise unter Nichtberücksichtigung möglicher irreparabler Spätschäden »entsorgt« wird? Wer Kindern etwas Grüntee verabreicht, kann beruhigt auf andere, möglicherweise kritische Fluorgaben (NaF) verzichten.
Mangan	Dient dem Aufbau von Bindegewebe, Knochen, Knorpel und zur Enzymaktivierung. Ohne Enzyme würde ein hohes Maß lebenserhaltender Stoffwechselleistungen ausfallen.

Sekundäre Pflanzenstoffe

a) **Bioflavonoide** mit antibakterieller, antientzündlicher Wirkung.

b) Gallensäure bindende **Saponine,** die das Dickdarmkrebsrisiko vermindern.

Tee-Polyphenole werden in drei Untergruppen eingeteilt:

> Hydroxybenzoesäuren
>
> Hydroxyzimtsäuren
>
> Flavonoide
>
> **Flavonoide** wiederum unterteilen sich in:
>
>> Flavanole oder Katechine
>>
>> Flavone
>>
>> Flavonole
>>
>> Anthocyane
>>
>> Flavanone
>>
>> **Flavanole / Katechine** unterteilen sich wiederum in:
>>
>> **Proanthocyanidine** und
>>
>> Kondensationsprodukte wie **Theaflavine, Thearubigine**

Von großer Bedeutung sind in Grüntee die **Katechine, Flavonolglykoside** sowie die in Schwarztee befindlichen **Theaflavine** und **Thearubigine**.

Die **Katechine** werden während der Fermentation (Schwarzteemanufaktur) teilweise in **Theaflavine** und **Thearubigine** umgewandelt, sind aber in Schwarztee je nach Oxidationsintensität noch mit 1-12 % enthalten.

Theaflavine bilden aufgrund ihrer orangeroten Färbung die Farbe des Schwarzen Tees. Sie kommen als Oxidationsprodukte nur in Schwarztee in Mengen von 1-2% bezogen auf Trockenmasse vor. Sie wirken antikarzinogen, antioxidativ, kardioprotektiv (krebsverhindernd, freie Radikale fangend, kreislaufschützend).

Zu den **Flavonolglycosiden** zählt auch das **Rutin,** dessen Aufnahme bei 1 l Tee/Tag ca. 10-20 mg, etwa analog zu täglicher Einnahme von Knoblauchpillen, ausmacht.

Tee-Polyphenole

> Über achtzig **Teegerbstoffe** und **Tannine** zählen hierzu. Sie gehen viren- und bakterientötende Wechselwirkungen ein und wirken in der Mundflora, in Schleimhautbereichen von Magen und Darm, sowie vom Blut- und Lymphstrom getragen, im gesamten Organismus. Teegerbstoffe beruhigen die Muskulatur und betätigen sich auch als ent-

giftende Schutzstoffe.

Die in Grüntee befindlichen Tee-Polyphenole bewahren im Aufguss die Vitamine B + C vor schneller Hitzezerstörung. Im durch Oxidation wirkstofflich veränderten Schwarztee ist eine Vitaminwirkung nicht mehr gegeben.

Tee-Polyphenole betätigen sich in hohem Maße antientzündlich sowie als hochwirksame Radikalefänger.

Theophyllin und Theobromin

wirken gefäßerweiternd und blutdrucksenkend. Sie erleichtern die Atmung und regen die Herztätigkeit an. Durch die Gefäßerweiterung werden Herz und Kreislauf für sommerliche Wärmeausleitung entlastet, im Winter hingegen wird eine verbesserte Wärmedurchströmung ermöglicht. Hinreichende Lösung ist bei Blatt-Tee mit 2 - 4 Ziehminuten gegeben.

Aus klinischer Praxis wird aktuell darauf hingewiesen, dass Theophyllin und Theobromin eine stark entwässernde Wirkung bei Patienten ausüben. Um stärkerer Dehydrierung (Entwässerung) vorzubeugen, ist darum bei Dauerkonsum echten Tees eine Aufgusszeit von unter drei Minuten mit geringerer Theophyllin- und Theobrominlösung ratsam. Dass beide Substanzen eine stärkere Beruhigung auf Muskeln und Nerven ausüben, gilt als nicht absolut sicher.

Flavonole

Frischblatt 2 %, Grüntee 2 %, Schwarztee 1 % (i. Tr.)
Ihre Wirkung wird mit antikarzinogen und antioxidativ beschrieben.

andere Polyphenole

Frischblatt 0 %, Grüntee 6 %, Schwarztee 23 % (i. Tr.)

Ihre Wirkung wird mit antikarzinogen und antioxidativ beschrieben.

Katechine

Grüntee 30 - 42 %, Schwarztee 3 -10 % (i. Tr.)

Ihre Wirkung wird mit antikarzinogen und antioxidativ beschrieben.

Katechine bilden eine besondere Gruppe innerhalb der Teegerbstoffe. Ihre antimutagene und antikarzinogene Wirksamkeit beruht darauf, dass sie das Auftreten eines krebsfördernden Enzyms, der Urokinase, und somit die Krebsentstehung behindern.

Durch Vermeidung oxidativ verändernder Prozesse in der Blattverarbeitung lassen sich die Grüntee-Katechine bis zum trockenen Blatt bewahren. Hinreichende Lösung entsteht bei 2 - 4 Ziehminuten. Die Lösungstemperatur für Katechine wird mit 100 °C angegeben. Demnach ist Grüntee kochend aufzubrühen. Hingegen werden Katechine durch die fermentativen Prozesse in der Schwarzteemanufaktur in Theaflavine und Thearubigene umgebaut.

Viele einfache Grünteesorten weisen, erkennbar an dunklerer Trokkenblattverfärbung, leichte bis mittlere oxidative Veränderung und damit Katechinverluste auf. Höhere Katechingehalte haben frühlingsgepflückte Sorten. Hierzu bedarf es noch näherer Mengenbestimmung an repräsentativen Sorten. Auch sinkt der Katechinanteil mit zunehmendem Pflückalter des Blattguts ab.

Epigallokatechin-Gallat (EGCG): Wird in neuerer Zeit besonders diskutiert.

In vielen Nahrungspflanzen wurden Gerbstoffanteile unterschiedlicher Zusammensetzung festgestellt. Unter anderen auch solche höheren EGCG-Gehalts (z. B. Broccoli) mit antioxidativer, antiphlogistischer, immunmodulierender, tumorhemmender, antimikrobieller und granulationsgewebefördernder Eigenschaft. Katechin-Eigenschaften, die von der Wirkung her anderen Antioxidantien wie z. B. Vitamin C, E, Pro-Vitamin Beta-Carotin vergleichbar nahe stehen.

Antioxidative Wirkungen sind auch solche, welche die Oxidation von Nahrungsfetten verzögern. Es kommt zum Abbruch der Radikalkettenreaktion, einige Metalle werden hierdurch deaktiviert, verschiedene schädliche Formen von Sauerstoff werden »eingefangen« oder inaktiviert. Solche reaktiven Sauerstoffspezies können im Organismus Schäden an der DNS, an Membranlipiden, Proteinen oder Lipoproteinen hervorrufen und somit krebsartige Entartungen bewirken. Antioxidantien aus täglich naturgesunder Frischkostnahrung helfen, solche Schadprozesse zu unterbinden.

Teegetränke, aus hochwertigem Grüntee und Schwarztee frisch gebrüht, besitzen eine deutlich höhere antioxidative Wirkung als viele Früchte und Gemüsearten. Sie sind in dieser Hinsicht auch stärker als die Vitamine C, E und Carotinoide zellentartungsverhindernd wirksam. Heute wächst die Erkenntnis, dass die NPK-Überdüngung vieler landwirtschaftlicher Flächen eine deutliche Wirkstoffabnahme in vielen landwirtschaftlichen Produkten hinterlässt (Vitalstoffmangel).

Phytohormone

Es laufen Untersuchungen, mit denen die Wirksamkeit von Phytohormonen in Grüntee abgeklärt werden soll. So berichten Forscher, dass durch Grünteekonsum dem Stoffwechsel wichtige Phytohormone zugeführt werden, die u. a. Krebserkrankungen verhindern helfen und die auch die männlich/weiblichen Sexualfunktionen positiv beeinflussen.

Koronare und kardioprotektive Wirkungen

Dies sind antioxidative Wirkungen. Im wesentlichen basieren Koronarerkrankungen auf der Oxidation von LDL, einer Cholesterin enthaltenden Blutkomponente. Schutz der LDL vor Oxidation ist somit auch Schutz vor der Infarktgefahr, heutzutage die häufigste Todesursache in unserer Gesellschaft.

Kariesprotektive Wirkungen

Als Kariesverursacher gilt die Glycosyltransferase von Streptokokken. Theaflavin und Katechine greifen hier wirksam ein, indem sie die Plaquebildung auf den Zähnen hemmen. Auch die in der Schwarzteemanufaktur entstehenden Polyphenole scheinen eine ähnliche Enzymhemmung und somit Karies verhindernde Wirkung zu besitzen. Hinzu kommen die Fluoride in allen Teearten, die zu nachhaltiger Zahnschmelzhärtung beitragen.

Coffein

Teeblätter am Busch enthalten 5 %, ein Grünteeabguss enthält 3 - 6 %, ein Schwarzteeabguss ebenfalls 3-6 % Coffein. Für Coffein gibt Engelhardt pro 150 ml Tee 50 mg Lösungsmenge an.

Coffein zählt zur Gruppe der Teegerbstoffe. Bislang wurde beschrieben, dass nach Coffeinaufnahme aus Tee eine allmählich ansteigende, dann sanft abfallende Belebung ohne gefäßverengenden Kreislaufstress einsetzen würde. Im Gegensatz zur vermeintlich sofort spürbaren, aber nur kurz anhaltenden Wachheit nach Kaffeegenuss, der auch Gefäßverengung und Herztaktbeschleunigung bewirke. Schnell belebt, verfalle ein Kaffeetrinker schon eine halbe Stunde nach der Coffeinaufnahme in Ermüdung. Kaffee führe daher zu mehr Stress für die Elastizität der Gefäße und der Herzmuskulatur. Doch scheint eine vermeintlich nachteiligere Wirkung des Coffeins in Kaffee nach neueren Untersuchungen eher an der höheren Coffeinaufnahme pro getrunkener Tasse Kaffee im Verhältnis zur geringeren Coffeinaufnahme pro Tasse Tee zu liegen. Und so erklärt sich schließlich auch, dass nach Kaffeegenuss eine stärkere Entwässerung über die Nieren einsetzt. Kaffeetrinker begeben sich somit in Dehydrationsgefahr. Dass die beim Rösten der Kaffeebohne entstehenden sauer reagierenden Röstnebenstoffe zusätzliche Probleme besonders durch höheren Basenverbrauch bewirken, spricht zugunsten basenüberschüssigen Teetrinkens.

Coffein dockt an die freien Rezeptoren der Nervenzellen im Gehirn an. Es blockiert damit ein Andocken von Adenosin, das die Erregbarkeit der Nervenzellen herabsetzt. Bei Dauerbeschuss mit hoher Coffeindosis bilden die Nervenzellen des Gehirns mehr Andockstellen (Rezeptoren). Hieraus erklärt sich, dass Konsumenten mit unvernünftig hohem Tee- und insbesondere Kaffeegenuss zunehmend geringer reagieren (Gewöhnungseffekte) und zu immer höheren Dosierungen greifen – ein Teufelskreis durch unüberlegtes Konsumverhalten, der letztlich erhebliche gesundheitliche Risiken in sich birgt.

Anmerkung: *Tee enthält weniger Coffein als Kaffee und »streichelt« daher anhaltender wach. Kaffee hingegen führt, insbesondere aufgrund höher dosierten Coffeins, zu immer kürzer anhaltender Hochleistung mit nachfolgend schnellerem und tieferem Leistungsabfall und Übersäuerungsproblemen aufgrund der Röstnebenstoffe.*

Eine Studie unter älteren Kaffee- und Teetrinkern in den Niederlanden belegte, dass Teetrinker mit wesentlich geringerem Infarktrisiko leben.

Ätherische Öle

Den ätherischen Ölen wird die Ausbildung des spezifischen Geschmacks, einigen auch eine sanfte Belebung und Stimulierung vieler sinnlicher Wahrnehmungen zugeschrieben.

Fazit: Grün- aber auch Schwarztee und Oolong Tee sind aufgrund ihrer Wirkstoffe Getränke, die den Stoffwechsel in idealer Weise immer wieder zünden und in Gang halten. Grünem Tee gebührt in der Auswahl der Vorrang wegen seines Gehaltes an unversehrten Vitaminen und Vitalstoffen, die auch durch Erhitzen beim Aufbrühen nicht zerstört werden.

Krebsforscher haben auch in den Schwarztee-Polyphenolen einige antimutagene Wirkungen beschrieben, die zum Beispiel die Vermehrung von Lungen-, Blasen-, Hautkrebszellen behindern. Offenbar ist diese Wirkung bei Grüntee noch intensiver. Es besteht diesbezüglich noch viel Forschungsbedarf. Jährlich finden hierzu weltweit wissenschftliche Kongresse statt.

Einige Gehalte an Vitaminen und Spurenelementen in Grünem Tee

6 g Grüner Tee, Mindestmenge für 1 Liter Teelösung, enthalten folgende Vitamine und Spurenelemente*:

Vitamin A	im Tausendstel-Milligramm-Bereich (Tagesbedarf: 15 mg)
Vitamin B1	0,24 bis 0,42 mg (Tagesbedarf: 1,4 mg)
Vitamin B2	0,0108 bis 0,0462 mg (Tagesbedarf: 1 bis 1,8 mg)
Vitamin C	14 bis 30 mg in frischen Blättern (Tagesbedarf: 100-130 mg)
Vitamin E	1,44 bis 4,8 mg (Tagesbedarf: 15 bis 30 mg)
Vitamin K	im Spurenbereich (Tagesbedarf: 0,02 bis 0,05 mg)
Eisen	0,624 bis 2,28 mg (Tagesbedarf: 10 bis 18 mg)
Fluor	0,242 bis 0,516 mg (Tagesbedarf: 1 mg)
Kalium	57,6 bis 168 mg (Tagesbedarf: 3 bis 4 g)
Kalzium	16,2 bis 44,4 mg (Tagesbedarf: 0,0 bis 1,2 g)
Natrium	0,18 bis 0,66 mg (Tagesbedarf: 2 bis 3 g)
Zink, Mangan, Selen	im Spurenbereich (Tagesbedarf: 15 mg)

* Es können starke natürliche Schwankungen je nach Erntezeit, Klima und Bodengüte auftreten.

Vitamine in Schwarztee

Diese gehen im Oxidationsprozess zu Schwarztee weitestgehend verloren. Die vorstehend genannten Vitaminwerte gelten darum nur für unfermentierten Grüntee. In Grüntee bewirken Antioxidantien kurzfristig Schutz vor Hitzeverlusten. Mineralstoffe hingegen bleiben auch nach der längeren Oxidation zu Oolong- und Schwarztee voll erhalten.

Es stellt sich die Frage, was die ohnehin nur geringen Vitaminmengen in Tee nützen. Sie haben eine wichtige Funktion, denn schon Spuren natürlichen Vitaminvorkommens vermögen die Wirkung anderer Tee-Inhaltsstoffe zu aktivieren und zu verstärken. So sorgt z. B. Vitamin C dafür, dass seltene Minerale wie z. B. das die Körperzellen entgiftende Zink leichter stoffwechselverfügbar sind.

Anmerkung: *Das National Cancer Institute der USA hat Grünen Tee in das »Novel Food Programm« aufgenommen. Dieses Programm hat zum Ziel, phytochemische Inhaltstoffe von Lebensmitteln auf gesundheitsfördernde Eigenschaften hin zu untersuchen.*

Medizingeschichtliches rund um das Teetrinken

Tee wird zum zentralen Alternativgetränk einer wachsenden europäischen Abstinenzbewegung, die von calvinistischen Predigern in den Niederlanden und Ostfriesland, später auch von England ausgeht. Um 1668 erscheint eine üble Schmähschrift gegen den Tee, herausgegeben in deutscher Sprache unter Pseudonym durch Freunde des Alkoholtrinkens. Tee wird hierin abwertend als »*Heuwasser*« bezeichnet. *Cornelius Bontekoe* verfasst und veröffentlicht hiergegen ein »*Tractat van het excellenste kruyt thee*« und sorgt damit in ganz Europa für weitere Bekanntheit des Teegetränks. 1686 veröffentlicht Bontekoe alias Deckert folgende Schrift: »*Gebruik en misbruik van de thee*«. In ihr benennt er neun Kräfte des Tees wie folgt:

»*... die erste im Mund, die ander Kraft im Magen, die dritte im Gedärme, die vierte im Blut, die fünfte im Gehirn, die sechste wider die Trunkenheit, die siebte wider den Skorbut, die achte, worinnen der Tee die Bäder und warmen Wasser übertrifft (gegen Rheuma und Gicht) die neunte gegen Fieber.*«

In einem Berliner medizinischen Nachschlagwerk taucht 1686 das chinesische Teegetränk als »*bewährtes Mittel zum gesunden Leben*« auf und 1692 veröffentlicht *Waldschmiedt* eine erste Doktorarbeit über die bis dahin bekannten, Seuchen vermindernden medizinischen Wirkungen des Teegetränks.

Nachdem im Jahre 1712 der Teekessel in friesischen Landen von Kritikern verächtlich als Bankruutsketel (Bankrottkessel) bezeichnet wurde, erschien 1721 in der medizinischen Schrift *Septimo Podagra* über die Heilkräfte des Teegetränks »*Der profitable Apothecker Tod in dem frembden Kräutlein Thee samt seiner Medicinischen Sackpfeiffe ...*« Darin wird Tee als Heilmittel gegen Migräne, Durchfall, Gicht, Rheuma, Unfruchtbarkeit, Blödigkeit der Augen, Harnstein und vieles weitere mehr bezeichnet (s. S. 164).

1733 dankt *Wilhelmus Schortinghuis* in seinem Kirchenlied »*De Sondaar ontdekt, Coffy of Thee drinkende*« (Der Sünder entdeckt Tee und Kaffee Trinkende) Gott für die Gaben Tee und Kaffee sowie für sauberes Regenwasser. Wörtlich heißt es:

»*Oosten brengt ons Coffy Bonen,* *Met den angenamen Thee,* *Rijklik to verquikking mee,* *En het Waser van uw'Throon an* *Wolken, doet gy ons ontfaan:* *Gy Habt alles Wel Gedaan.*	»*Der Osten bringt uns Kaffeebohnen,* *Mit dem angenehmen Tee,* *Reichlich zur Erquickung mit,* *und das Wasser von Eurem Thron an* *Den Wolken lasst ihr uns empfangen:* *ihr habt alles Wohl getan.*

Willst du der Gesundheit pflegen,
und für Kranckheit mancher Art
biß ins Alter seyn verwahrt,
laß dir diß seyn angelegen:
Recipe edlen Thèe,
der Verschafft mit seiner Tugend
daß wir werden wie die Jugend.

Wo der Magen ist geschwächet,
wo dein Blut entzündet ist,
und du kranck im haupte bist,
weil du hast zu viel gezechet,
Recipe edlen Th?ee,
der befreyet Haupt und Magen
gar geschwind von allen Plagen.

Hast Du Noth von vielen Winden,
ist der Darm zu voll gepfopfft,
die Passage ist verstopfft,
daß der Außgang nicht zu finden,
Recipe edlen Thèe,
der wird besser als Clistieren
auf den rechten Weg es führen.

Will dich Gicht und Scharbock quälen,
greifft das Zipperlein dich an,
daß kein Arzt dir helffen kann,
dieses Mittel wird nicht fehlen,
Recipe edlen Thèe,
der wird deinen lahmen Füssen
bald die Schmerzen lindern müssen.

Flecken, Finnen, Eiterbeulen,
Kupfer=Nasen und Gesicht,
da der Wein mit Macht ausbricht
willst du aus dem Grund heilen?
Recipe edlen Thèe,
der wird von Gesicht und Nasen
suchen alles weg zu blasen.

Macht die Colica dir Schmerzen,
zieht der Krampff die Sennen an,
daß dir niemand helffen kan,
und betrübest dich von Herzen,
Recipe edlen Thèe,
der wird alles bald curiren,
daß du wirst Vergnügen spüren.

Ist der Vatter dir erstorben,
that er gerne seine Pflicht,
und mein Hanssel kann doch nicht;
Ist die Muter auch verdorben,
Recipe edlen Thèe,
der wird ihm in Liebes=Wercken
Krafft thun und die Mutter stärcken.

Hat der Ehstand dir versaget
einen Erben auszuseh'n,
willst du darum traurig steh'n?
Ey nur nicht so bald verzaget,
Recipe edlen Thèe,
bald wirst du von deiner Frauen
kleine Pickelheering schauen.

Hast Du Blödigkeiten in Augen,
kanst das helle Tages=Licht
ohne Beissen schauen nicht,
so wird diß am besten taugen:
Recipe edlen Thèe,
bald wirst du hernach empfinden,
daß du nicht seyst von den Blinden.

Will dir das Gehör versagen,
kanst du wenig oder nicht
das verstehen was man spricht,
must, was man dir sagt, erst fragen:
Recipe edlen Thèe,
der wird alle Thür und Thore
offen machen deinem Ohre.

Willst du dich erweisen munter,
und nicht wie ein fetter Ratz
vielem Schlaffen geben Platz,
so wird diß an dir thun Wunder,
Recipe edlen Thèe,
der wird dich alart erhalten,
daß du alles kanst verwalten.

Fällt dich an ein hartes Fieber,
daß du Frost und Hitze hast,
und daneben wenig Rast,
daß du meynst du seyst vorüber,
Recipe edlen Thèe,
so wird sich das schütteln legen,
Bezoar ist nichts dagegen.

Hast du Schneiden in den Nieren,
plaget dich der Lendenstein:
willst davon befreyet seyn,
und weist ihn nicht auszuführen,
Recipe edlen Thèe,
der wird ihn bald von dir bringen,
daß du kanst mit Gretgen springen.

Machen Dir die Flüsse bange,
Schnupfen, Husten, stellen sich
bey dir ein, und ängsten dich,
so verziehe nur nicht lange,
Recipe edlen Thèe,
der wird sie bald consumiren,
und du grosse Labsal spüren.

Fängt das Hertz dir an zu schlagen,
ist dir wehe um die Brust,
hast zu keinem Dinge Lust,
weist von nichts als Angst zu sagen:
Recipe edlen Thèe,
der wird gegen Bangigkeiten
wie ein andrer Hector streiten.

Fühlst du Zahnweh, Ohren=jucken,
quälet dich Stranguria:
weichet die Memoria,
wollen dir die Nerven zucken:
Recipe edlen Thee,
aller Schmerzen wird verschwinden,
das Gedächtnis auch sich finden.

Js'er ooit een Drank te vinden,
Die ons tot verquikking is,
't is den Thee tot Laaffenis,
En dus moestik billik in den
Angenamen Thee verstaan:
Gy Hebt Alles Wel Gedaan.«

Ist da je ein Trank zu finden,
Der uns zur Erquickung dient,
So ist es der Tee zur Labsal,
Und also müsst' ich redlich
So den angenehmen Tee preisen:
Ihr habt alles Wohl getan.«

In England bemüht sich ab 1709 *Samuel Johnson*, das Teetrinken im einfachen Volk als gesundheitsfördernd populär zu machen.

1759 lässt der Medizinprofessor *Johann Christian Reil*, aus dem Thüringischen nach Ostfriesland umgesiedelt, aus seiner Nordener Arztpraxis verlauten:

»Der Thee hat seine meisten Würkungen vom warmen Wasser, und wenige Kraft von den Blättern, die im Verhältniß mit der Menge des Wassers äußerst schwach ist. Die Thee-Blätter beleben die Nerven und machen munter, besänftigen die Krämpfe, und haben eine gewürzhaf-te, gelind zusammenziehende und Magen stärkende Kraft. Frisch be-täuben sie; und sind nicht eher sicher zu gebrauchen, als bis sie ein Jahr alt geworden. Doch behalten sie etwas von dieser Würkung bey, schwä-chen die Nerven und alle Seelen-Kräfte, machen Schwindel, Glieder-Zittern, männliches Unvermögen, Lämungen des ganzen Körpers und einzelner Teile, wenn sie stark getrunken werden. Personen, die oft und immer starken Thee tranken, sind an Lämung des Schlundes und Magens gestorben. Die Würkungen, die er vom warmen Wasser hat, sind: daß er anfeuchtet, erweicht und schlaff macht, Spannungen und Krämpfe hebt, das Blut verdünnt, die verdikten Säfte auflöset, die Säure des Magens dämpft, die Schärfen des Bluts ausfürt, den Leib offen hält, die Ausdünstung und den Urin befördert, und die Stein-Materien aus den Nieren und der Blase auswäschet. Daher ist er bey Entzündungen, Kopfschmerzen, Gicht, Flüssen, und anderen Krankheiten, die von verdikten Säften, Schärfen und gehinderter Ausdünstung entstehen, bey Ungewonten als Arznei mit Nuzzen zu gebrauchen.« …

… *»Unsere Weiber, die dem Thee-Soff am meisten ergeben sind, lei-den an allen diesen Krankheiten. Alle ihre Organe sind erschlaft, alle ihre Säfte rozzicht und stinkend, wie eine faulende Pfüzze. Sie sind stets beklommen, ohnmächtig, ohne Appetit und Verdauung, ohne Geist, ohne Leben, kalt und blaß wie die todten Leichname, und rölpsen in Ge-sellschaften mehr, als sie darin sprechen. Verheyratete und Unverhey-reatete, und Mädchen, ehe sie noch ihre Zeiten haben, leiden am weis-sen Fluß. Hauffenweise kommen Unfruchtbarkeit, Mißgebären, Vor-fälle der Mutter, Brüche, Wasser- und Schwindsuchten, und andere Krankheiten mehr bey ihnen aus der Thee-Kanne, wie aus der Büchse* der Pandora, hervor. *Vorzüglich nachteilig ist der Thee Personen, die eine zarte Organisation* (Konstitution) *haben, an schwacher Verdauung und Nervenschwäche leiden, und kalte und feuchte Oerter bewonen. Wer ihn trinken will, muß es mässig thun, und ein Glaß Wein dabey trinken.«*

1768 beginnt ein aufregender, teils monetär, teils mit medizinischen Argumenten hinterlegter Teekrieg der preußischen Domänenkammer gegen die ostfriesische Ständeverwaltung. Das königlich preußische Polizeidirektorium äußert sich zum »*Mißbrauch des Tee- und Kaffeetrinkens*« im April 1768:

»*Die Wirkungen des Thees sind zwar weder für die Gesundheit noch für den Beutel von denen, die ihn trinken, so schädlich, als diejenigen, welche man sich durch den Caffe zuzieht; allein eine geringe Aufmerksamkeit wird doch zeigen, daß es wirklich widersprechend sey, für dieses Kraut Geld aus dem Lande zu schicken. Der Thee ist an und für sich gelinde, gewürzhaft und mäßig herbe, allein so schwach, als er gemeiniglich getrunken wird, ist er nicht im Stande, seine Kraft zu zeigen. Er stellt dann ein gelblich gefärbtes laues Wasser vor, welches angenehm riecht, und indem es in Menge getrunken wird, weit entfernt zu stärken, den Magen schwächt. Man muss also den Thee stärker, aber nicht so häufig trinken? wird man gleich hierauf antworten. Zugegeben, dass dann der Thee seinen guten Nutzen hat; allein wollen wir immer anderen Völkern Tribut geben? Werden wir nicht viel besser thun, wenn wir Citronenmelisse und noch mehr die bei uns überall wildwachsende Bergpetersilie eben so wie Thee brauchen und trinken? Möchten doch diese jetzt vom Caffe- und Theetrinken angebrachten Umstände unseren Deutschen, die sich mit Recht durch ihre Einsichten, Wissenschaften und andere gute Eigenschaften so sehr über andere Nationen erheben können, auf die Gedanken bringen, auch in ihren ökonomischen Einrichtungen einen Vorzug vor anderen zu erhalten, dadurch, daß sie zu der einfältigen und der Natur gemässen Lebensart ihrer Vorfahren zurückkehrten.*«

Damit ist ganz unverhohlen eine Empfehlung zur Rückkehr ins Bier- und Branntweinsaufen ausgesprochen. Doch zumindest die Friesen haben dem vehement widerstanden und sich die neugewonnene Freiheit einiger Tässchen täglichen Teegenießens nicht mehr nehmen lassen. Zehn Jahre des »*Teekrieges*« der Auricher Domänenkammer gegen die ostfriesischen Landstände eskalieren in einer Akte mit dem Titel »*Die Abbestellung des übermäßigen Thee und Caffeetrinkens*«:

»*Der Gebrauch des Thee und Caffee in hiesiger Prowintz ist so übermäßig, daß Wir den schädlichen Folgen desselben Einhalt zu thun kei-*

nen weiteren Abstand nehmen können. Letzteren verbreiten sich über alle Stände ohne Ausnahme, unter allen aber leidet der Landmann am allerempfindlichsten. Wir können uns entübrigen diese der Mannigfaltigkeit nach zu zergliedern, und bedürfen nur anzuführen, daß ohne alle Widerrede bey der jetzigen Fortdauer allgemein Gebrauchs dieses nahrlosen Getränks, der innerliche Reichtum des Landes geschmäht wird, die Landes Producte unterm Mittel Preis erhalten werden ...«

Und im Folgenden wird um Mitteilung von Maßnahmen binnen 14 Tagen gebeten, »welche Maasregeln ihr am diensamsten machtet, um das übermäßige Thee und Caffeetrinken abzustellen.«

In der Antwort vier Monate später bestreiten die ostfriesischen Landstände einen übermäßigen Tee- und Kaffeegebrauch wie folgt:

»Auch leidet es keinen Widerspruch, daß dieses Getränk das wohlfeilste vor allen anderen ist, so daß Handwerker, Arbeiter und andere geringe Leute in den Städten und auf dem platten Lande sich und ihre Familien für ein paar Stüber täglich nach Notdurft versorgen können, ohne Gefahr zu laufen, berauscht zu werden.«

Und die Landstände bestreiten völlig zu Recht die angeblich guten Erfahrungen, die mit den ihnen empfohlenen Ersatzmitteln wie gerösteten Brombeerblättern als Tee- oder gerösteter Zichorienwurzel oder Gerste als Kaffee-Ersatz gemacht worden wären. (Hierzu ist aus neuer medizinischer Sicht anzumerken, dass Teegerbstoffe wie kein anderes bekanntes Mittel der Trinkwasserhygiene und somit der Seuchenhygiene dienten.) Bissig reagiert die preußische Verwaltung hierauf, dass für Teegenuss zuviel Devisen außer Landes gebracht würden und dass man schließlich unter Weglassung von Tee auch Warmwasser oder Milch trinken könne, ohne berauscht zu werden. Und es wird weiterhin bestritten, dass der volkswirtschaftliche Schaden durch Bier Preußen höher zu stehen komme. Höher sei der wirtschaftliche Verlust durch nutzloses Herumsitzen bei Tee. Solchem Unsinn setzen die ostfriesischen Landstände am 11. Mai 1779 ein deutliches Bekenntnis zu Tee entgegen:

»Der Gebrauch des Thee und Caffe ist hierzulande so allgemein und so tief eingewurtzelt, daß die Natur des Menschen schon durch eine schöpferische Kraft müßte umgekehrt werden, wenn sie diesen Getränken auf einmal gute Nacht sagen sollte!«

Die Erfahrung lehre, so heißt es weiter, »daß der Thee den Geist ermuntere und stärke, insbesondere kranke oder mit schädlicher Leibesconstitution behaftete Personen zur Nahrung diene.«

Tee diente der Verhinderung von Malaria, Gicht, Asthma, Harnstein, Paratyphus gleichsam wie der Tuberkulose. Erst im späten 18.

Jahrhundert äußert sich *Rambach*, ein angesehener Hamburger Medicus, zu den von ihm erkannten gesundheitlichen Wirkungen des Teegetränks wie folgt:

»... es wäre der Gesundheit viel zuträglicher, wenn wir den Thee nach *englischer Art, nämlich stark tränken. Der gute Tee ist sehr theuer, da-* *her können unsere gemeinen nur schlechten trinken, der in England* *mit einem Gemengsel, Smouch genannt, und mit jungen Buchenblät-* *tern verfälscht wird. Oder sie nehmen Graus. Das ist den Staub, der* *in den Theebüchsen der Krämer zurückbleibt. Doch hat das Theetrin-* *ken durchaus sein Gutes. Denn dadurch ist der Gebrauch des Brannt-* *weins außerordentlich vermindert. Auch macht Tee schlechtes Wasser* *trinkbar. Darum lieben ihn wahrscheinlich die Holländer so sehr. Und* *endlich haben sie uns für jene kleine Übel ein sehr großes genommen:* *nämlich den Harnstein. Es ist nach ältern Reisebeschreibern eine alte* *Erfahrung, dass der Thee der Gicht und dem Stein vorbeuge ...«*

Wir wissen heute, dass sich in Hamburg zu Rambachs Zeit englische Kaufleute an der »Englischen Planke« niedergelassen hatten, um mit den Hanseaten Handel zu treiben. Natürlich reichten sie, wie es auch in der übrigen begüterten Gesellschaft immer mehr in Mode kam, auf von ihnen gegebenen Gesellschaften Tee. In Diskussionen darüber mag Rambach wohl seine Tee-Bekanntschaft gemacht haben.

Der Siegeszug des Teegetränks war nun auch trotz immer noch zahlreicher »Freunde des Alkoholtrinkens« nicht mehr aufzuhalten. Denn mit der Entdeckung der anregenden Wirkung des Coffeins im Jahre 1827 in den Blättern chinesischen Tees bricht eine neue Zeit an. Dennoch findet das Teegetränk wieder Kritiker. So zum Beispiel in dem Schriftsteller *Theodor von Kobbe* 1841. Er führt an, dass die Inselfrauen an starkem Magenkrebs aufgrund reichlichen Verzehrs gesalzener Fische leiden und dass sie den nachfolgend großen Durst mit stark reizenden Tees löschten. Schon sehr frühzeitig kündigten sich die hieraus entstehenden chronischen Magenkrämpfe und Magenschmerzen an, welche eine »krebshafte Desorganisation« nach sich zögen.

Auch *Max von Eelking* verfasst 1853 in seinem in Oldenburg erschienenen Buch »*Die Insel und das Seebad Wangeroge*« schlimmen Unsinn über die vermeintliche Teewirkung, wie er sie sah. Er bezeichnet die Friesenfrauen zwar als wohlgebildet und kräftig, aber ohne besondere Schönheit und beklagt deren fleißigen Teekonsum:

»*Infolge dieser schlotterigen Getränke leiden die älteren Weiber meist* *an verdorbenen Mägen und häufig am Magenkrampf*«, lässt er sich in Unkenntnis des wahren Sachverhaltes darüber aus.

Und endlich, im Jahre 1934, schreibt Medizinalrat *Buurmann* aus Leer in einem Gutachten:

»Wir haben hier soviel Paratyphuserkrankungen wie wohl kaum in einem anderen Regierungsbezirk Preußens. Der Ostfriese hat schon vor dem Ausbau der bakteriologischen Untersuchungsmethoden instinktmäßig gefühlt, daß die vielen Darmerkrankungen in irendeiner Weise mit dem schlechten Trinkwasser in Verbindung stehen. Daher hat er seinen Bedarf (an Alkohol) außerordentlich eingeschränkt und ist dazu übergegangen, gekochtes Wasser zu trinken. Da abgekochtes Wasser aber viel zu fade schmeckt, setzte er Tee hinzu, und damit war praktisch die Frage gelöst, in welcher Form dem Körper die unbedingt erforderlichen Flüssigkeitsmengen zugeführt werden mußten.«

Das staatliche Gesundheitsamt Leer zog in einem Gutachten 1937 vor dem Hintergrund des entstehenden Weltkrieges und seiner Versorgungsproblematik den folgenden Schluss:

»Bei einer fühlbaren Schmälerung des Teekontingents wird die Gesundheit der Bevölkerung erheblich gefährdet und die Zahl der Magen- und Darmkrankheiten sowie der Paratyphusfälle in die Höhe schnellen, sofern es nicht gelingt, entweder für den Tee einen in allen Punkten gleichwertigen Ersatz zu finden oder aber die Wasserversorgung der Dörfer grundlegend den hygienischen Bedürfnissen entsprechend zu ändern.«

Im Oktober 1939 gutachtet Sanitätsrat *Köppen*:

»Das ostfriesische Klima ist ausgezeichnet durch hohe mittlere Feuchtigkeit bei allgemein kühler Luft und durch eine relativ starke Bewegung dieser Luft. Durch diese Verhältnisse werden dem menschlichen Körper große Wärmemengen entzogen, und die Luftfeuchtigkeit läßt den Menschen dieses besonders stark empfinden. Instinktiv sucht er die Wärmeentziehung durch Anpassung aller Art, wie zum Beispiel Ernährung durch größere Fettmengen, Wahl der Kleidung usw. auszugleichen. Dennoch reicht auch dieses nicht aus; der Bewohner Ostfrieslands griff zu Getränken, die ihm den Kampf gegen Wasser und Kälte erleichtern sollten: Alkohol und Tee. ... Zwar sollte man annehmen, daß auch der echte Kaffee den gleichen gewünschten Zweck erfüllt, doch haften ihm Schädlichkeiten an, welche ihn als dauerndes Volksgetränk, besonders dort, wo auch eine erhöhte körperliche Leistungsfähigkeit verlangt wird, ungeeignet machen. Tee ist nicht nur geeignet, das Frieren des Menschen zu verhindern, er verhindert auch durch seine allgemein anregende Eigenschaft die gesundheitsschädigende Einwirkung der kalten Luft, vor allem in erheblichem Maße Erkältungskrankheiten.«

Neue medizinische Erkenntnisse über Grünen und Schwarzen Tee

Antioxidantien in Grün- und Schwarztee beugen oxidativem Stress vor

Oxidativer Stress wird von sogenannten *freien Radikalen* in Gang gesetzt, wenn durch unzureichende Vitalstoffzufuhr die antioxidative Eigenregulation der Körperzellen allmählich ausfällt. Der hieraus entstehende Zellentartungsprozess wird von entzündlichen Erkrankungen und vorschnellen Alterungsprozessen angekündigt und mündet nicht selten in Krebs. Intensive körperliche Aktivitäten sind nachweislich mit erhöhter Bildung freier Radikale verbunden, welche biologische Strukturen schädigen und so deren schützende Eigenschaften ungünstig verändern. In diesem Zusammenhang finden Antioxidantien aus Tee zunehmende Beachtung.

Untersuchungen haben gezeigt, dass der Konsum von Tee die Entstehung freier Radikale vermindert und eine Verminderung von oxidativen Schäden bewirkt. Natürlich sollte hierfür Tee ungesüßt getrunken werden. Grüntee besitzt offenbar eine höhere Wirksamkeit gegenüber Schwarztee.

Grün- und Schwarztee vermindern Herz-Kreislauf-Erkrankungen

Verschiedene Studien an Bevölkerungsgruppen, z. B. in den Niederlanden, haben gezeigt, dass Tee das Risiko von Herz-Kreislauf-Erkrankungen mindert.

Grüntee führt bei Rauchern zu Rückgang an oxidativen Schäden

In einer kürzlich veröffentlichten epidemiologischen Studie wurden die Auswirkungen des Konsums von Grünem Tee bei Rauchern und Nichtrauchern untersucht. Es zeigte sich, dass der Konsum von Grüntee in beiden Gruppen zu einem Rückgang an oxidativen Schäden der DNS, an Lipidperoxidation und der Entstehung freier Radikale führte.

Grüner Tee erhöht die Stimulation antioxidativer Abwehrmechanismen gegen Krebs

Forschungsberichte zeigten auf, dass Grüntee neben der eigenen »freie-Radikale-Fänger«-Aktivität auch eine Aktivierung der körpereigenen antioxidativen Abwehrmechanismen bewirkt. Verantwortlich hierfür sind Purinalkaloide, Polyphenole, Flavanole, Pflanzensäuren, Aminosäuren und andere Teeinhaltsstoffe. Grünem Tee und seinen Inhaltsstoffen werden heute über krebsbehindernde Wirkungen hinaus auch krebsvorbeugende Wirkungen zugesprochen. Dies gilt insbesondere für Magenkrebs, Darmkrebs, Speiseröhrenkrebs.

Grüntee- und Schwarzteewirkstoffe vermindern Infektionsrisiken

Ob grippale Infekte, Infektionen im Schleimhautbereich von Magen und Darm – Grünteetrinker leiden weniger häufig daran. Sie kommen, auch aufgrund höherer Flüssigkeitsaufnahme, schneller über solcherart Infekte hinweg. Grüner Tee entfaltet mit seinem Katechingehalt gegenüber Schwarztee (Theaflavin) hierzu eine offenbar noch höhere Wirksamkeit. Mit gebotener Vorsicht verdient Erwähnung, dass am *Aichi Krebsforschungsinstitut* in Labortests Grüntee-Katechine auch auf AIDS Viren hemmende Wirkung ausübten.

Dermatologie – Hautpackungen mit Grüntee und Schwarztee

Grüner Tee und Schwarzer Tee, in siedend Wasser kurz eingeweicht, wird in der Dermatologie und auch im schönheitskosmetischen Bereich als Hautpackung direkt auf Problemzonen aufgetragen. Einige Teeinhaltsstoffe wirken entzündungshemmend, antiallergen und hautstraffend.

Grüner Tee stoppt Karies

Karies und Zahnverfall werden durch äußere Bakterienangriffe und innere Entmineralisierung ausgelöst. Grüntee- und bedingt auch Schwarzteewirkstoffe vernichten pathogene Keime in der Mundflora. Sie vermindern die Plaquebildung und neutralisieren mundsaure Prozesse. Das in Grün- und Schwarztee befindliche Fluor härtet den Zahnschmelz und macht ihn gegen mundsaure Angriffe widerstandsfähiger. Eine sechsjährig durchgeführte japanische Studie belegt, dass Schulkinder bei täglich einer Tasse Grüntee deutlich geringeren Kariesbefall haben.

Teetrinker nehmen neben Fluor viele weitere Minerale auf, die dem Aufbau und Erhalt von Haut, Haaren, Knochen, Zähnen und Nägeln zugute kommen.

Grüner Tee vermindert die Gefahr von Nahrungsmittelvergiftungen

Einige Teeinhaltsstoffe wirken bakterienabtötend, sodass viele Krankheitserreger nach ungesüßt aufgenommenem Grünem Tee, bedingt auch Schwarztee, nicht überleben. Grüntee-Katechine bekämpfen zudem die toxischen Abbauprodukte von Bakterien. Es liegt daher nahe, zu bestimmten Speisen eine Tasse Grüntee zu reichen, z. B. zu Fleisch- und Fischmahlzeiten oder nach Süßspeisen.

Grüntee stimuliert das zentrale Nervensystem, Herz und Leber

Dies gilt in abgeschwächter Form auch für Schwarzen Tee. Geist und Körper werden durch die nach Teegenuss im Gegensatz zu Kaffee insgesamt geringeren Coffeinaufnahme milder belebt und über Stunden anhaltender erfrischt (siehe Wirkstoffe: Coffein).

Grüntee unterdrückt vorschnelle Alterungsvorgänge

Schon eine erhöhte Wasseraufnahme fördert längeres Jung- und Vitalbleiben, indem der Austrocknung der Zellen vorgebeugt wird.

Sauerstoff wird nach Einatmung in die Körperzellen befördert. Er besitzt eine Schlüsselrolle im Gesamtstoffwechsel. Freier, aktiver Sauerstoff reagiert als freies Radikal aggressiv. Er oxidiert wichtige Verbindungen. Das führt zu Schaden an der DNS, zu Oxidation der Fette und Zerstörung der Zellwände. In der Folge entstehen Krebs, Gefäßerkrankungen oder Diabetes. Mit zunehmendem Alter sammeln sich, weil bei vitalstoffarmer Versorgungslage verminderte Abbaufähigkeit besteht, freie Radikale (Lipidperoxid) im Körper an. Solcherart Alterungsvorgang zu bremsen setzt eine täglich genügende Aufnahme von Vitamin C und E, Zink, Vitamin B und anderer Oxidationshemmer im natürlichen Vorkommen gesunder Nahrung voraus. Grüntee und bedingt auch Schwarztee enthält solche Oxidationshemmer, die den Alterungsprozess kontrollieren und verlangsamen. Hierbei ist wichtig, als Dauerkonsument nur mild gebrühten Tee zu trinken.

Grüner Tee senkt den Blutzuckerspiegel

Das gilt natürlich nur für ungesüßten Tee. In Japan wurden im Rahmen einer Studie bei Diabetespatienten, die Grünen Tee getrunken hatten, geringere Harnzuckerwerte festgestellt.

Grüner Tee vermindert hohen Blutdruck

Dauerhaft hoher Blutdruck führt zu Arteriosklerose, Schlaganfall, Herz- und Gefäßerkrankungen. Wirkstoffe in Grüntee (Katechine) behindern, vereinfacht wiedergegeben, ein sich in den Nieren bildendes Enzym, das stark gefäßverengend wirkt und somit zu erhöhtem Blutdruck führt. Zudem wird durch erhöhte Flüssigkeitszufuhr gleichzeitig die Fließgeschwindigkeit des Blutes begünstigt.

Grüner Tee behindert den Anstieg von Cholesterin

Zwischen schlechtem Cholesterin (LDL und VLDL) und gutem (HDL) ist zu unterscheiden. Steigen LDL und VLDL im Blut an, entsteht aufgrund vermehrter Gefäßwandablagerungen Arteriosklerose mit nachfolgender Infarkt- und Hirnschlaggefahr. Grüntee-Katechine behindern einen übermäßigen Anstieg der schlechten Cholesterine. Eine Tasse Grüntee zu schweren Mahlzeiten, selbstverständlich ungesüßt, ist sehr sinnvoll.

Teeforschung im Westen

Seit etwa zehn Jahren betreiben auch viele westliche Institute Teeforschung. Jährlich finden sich z. B. in den USA Krebsforscher aus aller Welt zusammen, um ihren Wissensstand, insbesondere über die Bedeutung des Grünen Tees in der Krebsprävention, auszutauschen. Auch in Deutschland wird am *Deutschen Krebsforschungszentrum* in Heidelberg und an den *Universitäten* in *Bonn, Jena* und *Freiburg* Teeforschung betrieben. Es wird in Zukunft über deren Arbeit noch viel Interessantes zu berichten sein.

Was bislang an sicheren Erkenntnissen vorliegt, gibt Anlass genug, neben Mineralwasser und Kräutertee täglich regelmäßig ungesüßten Grünen Tee sowie auch mild angesetzten Schwarzen Tee zu trinken. Zur Vermeidung überhöhter Gewebsentwässerung und nachfolgender Austrocknungserscheinungen wende ich pro Liter Teeabguss die geringe Menge von nur 6 Gramm Teeblättern an. Es heißt, Grüner Tee könne mehrfach aufgegossen werden. Ich bin anderer Meinung und mache dies nur gelegentlich bei Verwendung edler Frühlings-Sorten. Ein mild angesetzter Erstaufguss schmeckt mir einfach besser. Es hieß bislang auch, dass sich im Grüntee-Erstabguss bei einer Aufbrühtemperatur von 80 °C bereits 70-80% aller wichtigen Wirkstoffe in Lösung befänden. In neueren Publikationen ist jedoch zu lesen, dass die krebshemmend wirkenden Katechine einer Temperatur von mindestens 100 °C bedürfen, um sich schon nach nur drei Minuten hinreichend zu lösen. Eine Ziehzeit von über fünf Minuten und somit auch das mehrfache Aufgießen kommen für mich nicht in Betracht, weil sich dann auch alle Tannine in Lösung befinden. Tannine wirken stopfend auf die Verdauung und setzen die Nährstoffaufnahme im Darm diffusionsverzögernd herab. Nicht die Betrachtungen einzelner Stoffwechselvorgänge, sondern die kausalen Zusammenhänge müssen Beachtung finden.

Mein Rat	Vermeiden Sie einseitigen Konsum. Neben Grünem und gelegentlich auch Schwarzem Tee empfehle ich im Interesse einer Deckung der täglich notwendigen Flüssigkeitsmenge auch klares Wasser sowie abends coffeinfreien Rooibostee, Kräuter- und Früchtetee beliebiger Sorte zu trinken.

Tee ist trotz aller vorstehenden guten Auswirkungen kein Allheilmittel, sondern ein zur Prävention verschiedener Krankheiten geeignetes Lebensmittel. Ich muss an dieser Stelle nochmals darauf hinweisen, dass eine tägliche Wasseraufnahme von 2-2,5 Litern für normalgewichtige Erwachsene Voraussetzung dafür ist, dass freie Radikale in den Körperzellen bereits im Vorfeld möglicher Erkrankungen eingefangen und ausgespült werden. Ohne hinreichende Neubewässerung trocknen insbesondere auch die Hirn- und Hautzellen ein.

Inzwischen wird festgestellt, dass auch Schulkinder zu wenig Flüssigkeit aufnehmen und sich dies gesundheitsgefährdend auswirkt. Die hieraus resultieren Austrocknungserscheinungen verringern die geistigen Leistungen. Es wäre darum zu wünschen, dass Kinder zu Hause und in den Schulen an mehr Wasser- und Teekonsum herangeführt werden. Eine Thermoskanne Tee auf der Schulbank im Unterricht – warum eigentlich nicht?

Rückstandsbelastungen in Tee

Rückstandsbelastungen in Lebensmitteln hat es zu allen Zeiten gegeben. Sie entstammen Emissionen von Feuerstellen, Vulkanen, Waldbränden, Landwirtschaft, Industrie, Verkehr und Hausbrand. Gifte, die sich atmosphärisch und durch Meeresströmungen global verbreiten. Auch das Grundwasser wird durch Abwässer, Mülldeponien sowie Land- und Forstwirtschaft belastet, und die uns unmittelbar umgebende Atemluft wird durch Ausdünstungen von Holzschutzmitteln, Textilien, Farben, Lacken und Kunststoffen verunreinigt. Auch Tee, selbst Bio-Tee ist demnach heute nicht immer gänzlich unbelastet.

Die EU Rückstandsmengenverordnung

Seit 2000 legt eine neue Verordnung auf EU-Ebene Grenzwerte zur Höchstbelastung einzelner Lebensmittel mit Agrargiften fest. Diese erlaubt aber wieder höhere Grenzwerte, als die von ihr abgelöste bundesdeutsche Verordnung. Das führte bei Tee zu dem Kuriosum, einige zu hoch belastete Teepartien kurzfristig vom Markt zu nehmen und für einige Zeit »zu parken«, um sie mit Inkrafttreten der neuen EU-Richtlinie wenige Wochen später legal in den Handel zu bringen.

Nährstoffbedarf im Teeanbau

Für 1000 kg Schwarzen Tee werden 4000 kg frische Teeblätter gepflückt und verarbeitet. Diese entziehen dem Boden bei Intensivbewirtschaftung in Monokultur u. a.:
- 40 bis 60 kg Stickstoff
- 20 bis 25 kg Kalium
- 10 kg Phosphorsäure
- 5 kg Calcium

In welcher Relation zum gesamten Nährstoffgefüge eventuell noch Magnesium, Zink, Mangan, Selen, Kupfer, Molybdän und weitere Minerale erforderlich sind, entzieht sich weitgehend heutiger Kenntnis.

Mineraldünger oder Naturdüngung?

Es entsteht ein entsprechender Dünge- und Pflanzenschutzbedarf, dem nach Meinung vieler moderner Agronomen nicht allein durch Mist, Humus oder Gründüngung entsprochen werden kann. Auch sei es unmöglich, durch Zwischenkulturen das gesunde Bodenleben auf natürliche Weise zu erhalten oder gar zu fördern. Und Monokulturen, die den Boden zwar auslaugten, müssten sein, anderenfalls wäre die steig ansteigende Weltbevölkerung nicht mehr ausreichend mit Nahrungsmitteln zu versorgen. Demzufolge müssten die armen Erzeugerländer eben nötig gewordene Dünge- und Pflanzenschutzmittel für teure Devisen von den Industrieländern beziehen, die im Gegenzug dafür von der Teeabnahme profitieren. Eine eigene Herstellung der äußerst energieaufwendigen »Kunstdünger« ist den meisten Teeanbauländern nicht möglich. In Deutschland erfordert die Herstellung von Mineraldünger 40% aller erzeugten Primärenergien.

Der Einsatz von Mineraldünger hat im Teeanbau weitreichende Folgen. Zwar ist der Neuaustrieb von Teeblättern stickstoffabhängig, doch den derart hochgepowerten Teepflanzen mangelt es zunehmend an Qualität und Aroma. Auf Erzeugerseite wurde dem mit der Produktion größerer Mengen begegnet. Doch die Monokulturen veröden nun noch schneller. Maschinelle Pflückung und fast vollautomatische Verarbeitung des Pflückgutes führen zu drastischem Rückgang der Arbeitsplätze in den Plantagen. Bodenpflege findet, je nach Schädlings- und Krankheitsbefall, mit der chemischen Keule statt. Das wiederum beschleunigt die Bodenerosion.

Heute sind wieder vermehrt Teeangebote aus ökologischem Anbau, nach traditioneller Art gepflückt und verarbeitet, in guten Fachgeschäften erhältlich.

Biologische Schädlingsbekämpfung

In bio-organisch bewirtschafteten Teegärten werden natürliche Schädlingsbekämpfungsmittel eingesetzt. Bienenvölker vermindern Pilzbefall. Selbst auf Herbizide zur Unkrautbekämpfung lässt sich verzichten. Und in den insgesamt verkleinerten Teeanbaukulturen können sich Schädlinge weniger stark ausbreiten und wenn, dann ist ihnen mit unschädlichen Mitteln beizukommen.

Rückstandsgifte sind krebserzeugend

- PCB
- Beta HCH
- DDT
- HCB
- Aldrin
- Endosulfan
- HCH
- Dieldrin
- Lindan

Die oben genannten Mittel werden gegen Unkraut, Bakterien- oder Insektenbefall eingesetzt. Sie stehen alle im Verdacht, krebserzeugend zu sein.

Eine weitere, ernstzunehmende Belastung besteht in der Kontamination durch Radionuklide. Dies betrifft russische, persische und türkische Tees nach dem Reaktorunglück von Tschernobyl.

Verbraucherschutz

Nur den unabhängigen, mit Bundesgeldern finanziell unterstützten Verbraucherschutzorganisationen und ihren Institutionen wie der *Stiftung Warentest* ist zu verdanken, dass viele gefährliche Belastungen öffentlich gemacht und entsprechende Verordnungen sowie intensivere Kontrollen aller Importe veranlasst werden konnten.

Bio-Tee

Namhafte Teeimporteure in Deutschland ordern seit einiger Zeit vermehrt Partien aus dem Angebot kontrolliert bio-organisch bewirtschafteter Teegärten. Auch zahlreiche noch nicht komplett umgestellte Plantagen ersetzen bereits den Einsatz von Chemiegiften durch umweltverträgliche Maßnahmen.

Der Pestizidmarkt

Schon 1983 betrug der weltweite Pestizidmarkt 32,5 Milliarden DM. Der Anteil der BRD betrug 3,2 Milliarden DM ausgeführter Pestizide. Ein Forscher in Sachen Pflanzenschutz, angestellt bei einem der größten deutschen Hersteller solcher Gifte, sagte mir einmal: »Machen Sie ruhig von Verbraucherseite weiter Krach. Wir haben schon biologische Mittel in den Schubladen. Die ziehen wir hervor, wenn mit den alten Mitteln kein Geld mehr zu verdienen ist.«

Bei Teekauf unbedingt beachten

1. Fragen sie konsequent nach bio-organisch erzeugten und rückstandsgeprüften Tees in guter Blattverarbeitungsqualität.
2. Ihr Teehändler sollte Sie überzeugend über Maßnahmen, die er selbst zur Vermeidung eines Angebots belasteter Sorten unternimmt, informieren können.
3. Bei Einkauf von aromatisierten Teesorten solche mit natürlicher Aromatisierung verlangen. Auf die Deklaration achten. Naturidentische Aromen haben oft einen bonbonähnlich aufdringlichen Gummibärchenduft.
4. Tee möglichst lose abgewogen kaufen. Nur so können Frische, Aroma und sonstige Qualitätsmerkmale wahrgenommen werden.
5. Tütenetiketten sollten eindeutige Angaben zu Herkunft, Qualität und Inhaltsstoffen in absteigender mengenmäßiger Reihenfolge ausweisen.
6. Teehändlern kritische Fragen stellen, um herauszufinden, ob Kompetenz vorliegt.
7. Auf den Kauf fein gebröselter Teeblattreste in Broken-, Fannings- oder Staubqualität (Teebeutel) verzichten. Sie besitzen gegen-

über guter Blattware einen wesentlich höheren Auslösungsgrad für mögliche Schadstoffanteile und entstammen zumeist nicht naturgemäßem Anbau.

8. Bevorzugt rückstandsgeprüfte frühlingsgepflückte Teesorten guter Blattqualitäten wählen (bei Grüntee: weißer und gelber Tee / bei Schwarztee: First Flush Tees). Deren Gehalt gelöster Rückstände fällt meist niedriger, ihr aromatischer Wert hingegen höher aus.

9. Bevorzugen Sie herkunftsbekannt deklarierte Teesorten. Bei Teemischungen sollten alle Mischungsanteile angegeben sein.

10. Ihr Teehändler sollte Ihnen eine gratis-Teeprobe zur Verfügung stellen.

Selbst handeln – nicht nur meckern

Wir haben alle Veranlassung, den auf uns direkt einwirkenden Atmungs-, Kontakt- und Nahrungsgiften durch konsequentere Hinwendung zu unbelasteten Erzeugnissen und durch naturverträglichere Lebensgewohnheiten wirksam zu begegnen.

Wenn wir ab heute vermehrt Öko-Produkte kaufen oder auch etwas Verzicht an richtiger Stelle üben, dann orientiert sich die Wirtschaft schneller um, als wir denken.

Der Jugend positive Beispiele geben

Besonders in der heute erschreckend konsumorientierten Jugend herrscht ein hohes Maß an Ignoranz in Bezug auf den Erhalt des Lebens auf dem blauen Planeten. Geben wir Älteren eigentlich moralisch hinreichend Beispiel durch umweltverträgliche Lebensweise? Im Buchhandel stapelt sich die Literatur über Umwelt und Vollwert-Ernährung. Doch fundiertes Wissen über die Zusammenhänge ist heute eher geringer geworden als dass es sich gesteigert hätte, Gleichgültigkeit breitet sich lähmend aus. Lottozahlen, Modetrends und Prominentenklatsch besitzen Vorrang. Für Umwelt ist der Staat, für Krankheit die Ärzteschaft und die Krankenkasse zuständig, nur wir selbst sind es nicht. Von wem soll die Jugend heute lernen, wenn nicht von den häuslichen Bezugspersonen?

8. Tipps und Tricks fürs Teetrinken

Teekanne und Teetasse, welches Material ist geeignet?

Tonscherben

Im alten China und Japan wurde Tee aus schlichtem Tonscherben getrunken. Teeschalen besaßen, für mehr aromatische Wahrnehmung, häufig einen nach außen geschwungenen Rand und waren in China stets sehr klein. Das zwang zu häufigerem Nachschenken. Da auch die Kannen klein waren, musste öfter ein frischer Teeabguss bereitet werden.

Gute China- oder Japan-Tonkannen sind doppelt gebrannt (China: Ishing Ton, Japan: Tokonabe Ton). Sie sind schwerer und halten die Wärme länger. Von der härter gebrannten Oberfläche gehen auch geringere oxidative, geschmackliche Veränderungen aus, die den langsam erkaltenden Tee beeinträchtigen können.

Teeschalen

8.1
Chinesische Teeschale aus Eierschalen-Porzellan.
Sammlung G. W. Peitscher.

Von zartem Eierschalen-Porzellan aus China bis zu dickwandigen von japanischen Tonkünstlern gefertigten und bemalten Gefäßen reicht die Vielfalt der Teeschalen. Letztere werden gern in der japanischen Teezeremonie verwendet.

Steinzeug

Tonwaren mit hoher Materialdichte, ab 1400 °C hoch gebrannt. Die Glasur fällt härter und in sich geschlossener aus. Somit sind kaum geschmacksbeeinträchtigende Reaktionen zwischen Teeinhaltsstoffen und dem Kannenmaterial zu erwarten. In von Hand gedrehtem Steinzeug hält sich Tee zudem aufgrund der hohen Materialdichte und -schwere sehr lange warm.

Porzellan

8.2
Chinesische Porzellantassen mit blauem Dekor.

Eine feine Porzellankanne zur gepflegten Teestunde erfreut jeden stilbewussten Teegenießer, vielleicht auch Großmutters gutes Stück aus *Bone China* – Porzellan aus Quarz, Kaolin und Knochenmehl – und dazu die kleinen Teeschalen oder Tässchen mit dem geschwungenen, weit ausladenden Rand. Europäische Porzellanmanufakturen legen heute neben alten klassischen Formen auch neue Formen und Dekore auf.

8.3 Silberne Teekanne mit Henkel aus lackier-
tem Holz. Carl Heinz Kördell, 1820-1822.
STAATLICHE MUSEEN KASSEL.

8.4 Teebüchse aus Silber.
G. A. Scheel, 1850-1861.
STAATLICHE MUSEEN KASSEL.

Teegeschirr ist innen meistens hell glasiert. So ist auch die je nach
Sorte variierende Färbung des Abgusses besser erkennbar, ein zusätzlicher optischer Reiz. Wenn Sie sich über die immer dunkler werdende
Glasurfärbung Ihres guten Porzellans ärgern, sollten Sie den Härte-
grad des Teewassers prüfen. Benutzen Sie ggf. einen Karbonate ausfäl-
lenden Filter zur Aufbereitung des Wassers vor dem Aufbrühen.

Silber   Silberkannen zeugten früher von Wohlstand. Ob Teekannen, -gläser,
-löffel, Kluntjeknieper (Zuckerkneifer), Zuckerzangen und -dosen,
Tabletts, Sahnekännchen oder Stövchen – unzählige Silberschmie-
de in ganz Europa lebten von der Fertigung solcher oft kunstvoll gestalteten Produkte. Probleme bereiten bei silbernen Kannen die Löt-
stellen. Nur wenige werden aus einem Blech getrieben und Lötstel-
len gehen, besonders bei alten Kannen, schon mal kaputt. Nachteil
dünnwandiger Silberkannen ist auch, dass sie die Teewärme nur kurz
halten. Kannen aus Legierungen mit anderen Metallen sind schwerer, können aber durch chemische Reaktionen giftige Substanzen ab-
sondern, vor allem bei Schwarztee und Früchtetee.

Kupfer und Zinn

Früher einmal sehr in Mode, ist Teegeschirr aus solchem Material heute
kaum noch in Gebrauch. Der Tee wird bei alten Materialien durch
giftige Ablösungen geschmacklich negativ beeinflusst.

Glas
Glaskannen und Teegläser vermitteln durchaus einen besonderen äs-thetischen Genuss: Man schaut zu, wie sich die Teeblätter entfalten und sieht perfekt die Vielfältigkeit der Färbung verschiedener Tee-sorten. Im Handel gibt es heute schöne Designer-Teekannen aus Glas mit Niro-Metallbügel (Mono-Teekanne). Ein überdimensionales Teesieb darin ermöglicht die optimale Entfaltung aller Teearten. Glas besitzt eine dichte Oberfläche, deshalb bilden sich bei normaler Rei-nigung keine Ablagerungen. Glaskannen können wechselweise mit Früchte-, Kräuter- oder auch Aromatee oder klassischem Tee befüllt werden.

Plastikgeschirr
Auf Reisen im Wohnmobil mag die Nutzung tolerierbar sein, zu Hause für eine gepflegte Teekultur niemals.

Mehrere Teearten aus einer Teekanne
Teekannen sollten nicht wechselnd für Kräutertee, Früchtetee, klas-sischen Grünen und Schwarzen oder gar für aromatisierten Tee ver-wendet werden. Eine sich innen aufbauende Patina nimmt auch Aro-ma an. Einmal Früchtetee oder Vanilletee in einer Kanne, wird ein guter Klassiker hieraus nicht mehr munden. Benutzen Sie zwei Kan-nen: eine für klassische Teesorten, eine für alles Duftende. Die ein-zige Ausnahme hierzu sind Glaskannen, die keinen Duft annehmen.

Die Teetasse
Sie sollte nach oben hin schalenförmig offen sein. So wird die »Blu-me« besser wahrnehmbar, der Tee schmeckt einfach besser. Schön fin-de ich Teeschalen ohne Henkel. Eine Teeschale in den Händen gibt ein viel verbundeneres Gefühl als der Tassenhenkel zwischen zwei Fin-gern. Probieren Sie es einmal.

Teebecher aus verschiedenen Materialien
Wenn es um die schnelle Tasse während der Arbeit im Büro geht, dann ist der standsichere Teepott oder Becher nicht zu verachten. Prakti-scherweise kann der Tee auch gleich in einem Siebball-Löffel darin aufgebrüht werden.

Die Seele trinkt mit!
Wählen Sie das Ihnen in der jeweiligen Situation genehme Materi-al. Entwickeln Sie eigenen Stil mit dem Ziel, durch bewussten Tee-genuss auch mehr zur inneren Mitte zu finden.

Wie viel Teeblätter pro Liter?

Die Friesen haben es sich früher leicht gemacht. An Blattmenge gaben sie pro Tasse einen Teelöffel voll in die vorgewärmte Teekanne. Sonntags kam ein weiterer und an »Antjemöhs«, Großmutters Geburtstag, noch einer dazu. Und natürlich einer für die Teekanne (siehe auch Kapitel 12 »Friesische Teestunden«).

Das ergibt bei 8 Tassen pro Liter mit allen Zugaben gute 18-24 g Teeblätter. Sie blieben in der Kanne, bis die Teestunde vorüber war. Versteht sich, dass solcher Tee ziemlich bitter oder herbkräftig ausgezogen mundete, besonders beim Nachschenken nach noch längerer Ziehzeit. Das wiederum erforderte die Zugabe von Zucker und Sahne oder Zitrone zur Geschmacksneutralisierung. Die Friesen machten hieraus eine wahre Kulthandlung.

Die richtige Teeblattmenge

Mild angesetzte Lösungen dienen der Zellbewässerung mehr als wirkstofflich gesättigte. Darum gilt es, Tee mild aufgebrüht zu genießen. Die Blattmenge für Grün- und Schwarztee sollte **nur 6-8 Gramm pro Liter** betragen. Bei hartem Wasser kann etwas mehr erforderlich sein. Die heute oft noch mit 10-12 g zu hoch angegebene Blattmenge entstammt noch jenen Tagen, in denen Tee zur Hygienisierung verseuchten Trinkwassers beitrug. Für Früchtetee werden 10-20 Gramm pro Liter verwendet, für Kräutertee 6-8 Gramm pro Liter.

Die richtige Ziehzeit

Was in moderner Teeliteratur an Aufbrühempfehlungen gegeben wird, entspricht, wie schon erwähnt, oft noch den Ansichten vergangener Jahrhunderte. Es scheint, als wäre die neuzeitliche Forschung an einigen Verfassern spurlos vorübergegangen. Die nachstehenden Empfehlungen mögen Kritikern falsch erscheinen, weil sie nicht der Tradition entsprechen. Sie sind dennoch wohl überlegt und aus Verantwortung gegenüber heutigen Ernährungserfordernissen gegeben.

Grüner, Oolong- und Schwarzer Tee

Innerhalb der ersten drei Ziehminuten

lösen sich etwa ¾ des Coffeins mit anregender Wirkung. Coffein aus Grüntee wirkt aufgrund der weitgehend erhaltenen Wirkstoffverkettung zunächst milder, dafür aber länger anhaltend. Ein Großteil der

Grüner, Schwarzer u. Oolong Tee:	6-8 g / l	2- 5	Minuten Ziehzeit
Kräutertee (Blatt / Kraut):	6-8 g / l	5-7	Minuten Ziehzeit
Kräutertee (Rinden / Samen):	10-15 g / l	10-15	Minuten Ziehzeit
	(evtl. auch Abkochung oder Kaltauszug)		
Früchtetee:	15-20 g / l	15-20	Minuten Ziehzeit

wasserlöslichen Vitamine C, B, K, und P sowie Provitamin A (sämtlich nur in Grüntee befindlich) geht in Lösung über. Das Gleiche gilt für die in Grüntee befindlichen sekundären Pflanzenstoffe sowie einen Großteil aller Elektrolyte.

Ab dritter Minute

setzt mit verstärkter Auslösung von Theobromin und Theophyllin eine stärkere Entwässerung ein. Die bislang für beide Substanzen in vielen Teebüchern beschriebene beruhigende Wirkung auf die Muskeln und Nerven ist bislang klinisch nicht sicher bestätigt und muss darum zurückgenommen werden.

Von der fünften Minute an

lösen sich Tannine. Neben antibakterieller, antiviröser und antimykotischer Wirkung sorgen diese aber auch für eine Verlängerung der Darmpassagezeit und damit für verstopfende Wirkung. Tannine bewirken zudem eine verstärkte Diurese (Entwässerung) sowie eine Minderung der Resorption von Nahrungseisen und anderen Mineralen.

Wenn bei einer Ziehzeit von über 5 Minuten für Grünen und Schwarzen Tee heute immer noch von einer »beruhigenden« Wirkung gesprochen wird, so ist dies irreführend. Tatsächlich wird die Magen- und Darmmuskulatur stark beruhigt und zusammen mit den beschriebenen Eigenschaften der Tannine eine Linderung von Durchfall und Brechreiz bewirkt. Hier ist der Einsatz von Tee als Arzneimittel – nicht als Einschlafhilfe – gemeint!

Gerbstofflösung

Die in Grüntee befindlichen Katechine, mit 20-30 % Anteil eine bedeutende Untergruppe innerhalb der Teegerbstoffe, lösen sich nach neueren Erkenntnissen erst bei 100 °C hinreichend. Katechine gelten als freie-Radikale-Killer. Gleiches gilt auch für eine hinreichende Lösung der sekundären Pflanzenstoffe und Minerale.

Zweitaufguss

Nochmaliges Aufgießen derselben Blätter ist bei Schwarzem und Oolong Tee nicht sinnvoll. Die während der Manufaktur entstandenen Oxidationsprodukte (Polyphenole u. a.) sind – chemischen entkettet– schnell wasserlöslich, sodass ein zweiter Aufguss außer der stopfenden Wirkung der Tannine nicht mehr viel hergibt.

Welche Aufbrühtemperatur ist richtig?

Grundsätzlich muss Teewasser kochend richtig aufwallen, bevor Sie Teeblätter damit übergießen.

Mit Grünem Tee sind Folgeaufgüsse mit jeweils ansteigender Wassertemperatur (60-70-80-100 ° C) möglich. Dies wird in China bis heute mit wiederholtem Nachgießen heißen Wassers praktiziert. Solche Aufgüsse munden aber immer dünner und die sich auch hierbei vollständig lösenden Tannine können bei geringer körperlicher Aktivität zu Verstopfung führen. Ich begnüge mich bei Grünem Tee mit einem milden, siedend aufgebrühten Erstabguss. Einen Zweitabguss bereite ich mir nur gelegentlich von ganz edlen Grünen Tributgarten-Tees zarter Frühlingspflückungen. Die nicht vollständig ausgezogenen Teeblätter können auf Blumenbeeten oder in der Kompostgewinnung von größerem Nutzen sein.

Durch die Verminderung der Brühtemperatur sinkt nach neuester Erkenntnis die Menge gelöster Katechine im Tee rapide ab. Damit wird eine der wertvollsten Eigenschaften des Grünen Tees eingeschränkt, nämlich die antimutagene und antikarzinogene Wirkung.

Grüner Tee und Oolong Tee

Bei einmaligem Aufguss verwende ich auch für Grünen Tee siedendes Wasser. Vitaminverluste sind nicht zu befürchten, denn dank begleitender Antioxidantien sind diese in Grüntee weitestgehend vor oxidativem Verlust geschützt.

Manche, besonders spätjahreszeitlich gepflückte Grüne und Oolong Tees munden jedoch mit verminderter Temperatur angesetzt milder und angenehmer. Das sollten Sie selbst ausprobieren.

Zu bitter oder zu herb schmeckende, meist spät im Jahr oder weniger sorgsam gepflückte und produzierte Sorten können vor dem eigentlichen Aufguss einmal kurz siedend überduscht werden.

Aufbrühen von Grüntee, Oolong Tee und Schwarztee

Teekanne:	mit heißem Wasser kurz vorwärmen
Blattmenge:	6-8 g / l
Temperatur:	100 °C für Grüntee
	100 °C für halbfermentierte Oolongteeblätter
	100 °C für vollfermentierte Teeblätter (Schwarztee)
Ziehzeiten:	bis 3 Ziehminuten – für belebende Coffeinlösung
	ab 3 Minuten – für kräftigeren Geschmack bei belebender und **zunehmend entwässernder** Wirkung
	ab 5 Minuten – stopfende, resorptionsverlangsamende **und stark entwässernde** Wirkung

Vorheriges Abduschen der Teeblätter war einstmals eine unerlässliche Maßnahme zur Reinigung unsauber und feucht gelagerter sowie mit Fremddüften belasteter Sorten.

Schwarzer Tee

Nur eine Temperatur von 100 °C löst die Geschmack und Aufgussfärbung bestimmenden Polyphenole. Mundet eine Schwarzteesorte zu kräftig, kann zur Abmilderung mit verminderter Brühtemperatur und geringerer Blattmenge experimentiert werden.

Früchtetee Bei Früchtetee ist siedendes Wasser schon für ein besseres Aufquellen der Früchte wichtig, sodass nachfolgend mehr geschmacklich und auch farblich bestimmende Wirkstoffe in Lösung übergehen können.

Kräutertee Benötigt durchweg siedende Temperatur. Ausnahmen sind einige Wurzel- und Krautdrogen wie Eibisch, Zinnkraut oder auch die Melisse, die einige Stunden lang kalt angesetzt und erwärmt getrunken werden.

Aufbrühmethoden – Tipps und Tricks aus der Praxis

In Gesprächen höre ich immer wieder, wie umständlich doch das Tee-aufbrühen sei. Wir sind es nicht mehr gewohnt, alltägliche Dinge bewusst auszuführen. Vielmehr drücken wir auf einen Knopf und die Sache läuft von allein, während wir uns vermeintlich Wichtigerem zuwenden. So geht jeden Tag mehr und mehr wahres Bewusstsein verloren. Denn wer die Größe der Dinge im Kleinen nicht erkennt, der wird sie auch im Großen nicht finden und irrt immer konzentrationsloser als oberflächlicher Mensch durch das Leben.

Einige Grundsätze zum Teeaufbrühen sollten Sie berücksichtigen:

1. Aromatee stets von der Kanne für klassischen Tee fernhalten. Hierfür muss eine zweite Kanne her. Früchte- und Kräutertee ebenfalls in einer separaten Kanne reichen.

2. Teeblätter benötigen Platz. Da die Siebeinsätze in Teekannen oft zu klein sind, verwenden Sie am besten ein separates Brühgefäß, in dem sich die Blätter frei schwimmend aromatisch entfalten können. Über ein Sieb wird nach Ende der Ziehzeit in die Servierkanne abgegossen. Das spart Teeblätter und sorgt für besseren Geschmack.

3. Netze und Beutel verändern den Teegeschmack, insbesondere bei Mehrfachverwendung.

4. Teekannen innen stets nur heiß ausspülen, niemals Spülmittel anwenden. Es baut sich langsam eine Patina zum Schutz vor starker Oxidation auf. Ihr Tee mundet besser. Diese Patina ist kein Schmutz. Kannen für Kräuter- und Früchtetee sowie Teekannen aus Glas reinige ich in der Spülmaschine.

5. Zur Kontrolle verminderter Wassertemperatur für Grüntee, wenn gewünscht, eventuell ein Thermometer anwenden. Einfacher ist es, siedendes Wasser 5-8 Minuten auf ca. 80 °C abkühlen zu lassen oder eine große Tasse Kaltwasser direkt zum siedenden Wasser zuzugeben.

Die Zwei-Kannen-Methode

- in einen Krug (Vorbrühgefäß) lose Teeblätter geben
- siedendes Wasser auffüllen
- Ziehzeit abwarten
- über ein Spitzsieb in eine Teekanne umgießen

Das alles findet neben der Küchenspüle statt, die Blätter werden in den Biomüll gegeben. Das Spitzsieb hält Jahre, der Kauf irgendwelcher Stoffnetze, Papierbeutel u. a. Systeme entfällt.

Die Teebecher-Methode

- in eine Teesiebzange Teeblätter geben
- mit siedendem Wasser übergießen
- Ziehzeit abwarten
- Siebzange aus dem Becher nehmen

Dies ist eine Methode, die z. B. am Arbeitsplatz zwischendurch schnell angewandt werden kann.

Die Kannen-Methode

- Teeblätter in Papier-oder Stoffbeutel oder in ein Tauchsieb geben
- Beutel oder Sieb in die Kanne hängen
- siedendes Wasser einfüllen
- Ziehzeit abwarten
- Beutel, Sieb oder dgl. herausnehmen

Dieser Brühvorgang findet noch in der Küche oder auch bei Tisch statt. Hier wird ein Ablagegefäß für das Sieb benötigt.

Zur Erinnerung: Wählen Sie Teesiebe oder Beutel stets groß genug. Teeblätter sollen frei aufschwimmen im Teewasser, sonst entwickelt sich nicht genug Aroma.

Die Mono-Teekanne

Ich verwende eine Mono-Teekanne aus Glas mit Edelstahlgriff und einem überdimensional großen Tauchsieb aus Edelstahl. Beides stelle ich samt Siebeinsatz nach dem Teegenuss einfach in die Spülmaschine, sodass ich sie auch für Aroma-, Früchte- und Kräutertee ohne Geschmacksbeeinträchtigung einsetzen kann.

Die alte Ostfriesische Kannen-Methode

Diese Methode ist für den täglichen Teegenuss nicht zu empfehlen. Die lange Ziehzeit des Tees und der hohe Einsatz von Zucker, Sahne oder auch Alkoholzugabe (Köm oder Rum) zur Verbesserung des Geschmacks sind ernährungsphysiologisch nicht sinnvoll. Dennoch ist eine gemütliche »Friesische Teestunde« manchmal Balsam für die Seele und vor allem in Norddeutschland und im dänischen Jütland nicht wegzudenken. Um sie zu genießen, muss man sich ja nicht an die traditionelle Aufbrühmethode halten, die in Kapitel 12 beschrieben wird, und stattdessen den Tee milder aufgießen.

Die Treckpott-Methode

In Ostfriesland, Holland und England wird auf dem Lande diese Methode immer noch angewandt. Sinnvoll ist sie heute nicht mehr, da sie den Tee kritisch betrachtet zum Färbungsmittel degradiert. Beschrieben wird sie ebenfalls in Kapitel 12.

Die Teemaschine

Teemaschinen sparen nicht viel Zeit. Schließlich ist eine aufwändigere Reinigung vonnöten. Mit der Zweikannen-Methode bin ich genau so schnell. Aber bitte, wer aufs Knöpfchen drücken will, der darf.

Die Teeuhr

Wie oft ist auch mir schon ein Teeabguss danebengegangen, weil ich die Ziehzeit nicht beachtet habe. Verwenden Sie eine Kurzzeit-Teeuhr. Mit laut vernehmbarem Piepton erinnert sie daran, dass die Teeblätter aus dem Bade müssen.

Merke: *Gibt man sich nicht diese Mühe, wird's am End nur braune Brühe …*

Hartes oder weiches Wasser

Von Wasch- und Spülmaschinen ist uns bekannt, dass hartes Wasser Ablagerungen hinterlässt, die für vorschnellen Materialverschleiß verantwortlich sind. Heizstäbe müssen erneuert werden wegen »Kalkfraß«. Entsprechend setzen wir enthärtende Mittel dem Waschgang zu und erfreuen uns auch an fleckenfreien Gläsern.

Gute aromatische Teelösung, insbesondere bei Grüntee, kommt nur in weicherem kalk- und chlorarmem Wasser zustande. Kräftiger lösende Schwarztees hingegen vertragen oft auch härteres Wasser von bis 10 dh (Deutsche Härtegrade). Hartes und chlorhaltiges Wasser kann wie folgt teefreundlich gemacht werden:

Enthärtung und Entchlorung von Teewasser

- Teewasser für erhöhte Entkarbonisierung (Kesselsteinablagerung) möglichst in einem Edelstahl- oder Kupferkessel einmal kräftig aufwallen lassen. Chlorgehalt entweicht bei längerem Aufkochen mit geöffnetem Deckel.
- Gießen Sie sodann schockartig eine große Tasse kaltes Wasser ins kochende.

- Kochen Sie nochmals kurz auf.
- Im Teekessel zusätzlich einige helle Marmorbruchstücke beim Aufkochen »mitklingeln« lassen. Das fördert die Kesselsteinablagerung und somit die Enthärtung des Teewassers.
- Teekessel an den Seiten nicht völlig entkalken. Wo schon Ablagerung ist, lagert sich neu an.

Sinnvolle Alternativen

- Entkalkungsfilter wie z. B. Britta, Wasserboy o. ä. (im Handel ab ca. 15 Euro erhältlich) entkarbonisieren und filtern störende Stoffe aus. Filterkartusche bitte nach Herstellerangabe kontinuierlich auswechseln.
- In das Gesamtleitungssystem oder direkt unter der Spüle für Trinkwasserentnahme installierte Wasserfilter (Aktivkohlefilter/Sanitärhandel) entkarbonisieren, entchloren, entgiften und filtern wasserhärtende Karbonate heraus. Kosten ab ca. 250 Euro. In Abständen von 1-2 Jahren erfolgt Installation einer neuen Kartusche (ca. 50 Euro).
- Wasserbelebungsgerät nach dem System Plocher. Minutenschnell an die Wasserleitung geschraubt, verändert es die Chlusterstruktur von Wasser im Sinne einer Belebung. Einmalige Kosten hierfür zwischen 150-300 Euro je nach Bedarf.
- Anschaffung eines Membranfilters zur Herstellung von destilliertem, völlig entmineralisiertem, absolut reinem Wasser. Mit Kosten ab 800 Euro stellt er die teuerste, aber auch sicherste Möglichkeit der Wasserverbesserung dar. Membranfilter spülen sich durch Wasser selber frei. Nach ein bis zwei Jahren wird eine neue Membran eingesetzt.

Vor Entscheid und Anschaffung eines geeigneten Wasserbehandlungs-Systems vermittelt Ihnen der Verfasser gern weitere, unabhängige Informationen unter Telefon (04651) 299 811 oder unter (0162) 468 67 23.

Planung der täglichen Trinkmenge

Grundsätzliches

Der menschliche Körper ist in der Lage, stündlich 0,25 l Wasser aufzunehmen und auszuscheiden. Planen Sie eine ausreichende Flüssigkeitsaufnahme zu festen Zeiten in den Tagesablauf ein. Beziehen Sie die Familie oder Arbeitskollegen mit ein, erinnern und ermutigen Sie sich gegenseitig.

Zwei Drittel unseres Körpergewichts sollen binnen zwanzig Tagen in Form von Wasser Erneuerung finden. Das macht bei 70 kg Körpergewicht täglich über 2,3 Liter basische Flüssigkeitsaufnahme aus. Und die will bis zum Abend geschafft sein. So etwa könnte sich die tägliche Flüssigkeitsaufnahme qualitativ zusammensetzen:

Klares, stilles Wasser über Tag		1,0 Liter
Obst- und Gemüsesaft (verdünnt) über Tag	+	0,4 Liter
Grüner Tee vormittags (mild gebrüht)	+	0,5 Liter
Schwarzer Tee nachmittags (mild gebrüht)	+	0,5 Liter
Kräuter- oder Früchtetee abends	+	0,5 Liter
Tägliche Gesamtmenge	=	**2,9 Liter**

Eine höhere Menge halte ich für sinnvoll, weil Grüner und Schwarzer Tee leicht entwässernd wirken und weil ich dennoch nicht auf deren Vorteile verzichten möchte.

Morgens zum Wachwerden

Ich beginne den Tag gleich nach der Zahnhygiene mit einem großen Glas Wasser. Danach trinke ich zum Frühstück zwei Tassen Grünen Tee. Tee ist mir morgens wichtiger als die Nahrungsaufnahme.

Zwar komme ich nach Tee etwas langsamer in Gang als nach Kaffeegenuss, dafür aber länger anhaltend bei gleichzeitig arterieller und muskulärer Entspannung.

Als Teetrinker schwitze ich im Sommer kaum, im Winter bleiben mir aufgrund der Gefäßentspannung die Hände und Füße angenehm durchwärmt. Ein wichtiger Wohlfühl- und Fitnessfaktor, im Sommer wie im Winter.

Vormittags

Vormittags trinke ich zwei Becher Grünen Tee. Das hält die Leistungskurve oben. Da mild gebrühter Tee auch keine erhöhte Adrenalinausschüttung provoziert, reagiert der Teetrinker viel ruhiger und gelassener auf die Unbilden des Alltags. Wer sich während der Arbeitszeit keinen Tee bereiten kann, nimmt ihn sich in der Thermokanne mit.

Zwischendurch, z. B. beim Händewaschen, trinke ich Wasser.

Teegenuss fördert das Betriebsklima, denn er steht für erhöhtes Konzentrationsvermögen, für gepflegten zwischenmenschlichen Umgang, eine entspanntere Arbeitsatmosphäre und für sinkende Erkrankungsraten. Dies haben fortschrittliche Unternehmer längst erkannt und fördern Teetrinken am Arbeitsplatz entsprechend.

Mittags Da mir ein kurzer Schlaf mittags nicht möglich ist, hilft ein Tässchen mild gebrühter Grüner oder Schwarzer Tee, den Konzentrationspegel oben zu halten. Ein paar Gläser Mineral- oder stilles Wasser oder mit Wasser verdünnter Obst- oder Gemüsesaft gewährleisten den Nachschub in der Zellbewässerung. So trocknen insbesondere die Haut und die Hirnzellen nicht ein.

Am Nachmittag

Willkommene Zeit, ein schönes Tässchen Schwarzen Tee (Darjeeling u. dgl.) zu genießen. Gelegentlich auch mit einem dicken Zuckerkluntje genussvoll bereichert. Wer Sahne- oder Milch liebt, der sollte seinen Tee darüber gießen und nicht umgekehrt. So bleiben mehr Teewirkungen erhalten.

Zur Abendzeit

Eine Tasse mild gebrühter Grüntee lässt Geist und Körper für partnerschaftliche Kommunikation, ein gutes Buch, den Konzertbesuch und anderes mehr aufleben. Ansonsten ist es jetzt an der Zeit für duftig-entspannende Kräuter- oder Früchteteegenüsse.

Zur Nachtzeit

Stellen Sie vor dem Schlafengehen etwas Kräutertee oder stilles Wasser auf den Nachttisch. Oft ist die Luft zu trocken und die Schleimhäute trocknen aus. Etwas Bewässerung ist sehr hilfreich. Selbst wenn nächtlicher Harndrang die Ruhezeit kurz unterbricht.

Fazit: Teilen Sie sich die tägliche Flüssigkeitsmenge unter Berücksichtigung von Teegetränken vernünftig und Ihrem Geschmack entsprechend ein. Coffein enthaltender echter Tee darf im Verhältnis zu Kräuter- und Früchtetee sowie zu stillem Wasser aus meiner Sicht gut und gern ¼ der Gesamtmenge betragen. Um erhöhter Entwässerung durch echten Tee vorzubeugen, sollte dieser mit nur 6 Gramm pro Liter recht mild gebrüht werden. Im Gegensatz zu manch anderem Getränk enthält echter Tee Minerale wie Zink, Mangan, Selen, Molybdän und Magnesium. Minerale, an welchen es in vielen anderen Lebensmitteln heute oft mangelt.

Tee auf Eis – Tee heiß

Teekonsum eignet sich grundsätzlich für jede Jahreszeit!

Während wir Menschen im Westen Teegenuss gern mit der kalten Jahreszeit assoziieren, trinken die Völker der heißesten Länder der Erde ganzjährig Tee. In südost-asiatischen Ländern ist Tee seit Jahrhunderten ein wichtiges Remedium für Körper, Seele und Geist. Seine wohltuenden Eigenschaften werden nun auch bei uns zunehmend erkannt und geschätzt.

Coffeinaufnahme aus Grünem, Oolong und Schwarzem Tee bewirkt zur warmen Jahreszeit eine Entspannung besonders der peripheren Blutgefäße. Dies begünstigt die Fließgeschwindigkeit des Blutes und die Ableitung kreislaufbelastender Überschusswärme über die Hautoberfläche. Teetrinker erleiden dabei keine Mineralstoffverluste.

Völlig unabhängig von der Jahreszeit gibt es in der Getränkewahl neben hinreichender Aufnahme reinen Wassers nach meiner Überzeugung nichts Vernünftigeres als Teekonsum. In diesem Sinne kommt Grüntee gegenüber Schwarztee aufgrund der natürlich verbliebenen Wirkstoffverkettung grundsätzlich höhere Bedeutung zu.

Eistee selbst bereiten

Bereiten Sie sich Eistee selbst, statt ihn zucker- u. chemiebeladen als Fertigprodukt zu kaufen. Ihren Lieblingstee müssen Sie nur stärker aufbrühen und nach Beendigung der Ziehzeit sofort abkühlen. Wichtig für den Erhalt guten Geschmacks ist bei Grün- und Schwarztee, dass diese Abkühlung möglichst blitzartig durch Abgießen auf viel Eis erfolgt. So bleibt das Teegetränk klar und wird nicht bitter. Früchtetee darf gern auch langsam abkühlen.

Auch im Mix mit Fruchtsäften und Früchten lässt sich Grüner und Schwarzer Tee, je nach Jahreszeit heiß oder auf Eis, lecker variieren. Zu besonderem Anlass fügen wir auch mal einen Schuss Rum oder etwas Rotwein hinzu.

Rund um das Jahr ist Teezeit und nicht erst, wenn Oktoberwolken Himmel und Seele verdüstern oder wenn im Winter Eiskristalle die Scheiben zieren.

Ist Tee für Kinder geeignet?

Landläufig herrscht die Meinung vor, dass der Konsum echten Tees, vergleichbar zu Kaffee, ausschließlich Erwachsenen vorbehalten sei.

In Fernost trinken die meisten Kinder Tee. Also gab ich meinen schon ab Kleinstkindalter vormittags stets einen Esslöffel Grüntee mit ins Fläschchen. Später tranken sie stolz ein paar Schluck aus Papas Tasse und im Kindergartenalter wurde ihnen Grüner Tee unter Früchtetee gemischt. Täglich nur eine Tasse, manchmal auch zwei.

Zur Verringerung des Coffeingehalts kann Grüntee vor dem Aufgießen kurz siedend abgeduscht werden. Und natürlich sollte er zur Nutzung aller seiner Vorteile möglichst ungesüßt gereicht werden. Ich gieße Grüntee auch stets siedend auf, weil mir insbesondere auch an optimaler Katechinlösung liegt, welche 100 °C benötigt. Die Ziehzeit beträgt 3 - 4 Minuten.

Tee für Kinder sei gesund, so trichtert es die Werbung den Müttern ständig ein und bietet auch gleich die rechten Tee-Fertigprodukte an. Seither nuckelten die Kleinen, von fürsorglichen Müttern mit zuckerhaltigen Kinderteemischungen statt mit selbst angesetzten Apfel- und Fencheltees versorgt, am süßen Teefläschchen ganztags herum. Bis mit einem Aufschrei bekannt wurde, dass das permanent süße Nuckeln die Kinderzähnchen in faulende Stummel verwandelte. Die bösen Kinder-Süßteehersteller und die armen, völlig unwissenden Mütter, die von der schädlichen Zuckerwirkung vorher noch nie gehört hatten. Auf jeden Fall waren ihre Kinder, solange sie nuckelten, ruhiggestellt. Eine folgenschwere »süße Zuwendung«, wie sich später zeigte.

Der kindliche Stoffwechsel wie auch das Nervensystem sprechen bereits auf geringste Dosierungen an. Darum rate ich, Kindern nur mild dosierten Grünen Tee zu verabreichen, aber keinen Schwarztee. Früchte- und Kräutermischungen hingegen, soviel sie trinken mögen.

Eine japanische Studie, in der Schulkinder per Schulspeisung täglich eine Tasse Grüntee erhielten, hat gezeigt, dass deren Zahngesundheit über 50 % höher lag als die der Vergleichsgruppen ohne Grünteekonsum. Ein Erfolg, der zum einen auf den hohen Fluoridgehalt in Tee, zugleich aber auch auf die viren- und keimtötende Wirkung besonders der Grüntee-Gerbstoffe zurückzuführen ist.

Insgesamt betrachtet halte ich eine dem kindlichen Organismus angepasste Menge Grüntee für vorteilhaft. Kinder hegen zumeist von Grüntee abweichende geschmackliche Vorlieben und es bedarf einiger

Geduld, sie damit anzufreunden. Wie bereits erwähnt, habe ich meinen Kindern Grünen Tee einfach unter Früchte- und Kräutertee gemischt, sodass sie ihn unbemerkt tranken. Und später dann, mit den größeren Kindern im Wohnmobil auf Nordlandreisen, wurde die gemeinsame tägliche *Teatime* für mich und meine Jungs zur Selbstverständlichkeit. Wenn aber Muttern und Verwandte ständig mit einem großen Angebot an Süßigkeiten, Cola und Ähnlichem gegenhalten, ist mit Grünteekonsum bei Kindern wenig auszurichten.

Teegenuss in der Schwangerschaft und Stillzeit

Für eine vollwertige Ernährung mit ausreichender Flüssigkeitsaufnahme während der Schwangerschaft und der Stillzeit ist auch Grüntee neben viel Kräutertee, Früchtetee und stillem Wasser geeignet. Er enthält viele Minerale, die das gesunde Wachstum des Fötus im Mutterleib fördern.

Die tägliche Coffeinaufnahme sollte sich jedoch je nach Körpergewicht der Mutter auf 1-2 Tassen Grüntee pro Tag beschränken. Schwarztee ist in der Schwangerschaft zu meiden, weil dessen Oxidationsprodukte der fötalen Entwicklung schaden und möglicherweise nachgeburtlich neurovegetative Reaktionen hervorrufen können.

Wählen sie zarte, im Frühling gepflückte Grüne Tees wie z. B. Pai Mu Tan (Weißer Tee) und lassen sie diese mit nur 6 g pro Liter vier Minuten ziehen.

Unter den Kräutertees sind in der Schwangerschaft und Stillzeit besonders Fenchel und Kümmel (1:1 gemischt) empfehlenswert. Dieser Tee wirkt beruhigend, blähungslösend und er fördert zudem den Milchfluss.

Achtung: Kein Salbei in der Schwangerschaft und Stillzeit! Salbei lässt die Milchsekretion versiegen.

Wer darf keinen Tee trinken?

An sich ist eine täglich hinreichende Wasseraufnahme, die teilweise auch mit Teegenuss gedeckt wird, für jedermann wichtig. Doch einige Einschränkungen sind zu beachten. Ihr Arzt informiert Sie.

Herz-Kreislaufkranke

Manchen Menschen mit labiler Herz-Kreislaufsituation bereitet eine normale Wasseraufnahme Probleme. Sie müssen zur Vermeidung von Stauungen entwässernde Medikamente einnehmen, deren Nebenwirkungen dem Körper lebenswichtige Mineralstoffe entziehen. Wenn vom Arzt eine begrenzte Wasseraufnahme verordnet wird, so gilt dies auch für jedweden Teegenuss. Empfehlenswert ist aber, in die täglich erlaubte Trinkmenge nach ärztlicher Absprache mild gebrühten Grünen Tee zur natürlichen Elektrolytergänzung einzubeziehen. Grüntee enthält Mineralstoffe, sekundäre Pflanzenstoffe und Phytohormone, die auch der Stabilisierung von Herz- und Kreislauf zugute kommen.

Nierenkranke

Bestimmte Nierenerkrankungen sind mit Störungen im Wasserhaushalt verbunden. Es wird zuviel oder nicht genügend entwässert. Sprechen Sie den im Rahmen der Gesamtflüssigkeitszufuhr möglichen Teekonsum mit Ihrem Arzt ab und trinken Sie neben Kräuter-, Früchte- und Rooibuschtee, wenn erlaubt, den an Vitalstoffen reichen und in seiner Coffeinwirkung milden Grünen Tee.

Dialysepatienten

Im Rahmen der Gesamtwasseraufnahme, die über Dialyse wieder zur Entwässerung ansteht, darf im Regelfall auch mild gebrühter Grüner Tee sowie Kräuter- und Früchtetee konsumiert werden. Grüner Tee ist Schwarzem Tee vorzuziehen. Mir sind viele Dialysepatienten bekannt, die regelmäßig Grünen Tee und auch Schwarztee mild aufgebrüht genießen und damit sehr gut zurecht kommen. Allerdings ist hierüber zuvor mit dem Arzt zu sprechen und die Gesamtmenge aufgenommener Flüssigkeiten ist exakt einzuhalten.

Allergiepatienten

Es gibt Allergiker, die keinen Tee vertragen. Dies hängt mit Reaktionen auf einige Mineralstoffe zusammen. Entsprechende Allergietests geben hierüber Aufschluss. Ich habe dies hauptsächlich bei Schwarzteekonsum erlebt, weniger bei Grüntee. An sich ist eine zusätzliche

Elektrolytversorgung mittels Grün-, Früchte- und Kräutertee gerade für Allergiker wünschenswert. Rooibuschtee ist besonders geeignet, denn er enthält antiallergisch wirkende Substanzen. Allergiker müssen besonders viel trinken. Orthomolekularmediziner vermögen mittels Haaranalyse allergieauslösende Giftbelastungen festzustellen. Sie leiten mit beachtlichen Erfolgen mittels Vitamin C in Verbindung mit Zink und Vitamin B sowie mit entsprechender Ernährungsanpassung und viel Flüssigkeitsaufnahme eine nachhaltig wirksame Entgiftung ein.

Coffeinunverträglichkeit

Manche Menschen reagieren auf Coffein mit Tremor (Muskelzittern), Hautproblemen und innerer Unruhe. Wer derartig betroffen ist, muss jedoch nicht gänzlich auf Tee verzichten. In meiner langjährigen Berufspraxis bin ich einem totalem Teeverbot nur sehr selten begegnet. Einige Betroffene kommen gut damit zurecht, Teeblätter vor dem eigentlichen Aufguss mit kochendem Wasser kurz abzuduschen. So wird wasserlösliches Coffein abgespült und der Tee wird verträglicher. Probieren Sie dies vor dem gänzlichen Verzicht aus und sprechen Sie mit Ihrem Arzt hierüber. Auch wird mir immer wieder berichtet, dass Grüner Tee in solchem Falle besser verträglich ist als Schwarzer Tee, dessen Coffein aufgrund oxidativer Veränderung stärker wirkt. Kräuter-, Rooibusch- und Früchtetee hingegen sind coffeinfrei.

Sonstige Tee-Unverträglichkeit

Magen-Darmkranke sind gelegentlich davon betroffen. Manchmal reagieren Frauen nach dem Genuss von Grünem Tee mit einem Gefühl von Übelkeit. Dies hängt meistens mit zu hoher Dosierung und zu langer Ziehzeit zusammen, sodass sich neben dem leicht löslichen Coffein (3 Minuten Ziehzeit) Theobromin und Theophyllin (3-5 Minuten) und darüber hinaus noch Tannine (über 5 Minuten) und weitere geschmacksgebende Stoffe in starker Lösung befinden, die Probleme bereitet. Hier helfen oftmals verträglichere Teesorten und geringere Aufbrühstärke. Manchmal hilft auch, Grüntee etwas Kräutertee verdünnend und geschmacksverändernd hinzuzumixen. In einigen Fällen wird berichtet, dass schon die erhöhte tägliche Wasseraufnahme Übelkeit hervorrufe. Bei solcherart Problemen kann ich nur zu langsamer Eingewöhnung raten. Möglicherweise bestehen bei erhöhter Wasseraufnahme und dem nachfolgenden Harndrang auch psychogene Zusammenhänge, die abzuklären sind.

Zucker, Sahne, Zitrone, Alkohol in Tee?

Grundsätzlich rate ich dazu, Tee pur zu trinken. Es ist noch nicht hinreichend erforscht, was alles an positiven Wirkungen durch Zusätze beseitigt oder beeinträchtigt wird. Dennoch möchte ich keinem strengen Purismus das Wort reden. Zu gelegentlichen, besonderen Anlässen dürfen gern mal gesundheitliche Vorsätze außer Acht bleiben, darf zur rechten Zeit einfach auch mal genussvoll gesündigt werden.

Zucker zum Tee

Mit dem leisem Klingeln des Kandis beim Darübergießen des Tees wird für einen Friesen die Teestunde eingeläutet. Weißer Kandis für Tee, der hell bleiben und dessen Geschmack nicht verändert werden soll. Brauner Kandis für alle dunkel abgießenden Teesorten, die zusätzlich etwas karamellisierenden Geschmack und noch dunklere Färbung gut vertragen können. Je dicker das Kandisstück, umso langsamer seine Auflösung – eine stilvolle Möglichkeit, sich langsam aus dem Herben in die Süße darunter vorzutrinken und Tee neu nachzugießen.

Ein Zuckerstück zum Tee, das bedeutete den Teetrinkern in der Zeit großer Armut und der Hungersnöte etwas Besonderes. Der Zuckertopf stand nicht täglich auf dem Tisch. Heute können wir uns diese süße Freude jederzeit leisten und tun es mit jährlich über 30 Kilo Pro-Kopf-Verbrauch. Viele Teetrinker mögen ihren Tee nicht mehr ungesüßt trinken. Und das, obwohl hinreichend bekannt ist, dass Zucker im Leberstoffwechsel mehr Vitamine und Minerale aufzehrt, als uns ein Teegetränk zuführt. So kommt es zu bedenklichem Mangel an Vitamin B und Mineralstoffen mit entsprechenden Ausfallerscheinungen. »Übersäuerung«, die Zucker und übrigens auch Alkohol bewirkt, und einhergehender Zahnverfall begünstigen mit zunehmendem Alter auftretende Krankheiten und beeinträchtigen die Lebensqualität. Weniger ist mehr – ich trinke darum lieber ungesüßt.

Ersatz für Zucker – Honig statt Zucker?

Es gibt keinen gesunden Zucker. Auch brauner Farinzucker (unraffinierter brauner Rübenzucker), Rohr- (aus Zuckerrohr), Frucht-, Traubenzucker oder gar Honig sind kein gesünderer Ersatz. Ernährungsexperten raten, die empfohlene tägliche Menge Tee gänzlich unverfälscht zu trinken und Zuckerbeigabe nur besonderen Anlässen vorbehalten bleiben zu lassen. Nach wenigen Tagen bewusst ungesüßten Teetrinkens setzt Entwöhnung ein, lässt das suchtartige Verlangen nach Süßem nach. Und erst dann beginnt der Teetrinker mehr von der wirklichen Geschmacksqualität wahrzunehmen. Grüntee Zucker zuzusetzen, ist unter Teekennern nicht üblich.

Kleine Zuckerkunde

Weißer Zucker:	Raffinade aus der Zuckerrübe mit intensivster Süßkraft und schnellstem Lösungsvermögen, Teegeschmack verdeckend.

Kluntinchen weiß: Zuckerrüben-Raffinat in ca. 2-3 mm Stückelung.

Süßungsverhalten: Mit schneller Lösungsgeschwindigkeit, neutral ohne Geschmacksveränderung süßend. Hinterlässt keine Dunkelfärbung in Tee.

Eignung: Für hell abgießende Teesorten, die gleichmäßig süß getrunken werden sollen.

Kandis weiß: Zuckerrüben-Raffinat in länglicher 1-1,5 cm Stückelung.

Süßungsverhalten: Verzögerte Lösungsgeschwindigkeit, neutrale Süßkraft, individuellen Teegeschmack weder farblich noch geschmacklich verändernd.

Eignung: Für hell abgießende Teesorten. Der auf dem Tassenboden sich auflösende Kandis ermöglicht oben puren, unten süßen Teegenuss.

Kandiskluntje weiß: Zuckerrüben-Raffinat in 2-3 cm Achteckstücken.

Süßungsverhalten: Verlangsamte Lösungsgeschwindigkeit, neutrale Süßkraft, individuellen Teegeschmack weder farblich noch geschmacklich beeinträchtigend.

Eignung: Für hell abgießende Teesorten. Der auf dem Tassenboden sich nur langsam auflösende Kandis ermöglicht oben puren, unten süßen Teegenuss sowie Nachgießen von Tee.

Fadenkandis weiß: Zuckerrüben-Raffinat, am Faden grob kristallisiert.

Süßungsverhalten: Verlangsamte Lösungsgeschwindigkeit je nach Größe des abgekniffenen Zuckerstücks mit neutraler Süßkraft, Tee weder farblich, noch geschmacklich verändernd.

Eignung: Für die friesische Teestunde nach guter alter Art.

Zubehör: Für maßgerechte Stückelung ist ein "Kluntjeknieper" erforderlich.

Kandissticks weiß: Raffinadezucker, am Holzstöckchen kristallisiert.

Süßungsverhalten: schnelle Lösungsgeschwindigkeit bei neutraler Süßkraft, Tee weder farblich, noch geschmacklich verändernd.

Eignung: Eher für Kaltgetränke geeignet, da der Kandis in heißem Tee sofort zerspringt und ein nacktes Holzstäbchen zurücklässt.

Kandis-Farinzucker: Gereinigter, durch Melasseanteile dunkelbrauner Rübenzucker stark karamellisierten Geschmacks.

Süßungsverhalten: Kandisfarin löst sich schnell auf, bindet bei Lagerung viel Luftfeuchte und wird schnell hart oder klebrig.

Eignung: Für Teetrinker kaum akzeptabel.

| Roh-Rohrzucker: | Teilraffinierter, hellbrauner Zuckerrohr-Zucker. |
| | |

Roh-Rohrzucker:

Teilraffinierter, hellbrauner Zuckerrohr-Zucker.

Süßungsverhalten: Färbt Tee leicht dunkel, karamellisierend süßend, schnelles Auflösungsvermögen.

Eignung: Geeignet für alle Früchtetees und viele aromatisierte Schwarztees, die gleichmäßig süß gewünscht sind.

Kluntinchen braun:

Mit Malzextrakt dunkel gefärbtes Rübenzucker-Raffinat in 2-3 mm Stückelung. Süßungsverhalten: Färbt den Tee kräftig dunkel mit karamellisierendem Geschmack. Schnelles Auflösungsvermögen.

Eignung: Besonders für gleichmäßig gesüßte Früchtetees und viele aromatisierte Schwarztees geeignet.

Kandis braun:

Mit Malzextrakt dunkel gefärbtes Rübenzucker-Raffinat in länglicher 1-1,5 cm Stückelung. Färbt den Tee kräftig dunkel mit karamellisierendem Geschmack. Langsamere Auflösung.

Eignung: Ein Stück Kandis in die Tasse gelegt, Tee darüber gegeben und bei langsamer Auflösung von oben (herb) nach unten ins Süße vorgetrunken, erlebt der Teegenießer das volle Geschmacksspektrum, besonders bei dunkel abgießenden Schwarzen Friesenteesorten.

Krustenkandis braun:

Mit Malzextrakt dunkel gefärbtes Rübenzucker-Raffinat zwischen 1-2,5 cm ungleicher Größe.

Süßungsverhalten: Färbt den Tee kräftig dunkel mit karamellisierendem Geschmack. Langsamere Auflösung.

Eignung: wie Kandis braun

Fadenkandis braun:

Zuckerrüben-Raffinat, mit Karamellextrakt schwarz-braun gefärbt und nach alter Art am Faden grob kristallisiert.

Süßungsverhalten: Färbt den Tee kräftig dunkel mit karamellisierendem Geschmack. Langsamere Auflösung.

Eignung: In die Tasse bruchstückweise gelegt und Tee darüber gegeben, ermöglicht Fadenkandis dem Genießer durch seine verzögerte Auflösung ein breiteres Spektrum geschmacklicher Wahrnehmung besonders bei dunkel abgießenden Schwarzen Friesenteesorten.

Kandissticks braun:

Zuckerrüben-Raffinat, mit Karamellextrakt schwarz-braun gefärbt, am Holzstöckchen kristallisiert.

Eigenschaften: siehe Kandissticks weiß.

Sahne zum Tee

Die Friesen haben es einst den Chinesen abgeschaut. Die schwenkten ihre Porzellantassen mit etwas Milch aus, gossen sie wieder aus und füllten dann erst gebrühten Tee ein. So vermieden sie eine unschöne Dunkelfärbung weißer Porzellanglasuren.

Milch oder Sahne dem Teegetränk zuzufügen, geschah in Europa ursprünglich, um das stundenlang mit hohen Gerbstoffanteilen bitter ausgezogene Teegetränk geschmacklich abzumildern. Das Eiweiß der Milch zersetzt sich und die Teegerbstoffe verlieren an viren- und keimtötender Wirkung, wenn Milch oder Sahne in den heißen Tee gegeben werden. Besser ist es, heißen Tee auf kalte Milch zu gießen, dann geht weniger Gerbstoffwirkung verloren.

Ich trinke meinen Tee meistens ohne, doch gelegentlich auch mal mit Sahne. Milch nehme ich besonders dann, wenn mir ein vorgesetzter Tee ungenießbar stark erscheint und ich diesen aus Höflichkeit nicht zurückweisen möchte. Grüntee setzen Teekenner niemals Milch, Sahne oder gar Zucker zu.

Zitrone zum Tee

Zitrone vermindert besonders bei Polyphenole enthaltenden Schwarzen Tees ein unangenehmes Nachbittern. Kupfernrötliche Ceylontees z. B. bleiben mit einem Spritzer frischer Zitrone farblich klar. Zitrone hindert die während der Fermentation entstandenen Polyphenole, geschmacklich störende oxidative Verbindungen einzugehen und manch herbe Schwarzteesorte wird mit etwas Zitrone für empfindlich Reagierende verträglicher. Mit Zitrone vermindert sich aber auch die viren- und keimtötende Gerbstoffwirkung. Ich halte es für besser, Tee von Anbeginn milder und vor allem frisch aufzubrühen, sodass er keiner geschmacklichen Aufwertung bedarf.

Alkohol zum Tee

In dem Brauch, möglichst vielen Teegetränken Alkohol zuzufügen, zeigt sich die Dekadenz des Westens. Dennoch denke ich: gelegentlich ja, regelmäßig nein. Über den Sinn und Zweck von Alkohol, der in unserer Gesellschaft verheerende soziale und wirtschaftliche Schäden hinterlässt, muss heute nicht mehr diskutiert werden. Es gibt Menschen, die können mit Alkohol umgehen. Ein bedenklich großer Bevölkerungsanteil glaubt jedoch, Herr des eigenen Konsums zu sein, ist es aber nicht und will sich dies nicht eingestehen.

Auch ich gebe gelegentlich mal abends in guter Gesellschaft einen Rum oder Köm zum Tee. Doch stehen die Flaschen bei mir meist lange im Regal.

Alkohol löst übrigens alles …
Farben, Lacke, Flecken, Vermögenswerte oder Ehen.
Nur Eines nicht: … Probleme!

Süßen mit Süßstoff

Teetrinker schätzen den unveränderten Geschmack bei Tee. Doch – auch ich muss es eingestehen – gelegentlich mag ich etwas Zucker oder Süßstoff in einer kräftigen Tasse Tee. So liegt es figurbewussten Menschen nahe, statt zur Kalorienbombe Zucker lieber zu Süßstoff, der bequem aus dem Döschen geschnippt wird, zu greifen. Und damit kommt ein weiteres Quäntchen Chemie hinzu und verstärkt möglicherweise den Giftcocktail, der ohnehin auf den Stoffwechsel lebenslang einwirkt.

Mitteilungen des *Süßstoffverbandes e.V.* zufolge, ein Zusammenschluss der Süßstoffindustrie, hätten sich die Zuckeraustauschstoffe wie kaum andere Lebensmittelzusätze wissenschaftlich als sicher und verträglich erwiesen.

Süßer Geschmack befriedige ein den Menschen angeborenes (?) Bedürfnis nach Süßem, insbesondere auch das der Diabetiker, von Patienten mit Stoffwechselproblemen, von Übergewichtigen und Karieskranken. Süßstoffe eröffneten ein Stück wichtige Lebensqualität (?) und die Möglichkeit, schlank zu werden und zu bleiben.

Die handelsüblichen Süßstoffe seien heute derart verfeinert, dass bei Einhaltung exakter Dosierung praktisch kein Geschmacksunterschied zu normalem Zucker bestünde. Ihr Zusatz zu Tee und anderen Getränken ließe Inhaltstoffe wie Vitamine und Mineralstoffe unangetastet. Es würde bei Süßstoffanwendung lediglich der Energiegehalt von Nahrungsmitteln herabgesetzt.

Dem halten Kritiker entgegen, dass bei vermindertem Energiegehalt größere Mengen an Nahrung aufgenommen würden. Die gesparten Kalorien würden anderweitig verstärkt hinzugefuttert. Der Süßstoffverband kommentiert hierzu wie folgt:

»Süßstoffe sind keinesfalls physiologische Stimulanzien für Appetit und Hunger. Allenfalls kann die geringere Energiemenge, die mit Süßstoff zubereitete Speisen und Getränke liefern, für eine schneller einsetzende Lust auf weitere Nahrung verantwortlich gemacht werden.«

Gesetzlich zugelassene Süßstoffe sind:

- · Acesulfam
- · Cyclamat
- · Saccharin
- · Neohesperidin DC
- · Thaumatin
- · Aspartam

Unter Verbrauchern werden diese absolut kalorienfreien Süßstoffe oft mit Zuckeraustauschstoffen verwechselt.

	Zucker	Süßstoffe	Zuckeralkohole	Fruchtzucker
Energiezufuhr	4 Kalorien pro Gramm	praktisch keine Kalorien	2,4 Kalorien pro Gramm	4 Kalorien pro Gramm
Süßkraft-Faktor	1	30 - 3.000	0,5	1,2
Einfluß auf den Insulinspiegel	stark	kein Einfluß	gering	gering
Einfluß auf das Verdauungssystem	neutral	kein Einfluß	können abführend wirken	neutral
Einfluß auf die Zahngesundheit	kann Karies fördern	kein Einfluß	kein Einfluß	kann Karies fördern

8.5   Kalorien und Süßkraft-Faktoren. Quelle: Süßstoffverband e. V.

Zuckeraustauschstoffe hingegen sind:

- **Sorbit**
- **Xylit**
- **Isomalt**
- **Mannit**
- **Fructose**

Die Zuckeraustauschstoffe sind – anders als Süßstoffe – mit 2,4 Kalorien/g Energielieferanten, gegenüber Zucker (Saccharose) aber kalorisch um 50 % vermindert und übrigens auch nur halb so süß. Fructose besitzt denselben Wert wie Zucker (4 Kalorien/g).

Süßstoffe beeinflussen im Gegensatz zu Zuckeraustauschstoffen den Insulin- und Blutzuckerspiegel im menschlichen Organismus nicht. Sie eignen sich für Diabetiker, während Zuckeraustauschstoffe bei reichlichem Verzehr für diesen Personenkreis auch aufgrund ihrer Insulinabhängigkeit ungeeignet sind.

Zur Verbrauchersicherheit der Süßstoffe gibt der Süßstoffverband, wie sollte er auch anders, natürlich Entwarnung. Die Höchstmengen seien heute so berechnet, dass Konsumenten theoretisch an einem Tag alle Lebensmittel, in denen ein bestimmter Süßstoff enthalten sei, in üblichen Konsummengen verzehren könnten. Darum haben sich Süßstoffe heute neben Diabetikern eine breite neue Käuferschicht erschlossen: die der Fitness- und Figurbewussten, die eine Alternative zum Zucker suchen. Süßstoffe verhalten sich stoffwechselneutral, sie enthalten keine oder praktisch keine Kalorien und sie sind kariesneutral. Sie würden Lebensmitteln einen gezielt kontrollierbaren guten Geschmack (?) verleihen. Da könne der Verbraucher heute, laut Süßstoffverband sicher (?) sein. Auch bestünde per gesetzlicher Zulassung für jeden Süßstoff eine festgeschriebene Höchstmenge (?).

Art	Ein-heit	1998	1999	2000	1998 : 1999	in %	1999 : 2000	in %
Streusüße	DM	12.877.000	13.789.000	10.809.000	+ 912.000	+ 7,1	- 2.980.000	- 21,6
Flüssigsüße	DM	27.288.000	26.715.000	25.811.000	- 573.000	- 2,1	- 904.000	- 3,4
Tabletten	DM	85.627.000	81.014.000	83.522.000	- 4.613.000	- 5,4	+ 2.508.000	+ 3,1
GESAMT	DM	125.793.998	121.519.999	109.333.000	- 4.273.999	- 3,4	- 12.186.999	- 10,0

8.6   Umsatzstatistik Süßstoffe. Quelle: Süßstoffverband e. V.

Belassen wir es, liebe Leser, bei den eingefügten Fragezeichen. Ich möchte darüber nicht zum »Gesundheitsapostel« werden, der künftig im Lendenschurz und mit ungesüßtem Tee reine »Natur« anpreist. Doch wenn ich die aktuellen Umsatzzahlen der Süßstoffindustrie betrachte, halte ich Kritik für angebracht. Persönlich trinke ich immer seltener gesüßten Tee. Ich habe nämlich herausgefunden, dass ich bei ständiger Süße, egal welcher, in der Wahrnehmung wirklicher Genüsse immer geschmacksblinder wurde. »Weniger« bedeutet mir seither in vielerlei Hinsicht mehr. So stellt sich für mich heute die Frage nach Austauschprodukten wie Süßstoff nicht mehr. Mein Körper soll keine Deponie für chemische Einzelstoffe und deren kumulierende Wirkungen sein. Ich übe Verzicht, der für mich eigentlich keiner mehr ist.

Permanentes Süßeverlangen halten Wissenschaftler längst für suchtverdächtig. Und der alternative Griff zu vermeintlich gesünderen Austauschprodukten ist in diesem Sinne nicht die Lösung. Die liegt vielmehr im Erkennen der psychischen Ursachen der »Suche« nach dem Süßen.

Süß ist genau genommen langweilig, da immer gleich. Und dennoch: Engel wollen wir nicht schon auf Erden sein. Gelegentlich süß, aber nicht ständig, damit lässt sich's leben. Und dann darf es auch mal das ungesündeste, dickste Kandisstück sein.

Speziell zu Aspartam ...

Einige zusätzliche Gedanken zu dem Süßstoff Aspartam, der seit geraumer Zeit heftige Kontroversen auslöst. Die Einen werfen Aspartam nicht nur vor, in der Tierhaltung als Mastmittel gebräuchlich zu sein, welches das Sättigungszentrum im Hirn auch beim Menschen außer Funktion setze und das langzeitlich eine Gewichtszunahme beschleunige. Aspartam sei auch mit einer Anzahl sehr ernster Krankheiten in Verbindung zu bringen, doch existieren zu solchen Vorwürfen soweit ich feststellen konnte noch keine endgültig medizinisch schlüssigen Fakten pro oder contra. Solange diese nicht vorliegen, ist für mich Vorsicht angebracht.

Ich bin kein Freund von Chemie-Zugaben zur Nahrung, besonders dann nicht, wenn mir mögliche Schadwirkungen von Abbauprodukten im menschlichen Stoffwechsel, wie z. B. in der Aspartamfrage, noch nicht wirklich restlos abgeklärt zu sein scheinen. Also sehe ich mir die »E's« in Zutaten-Auflistungen genau an. E950-999 sind Süßungsmitteln vorbehalten, und E951 steht für Aspartam; ich muss es nicht haben, also lasse ich es. Und Ihnen, verehrte Leser, empfehle ich dasselbe wie mir selbst: Recherchieren Sie das Thema (z. B. im Internet), um sich gründlich über den Stand der Diskussion zu informieren.

Stevia rebaudiana – zuckersüßes Kraut

8.7 *Stevia rebaudiana*

Stevia / Süßkraut ist in den USA als kalorienfreier, natürlicher Zuckerersatzstoff im Bereich diätetischer Lebensmittel zugelassen, in der EU wurde eine solche Zulassung verweigert.

Stevia entstammt der wildwachsenden *Stevia rebaudiana*, eine Wiesenpflanze, die heute nicht nur im Wildwuchs auf den Urwaldwiesen in Paraguay und Peru anzutreffen ist. Die Urwaldindianer nutzen das Blatt seit Jahrhunderten auch als süßenden Zusatz zu Speisen und Getränken.

Die Geschichte von Stevia

Bereits im 16. Jahrhundert wurden Steviablätter von spanischen Conquistadoren nach Europa gebracht. Ein Kraut, das um ein Vielfaches süßer als Zucker war.

Ab 1880 bemühte sich *S. Bertoni*, Direktor der landwirtschaftlichen Hochschule in Paraguay, Stevia landwirtschaftlich zu erzeugen.

Bertoni veröffentlichte 1905 eine Stevia-Studie, in der auf die Möglichkeit einer Verwendung als Zuckerersatzstoff hingewiesen wurde. Es kam zu ansteigender Nachfrage. 1908 wurde Stevia erstmals in Plantagen Paraguays angebaut und geerntet. Über ganz Südamerika breitete sich fortan die Kultur von Steviapflanzen aus. Doch mit der Erfindung des Süßstoffes geriet es ab ca. 1924 mehr und mehr aus der wissenschaftlichen Diskussion und behielt nur noch in Südamerika regionale Bedeutung in der Urwaldmedizin.

1970 setzten Japaner die Erforschung von Stevia als natürlichen Zuckerersatzstoff fort, und etwa 1980 erschien Stevia erstmals als natürliches Süßungsmittel in amerikanischen Supermärkten. Doch Amerikas zuständige Behörde, die *Food and Drug Administration* (FDA), stoppte 1991 den freien Verkauf von Stevia als Nahrungsmittel, ließ das Kraut aber gleichzeitig als diätetisches Lebensmittel im freien Handel zu.

Die Blätter enthalten zudem intensiv süß schmeckende, jedoch gänzlich kalorienfreie Stevioside, die keine kariogene Wirkung haben.

Stevia heute

Zur Zeit wird Stevia in Paraguay, Brasilien, Uruguay, in Mittelamerika, Israel, China, Thailand und in den Vereinigten Staaten kommerziell angebaut.

Von Südamerika ausgehend wird heute, auch von Seiten der *UNESCO*, versucht, durch Anbauförderung von Steviagras die für viele Kleinbauern stark rückläufige Tabakerzeugung auszugleichen. Auf den landwirtschaftlichen Einsatz von Chemikalien kann dabei größtenteils verzichtet werden.

Extrakte von Stevia bilden einen beträchtlichen Teil der auf dem amerikanischen, japanischen und koreanischen Markt erhältlichen Süßstoffe. Hier wird Stevia u. a. in Soßen, Essiggurken und Getränken als natürliche Süßhilfe verwendet und hält über 40 % Anteil am Markt für Zuckerersatzstoffe. *Health Food Stores* und Lebensmittelmärkte verkaufen es mit dem Segen der obersten Arzneimittelbehörde als Süßungsmittel. Als ein belgisches Institut zu Beginn des Jahres 2000 einen eigentlich unnötigen Zulassungsantrag stellte, haben EU-Behörden dies zum Anlass genommen, Stevia eine Lebensmittelzulassung zu verweigern.

Es erhebt sich die Frage, warum unter den Augen der amerikanischen Arzneimittelbehörde Stevia zugelassen, bei uns jedoch dem freien Verkauf entzogen ist, obwohl eigentlich eine Zulassung als Lebensmittel gar nicht nötig war, weil Stevia bereits seit Jahren innerhalb Europas gehandelt wurde und somit nicht unter das erst seit 1995 gültige Zulassungsverfahren fällt. Ob da wohl eine Industrie-Lobby am Werk war, die um jeden Preis (!) verhindern wollte, dass Stevia als billige, natürliche, kalorienfreie Süßhilfe zugelassen wurde? Schließlich geht es um sehr viel Geld (siehe Tabelle S. 203).

Steviakraut hatte schon einmal, in den zwanziger Jahren des letzten Jahrhunderts, für Aufsehen in Deutschland gesorgt. Damals brachte die Chemieindustrie das neu erfundene Saccharin auf den Markt. Daraufhin wurde Stevia prompt vom Markt gedrängt und geriet in Vergessenheit.

Die zum Süßen von Tee erforderliche Menge beträgt pro Liter höchstens 1 Gramm. Bei Zucker wären 20 Gramm nötig. Den Steviosiden wird zur Begründung der Nichtzulassung eine mögliche erbgutschädigende Wirkung nachgesagt. Doch die gleichen Untersuchungen sind auch der amerikanischen Zulassungsbehörde bekannt, die bekanntlich strenger als die EU-Behörden urteilt.

Alternative zu Stevia ist der altbekannte Industriezucker. Unterzöge man Zucker einem Mutagenitätstest, dann zeigte dessen Anwen-

8.8   Stevia Blüten

8.9   Stevia Blätter

dung bei Übergebrauch mit Zahnverfall, Leber- u. Bauchspeicheldrüsenschäden, Magen-Darmerkrankungen, Rheuma, Krebsentstehung usw. um ein Vielfaches schwerere Schäden auf, für die ihm sofort jede Zulassung entzogen werden müsste. Hinzu kommen noch schwerwiegende ökologische Schäden durch den großflächigen Zuckerrübenanbau in Monokultur und durch die Zuckerindustrie selbst.

Den Importeuren von Steviablättern und den kleinbäuerlichen südamerikanischen Erzeugern wird eine mehrere hunderttausend Euro teure Studie über Steviakraut zur Erlangung einer EU-Zulassung schwerlich möglich sein. Und so darf innerhalb der EU Steviakraut weiterhin nicht als Lebensmittel oder als Zuckeraustauschstoff angeboten werden. Doch nun gibt es Steviapflanzen für die Fensterbank in Gärtnereien zu kaufen. Auch liefern einige Händler Steviablätter als Zusatz für Blumendünger oder Kompostbeimischung.

Es hat den Anschein, als dürfe am Sockel der Zucker- und Süßstoffindustrie nicht gerüttelt werden.

Toxiditätsstudien zu Stevia

Wiedergegeben aus: *David Richard: »Stevia rebaudiana – das süße Geheimnis der Natur«*:

»*Im Mai 1991 erließ die amerikanische FDA (Food and Drug Administration) ein wichtiges Verwendungsverbot für die Blätter von Stevia Rebaudiana und deren Extrakte, das praktisch zum Erliegen des Verkaufs von Stevia in den Vereinigten Staaten führte. Im September 1995 jedoch revidierte die FDA das Importverbot für Stevia teilweise. In dieser revidierten Fassung heißt es, Steviablätter oder Extrakte aus Steviablättern oder Steviosid sind zum Import dann zugelassen, wenn sie ausdrücklich als diätetischer Ersatzstoff gekennzeichnet oder zur Verwendung als Zutat in einem diätetischen Ersatzstoff bestimmt sind. Das revidierte Verbot schließt insbesondere aus, dass Stevia als Süß- oder Geschmacksstoff eingeführt wird. Wird Stevia jedoch als Nahrungs-*

ergänzungsmittel eingeführt, wird die FDA sie weder einziehen noch beschlagnahmen. Wie auch das ursprüngliche Importverbot bezeichnet das revidierte Importverbot Stevia und seine Extrakte als nicht zugelassene Lebensmittelzusatzstoffe ohne GRAS-Bescheinigung (generally recognized as safe – gilt als generell unbedenklich) für die Vereinigten Staaten. In der revidierten Fassung heißt es, die vorliegenden toxikologischen Informationen über Stevia reichten für den Nachweis ihrer Unbedenklichkeit als Lebensmittelzusatzstoff oder zur Ausstellung einer GRAS-Bescheinigung nicht aus.«

So besehen, erscheint mir das revidierte Importverbot der FDA als ein Kompromiss. Einerseits ist es eine Konzession an die Hersteller naturbelassener Produkte, indem es den Import und Verkauf von Stevia als Nahrungsergänzungsmittel zulässt, andererseits schützt es die verbrieften Interessen der Süßstoffhersteller und der Zuckerlobby, indem Stevia als Süßstoff unzulässig bleibt. Erkennbar haben wissenschaftliche Fakten gegenüber den politisch-wirtschaftlichen Realitäten bei dieser Entscheidung eine eher untergeordnete Rolle gehabt. Das führt uns zur Frage zurück:

Ist Stevia unbedenklich?

Um darauf eine Antwort zu finden, müssen wir uns in die wissenschaftlichen Forschungen zu Stevia seit 1887 und in die Berichte über ihre Verwendung durch die Indianerstämme in Paraguay während der letzten beiden Jahrhunderte wie auch ihren heutigen Einsatz weltweit vertiefen.

Was die traditionelle Verwendung der *Stevia rebaudiana* durch die Guarani-Indianer anbelangt, so gibt es so gut wie keine Dokumente, die etwas darüber aussagen, in welchem Umfang sie als Süßstoff eingesetzt wurde oder ob ihr irgendwelche medizinischen Wirkungen zugeschrieben wurden. Ein Forscher schrieb:

»Oft ist es schwierig oder gar unmöglich, die frühe Verwendung von Pflanzen durch Eingeborene zu dokumentieren, weil sie oft ihr Wissen nicht an Außenstehende weitergaben, öfter aber noch die (eingewanderten) Siedler diese Informationen ignorierten; und wenn solche dann endlich Wertschätzung erfuhren, war die indigene Kultur mitsamt ihrer Ethnobotanik bereits zerstört oder bestenfalls nur noch fragmentarisch vorhanden. Wir sind daher Männern wie Bertoni, Gosling und Dieterich für ihre frühen Berichte über die Verwendung von Stevia als Süßstoff durch die Eingeborenenstämme zu Dank verpflichtet. Auch diese Berichte sagen etwas zur Frage der Unbedenklichkeit von

Nährstoffe gefunden in Stevia

Chrom	Beta-Carotin
Eisen	
Kalium	Niacin
Kobalt	Riboflavin B2
Magnesium	Thiamin B1
Mangan	Vitamin C
Natrium	
Phosphor	Wasser
Selen	Proteine
Zink	Faserstoffe

Stevia, da die primitiven Völker wesentlich mehr im Einklang mit ihrer Umwelt und in Harmonie mit ihrer Nahrung leben als wir, die wir uns zur Feststellung der Unbedenklichkeit und des Nährwerts unserer Lebensmittel auf andere verlassen. Die traditionelle Verwendung von Stevia durch die Guarani-Indianer ist daher ein wichtiges Argument für die Unbedenklichkeit von Stevia.«

Während der vergangenen vierzig Jahre wurden in der ganzen Welt keinerlei Fälle einer Überdosis oder Toxizität (Giftigkeit) von Stevia gemeldet. Selbst die skeptischsten Kritiker von Stevia bestätigen das Ausbleiben derartig negativer Berichte.

In professionell kontrollierten Laborexperimenten, die sich zum einen mit den kurzfristigen Folgen einer Zufuhr sehr großer Mengen Stevia sowie den langfristigen Folgen eher üblicher Mengen von Stevia in der Nahrung befassten, wurde wissenschaftlich belegt, dass Stevia und Stevioside nicht toxisch sind. Die erste dieser Studien wurde 1931 von *Pomeret* und *Lavieille* durchgeführt. Sie kam zu dem Ergebnis, dass Steviosid bei Kaninchen, Meerschweinchen und Hühnern keine toxische Wirkung hat und unverändert wieder ausgeschieden wird.

Modernere Tests zur Unbedenklichkeit von Stevia wurden 1975 von *Haruo Akashi* und seinem Kollegen *Dr. Yoko Yama* durchgeführt und von der *Tama Biochemical Co.* in Japan finanziert. Die Untersuchungen wurden in drei voneinander getrennte Studien aufgeteilt: Auswirkungen auf die Fortpflanzung, kurzfristige Auswirkungen und Langzeitwirkung. Die Fortpflanzungsstudie kam zu dem Ergebnis, dass in der Trächtigkeit von Tieren, denen Stevia verabreicht wurde, keine Anomalien oder statistisch nachweisbare Schäden auftraten. Was die akute Toxizität (kurzfristige Wirkung) anbelangt, stellten sie fest, dass die Unbedenklichkeit der Stevia-Extrakte gegeben sei. In den Ergebnissen zur Langzeit-Toxizität heißt es: *»Im ganzen führte die Zufuhr von 5g/Kg/Tag nicht zu ungünstigen Auswirkungen bei den Versuchstieren.«* Mit anderen Worten, Stevia erwies sich sowohl bei den Kurzzeit- wie auch bei den Langzeit-Toxizitätsstudien als unbedenklich.

Diese Ergebnisse wurden bei einer Reihe weiterer Forschungsstudien in Japan, Korea und in den Vereinigten Staaten bestätigt. Eine koreanische Studie, durchgeführt an der Universität Seoul, kam zu dem Schluss, dass *"bei der Wachstumsrate der Tiergruppen, denen 56 Tage lang große Mengen Steviaextrakt oral zugeführt worden waren, keine Anomalien auftraten ... Aus den Ergebnissen der Experimente ist zu schließen, dass Steviaextrakt wie auch Steviosid bei Albinoratten keine akute oder subakute Toxizität zeigte."*

Eine weitere große japanische Studie von *Yamada* 1984 stütze diese Ergebnisse mit der Schlussfolgerung: *»Als männlichen und weiblichen Ratten über einen Zeitraum von zwei Jahren Steviaextrakt bis zu einer Menge von 1% ihrer Gesamtfuttermenge verabreicht wurde, waren keine signifikanten Veränderungen ihrer Körperkraft, ihres allgemeinen Erscheinungsbildes, ihrer hämatologischen und biochemischen Blutwerte, ihres Organgewichts oder makroskopischer oder mikroskopischer Bilder festzustellen.«*

Ein Forschungsteam der *Universität Illinois* bestätigte in einem zweiwöchigen Experiment, bei welchem Mäusen Dosen von jeweils 2 g/kg zugeführt wurden, die Unbedenklichkeit von über einen kurzen Zeitraum verabreichtem Steviosid sowie der Rebaudioside A-C, des Steviolbiosid und Dulcosid A und weiteren biochemischen Bestandteilen von Stevia. (Meldon 1982).

Es gibt jedoch noch einen weiteren Unbedenklichkeitstest, der zum Ursprung der kontroversen jüngsten Geschichte von Stevia wurde: der Test zur potentiellen Mutagenität der Steviametaboliten. Solche Untersuchungen werden in erster Linie durchgeführt, um festzustellen, ob eine Substanz karzinogen (krebserregend) ist oder nicht. Für gewöhnlich wird dabei lebenden Bakterien, die auch im Verdauungstrakt des Menschen vorkommen, im Verbund mit mehreren aktivierenden Substanzen eine Testsubstanz zugeführt, um festzustellen, ob und wie dieser »Cocktail« das Bakterienwachstum beeinflusst. Abhängig von der Anzahl anomaler oder mutierender Bakterienzellen wird eine Substanz dann als karzinogen (krebserregend) oder mutagen (potentiell Erbgut schädigend) eingestuft. Ein einschlägiger Fall war der synthetische Süßstoff Saccharin, der in einer Studie aus dem Jahre 1977 für mutagen befunden und daraufhin von der FDA zeitweise verboten wurde. Seither sind in den USA besondere Hinweise auf dem Etikett vorgeschrieben, die Verbraucher vor dem möglichen Risiko warnen.

Die erste Untersuchung zur potentiellen Mutagenität von Stevia wurde 1979 im Auftrag der *Stevia Association* (Steviaverband) vom *Japanischen Zentrum für die Sicherheit von Arznei- und Lebensmitteln* durchgeführt:

An vier Bakterienstämmen wurde ein Extrakt aus getrockneten Steviablättern und ein raffiniertes Steviosidpräparat getestet. Der Test zeigte »*keine Induktion einer Mutation bei jeder direkten wie metabolischen Aktivität*«. 1983 wurde eine zweite Studie zur potentiellen Mutagenität von Stevia durchgeführt, diesmal am Zentrum für biologische Sicherheit des *Nationalen Instituts für Hygienische Wissenschaften* in Tokio. Insgesamt wurden 190 synthetische und 52 natürliche Nahrungsmittelzusätze beurteilt, darunter auch ein 85%iger Steviaextrakt. Bei diesem Test wurden sechs Bakterienstämme auf Mutationen untersucht. Bei einer Dosis von 12 mg/ml erwies sich Steviaextrakt als genauso unbedenklich wie Chlorophyll oder Vanilleextrakt.

Die Kontroverse um Stevia begann 1984 mit der Veröffentlichung von Forschungsergebnissen von *John Pezzuto* und Kollegen vom *College of Pharmacy* der Universität von Illinois in Chicago.

Diese Forschungsergebnisse legten Beweise dafür vor, dass sich ein Steviosidmetabolit mit der Bezeichnung Steviol in Verbindung mit zwei Metabolismus aktivierenden Substanzen mutagen verhält. Der Test wurde an einem Salmonellenstamm unter Verwendung des Metaboliten Steviol statt mit Steviosid oder Steviaextrakt durchgeführt. Zwei weitere Schriften desselben Teams, veröffentlicht 1985 und 1986, bauten diesen Standpunkt weiter aus und wiesen nach, dass ein weiterer Steviosidmetabolit, einem bekannten Mutagen nahe verwandt, potentiell ebenfalls mutagen sei. Doch wie aussagekräftig waren diese Untersuchungen? Ein Forschungsteam von der Abteilung für Zellmutationen an der Universität Sussex in Brighton, England, stellte einen Verfahrensfehler in den Studien der Universität von Illinois fest. Der Fehler unterlief bei der Zählung der mutagenen Bakterien vor und nach Anwendung der Testsubstanzen und in der Formel, die zur Berechnung des prozentualen Zuwachses an Mutationen eingesetzt wurde. Diesen Forschern und bereits erwähnten früheren Forschungsarbeiten zufolge könnte man mit der Formel, die in der Studie der Universität von Illinois eingesetzt wurde, genauso gut demonstrieren, »*dass destilliertes Wasser mutagen ist.*« Bei Anwendung der korrekten Formel konnten die britischen Forscher die Mutagenität ausschließen.

Fazit: Es hat sich gezeigt, dass Stevia besonders im Vergleich mit den marktführenden Süßungsmitteln ein völlig unbedenkliches Naturprodukt ist.

Nützliches Zubehör für mehr Teegenuss

Der Teekessel

Ob ein Edelstahlkessel für den Herd oder ein elektrischer Schnell-kocher, worin Teewasser zum Kochen gebracht wird, ist fast egal.

Benutzen Sie bei höheren Wasserhärtegraden einen Teekessel oder Elektrokocher aus Edelstahl. In dem lagert sich mehr Kesselstein an. Hartes Wasser wird somit weicher für eine bestmögliche aromatische Lösung. Teekessel nur auf dem Boden und entlang der Heizspirale entkalken. Der Rest darf drinnen bleiben und fördert eine weitere Entkarbonisierung (Wasserenthärtung) für mehr Teegeschmack.

Teekannen aus Porzellan, Steinzeug, Ton, Eisen

Erlaubt ist, was gefällt. Je schwerer und dickwandiger die Kanne, umso länger bleibt Tee darin warm und umso weniger bittert er erkaltend nach. Steinzeug und Gusseisen halten aufgrund hoher Materialdichte am längsten warm. Gusseisenkannen sollten innen emailliert sein.

Die innere Patina einer Teekanne niemals entfernen. Sie bildet eine zusätzliche Schutzschicht. Kannen innen nur kochend heiß aus-schwenken.

Teekannen aus Glas

In einer guten Glaskanne setzt sich kein Fremdgeruch fest und sie lässt sich leicht reinigen. Mono-Teekannen aus Jenaer Glas mit Edelstahl-Eintauchsieb ermöglichen leichtes Teebrühen. In keiner Teekanne schwimmen Teeblätter so frei und gut durchziehend auf. Der hohe Preis wird durch die Tee-Ersparnis wieder wettgemacht.

Kippkanne Eine Teekanne, in der ein oberes Teefach die Teeblätter aufnimmt. Durch ein Kippen um 90° schwimmen die oben separierten Blätter auf und ziehen durch. Nach Ende der Ziehzeit wird die Kanne wie-der aufgerichtet. Die Blätter fallen trocken und müssen umständlich

8.10
Teetasse aus dem chinesischen Kaiserpalast.
SAMMLUNG G. W. PEITSCHER.

8.11
Schlichte weiße Teetasse und
»Tee-Ei« mit Kettchen.

herausgespült werden. Von der Funktion her ganz sinnvoll, von der
Form her aber nicht gerade Schönheitspreis verdächtig und dabei
noch ziemlich teuer.

Papierfilter möglichst groß wählen, denn Tee dehnt sich bis auf das Zehnfache
aus und soll dann immer noch innerhalb des Filters gut aufschwimmen können. Teekenner schmecken das Filterpapier gelegentlich un-
angenehm durch und umweltbewussten Teegenießern ist das ständige Wegwerfen ein Gräuel. Für gelegentlichen Gebrauch sind Papierfilter akzeptabel. Für einige gibt es Klemmhalter zum Einhängen
des Filters in die Kanne.

Baumwoll-Teenetze

In vier Größen erhältlich gilt für »Teesocken« das Gleiche wie für Papierfilter. Außerdem nimmt Baumwolle bei Wechsel der Teesorte
fremden Duft an. Bei zu langem Gebrauch werden die Netze übelriechend muffig, wahrlich nicht schön für Tee und darum nur Not-
behelf. Wer Baumwollnetze dennoch liebt, bitte oft auswechseln.

Siebeinsätze gibt es für Teekannen und -tassen aus Edelstahl oder Plastikmateria-
lien, teils mit vergoldeter Gitternetzeinlage. Bitte groß genug und aus
nichtrostendem Material wählen. Auch in Siebeinsätzen soll Tee frei
aufschwimmen dürfen. Die meisten Einsätze sind zu eng und reichen
nicht tief genug in die Kanne hinunter, die Teeblätter klumpen und
ziehen nicht gründlich durch.

Siebkugeln mit Kettchen oder Siebkugeln mit Bügelverschluss

Auf hinreichendes Ausdehnungsvolumen ist zu achten. Für kleine
Abgüsse z. B. direkt im Teebecher ganz praktisch.

Edelstahl-Teesiebe am Stil

zum Abgießen des in einem Krug oder in einer Kanne aufgebrühten
Tees in eine zweite Servierkanne; sehr praktisch und umweltschonend.

| **Bast-Siebe** | sind in China gebräuchlich. Angesichts sinnvollerer Gerätschaften eher als Accessoire fürs Teebord geeignet, da sie unhygienisch und geschmacksverfremdend sind. |

Teemaschinen

In neuester Ausführung nicht nur mit Ziehzeitregler, sondern gar mit Temperaturwähler. Sehr praktisch und modern. Der Zeitaufwand zur Bedienung ist ähnlich lang, wie das einfache Zwei- oder Einkannensystem mit großem Sieb.

| **Stövchen** | für die Teekanne. Sehr schön, aber wenn nur noch wenig Tee in der Kanne ist, wird er immer heißer, bittert und dunkelt unangenehm nach. Und zum Schluss platzt gar noch der Scherben, weil die Kanne leer und das Teelicht noch an ist. Die Teekanne darum beizeiten vom Stövchen nehmen. |

| **Samowar** | Ein Heißwassergerät zur Verdünnung obenauf stehenden, vorher zubereiteten Tee-Extraktes. Auf Tropfsicherheit, elektrisches Prüfsiegel und saubere Lötstellen achten. Am besten einen Samowar aus Edelstahl verwenden, der keine giftigen Ablösungen erzeugt. Die Knöpfe eines Samowars können sich durch die Gerätehitze verformen, darum sind Porzellanknöpfe am besten. Beim Samowar zudem auf genügend Wasserfüllstand achten, damit das Gerät nicht trocken fällt und durchbrennt. Alte Messing-Samoware für Holzkohlebefeuerung sollten besser nicht mehr benutzt werden. |

| **Teeuhren** | gibt es heute als Sanduhr, mechanisch klingelnd oder elektronisch piepsend. Ihre Nutzung ist sehr sinnvoll für eine genaue Ziehzeit. |

8.12 Teedosen aus China.

8.13 Teegefäß aus China.
SAMMLUNG G. W. PEITSCHER.

8.14 Moderne Teedose aus China.
Porzellan mit blauem Drachenmotiv. Die Gefäßöffnung wird zusätzlich mit einem Kunststoffdeckel luftdicht verschlossen.
Sammlung G. W. Peitscher.

8.15 Teegefäß aus China.
Weißes Porzellan, rot und gold bemalt.

Thermokannen
sollten die Einfülltemperatur lange bewahren können. Je länger der Tee darin heiß bleibt, umso weniger bittert er nach. Teekannen mit Doppelmantel sind auch geeignet.

Tee-Thermometer
zur Überwachung der Temperatur bei Grüntee. Wenn Ihnen Tee weniger heiß gebrüht milder und angenehmer mundet, ist der Gebrauch eines Thermometers sinnvoll. Manche Teetrinker geben jedoch einfach etwas kaltes Wasser dem siedenden zu und kommen damit nach ein paar Versuchen gut zurecht.

Teedosen
sollten dicht schließen. Es gibt sie in Silber, Messing, Porzellan, Ton, Holz mit Lackinnenhülle, Blech, Glas und Bambus. Feuchte Luft, fremde Düfte und zu viel Wärme mindern die Qualität des Tees schneller. Halbleere Dosen mit einem trockenen Zellstofftuch auffüllen. Je weniger Luft in der Dose, umso besser für den Tee.

8.16
Zucker- und Sahne-Set aus
Kristallglas mit Zuckerzange
und Sahnelöffel.

Tee-Tüllenbesen für die Teekanne

Die Friesen führten außer dem Stövchen auch den kleinen Drahtbesen – heute aus Edelstahl – ein, der in die Tülle der Kanne gesteckt wird und beim Eingießen die Teeblätter zurückhält. Praktisch, aber heute nicht mehr nötig, da die Teeblätter nicht »bis zum bitteren Ende« in der Kanne bleiben sollen. Der Tüllenbesen ist aber ein recht guter Tropfenfänger.

Sahnelöffel   Ein kleiner Schöpflöffel, mit dem die Sahne in die Teetasse gegeben wird. Ein nettes Zubehör, für gesunden Teekonsum aber heute nicht mehr wichtig.

Teelöffel   Nur noch in wenigen Haushalten gebräuchlich. Mit Teelöffel ist heute zumeist der Kaffeelöffel gemeint. Teelöffel sind übrigens nur halb so groß wie Kaffeelöffel. Ihr Griff ist oft hübsch verziert.

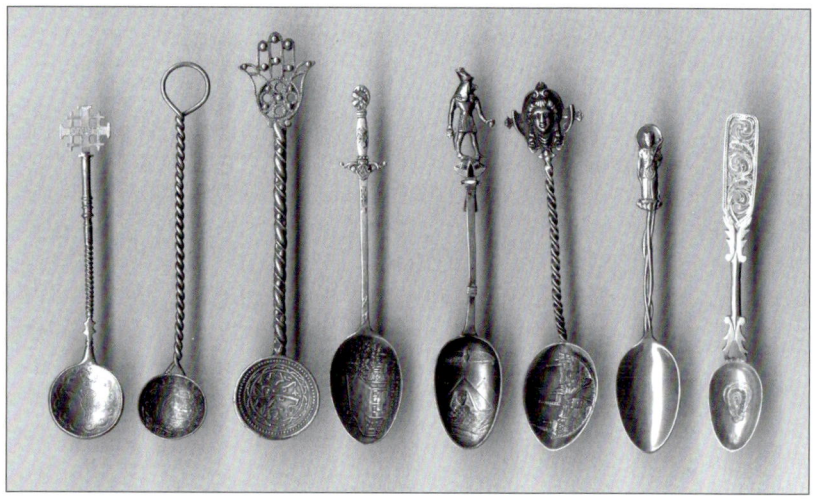

8.17 Sammlung verzierter Teelöffel aus verschiedenen Ländern.

9. Welche Teeart – Hilfe zur Entscheidungsfindung

In der individuellen Getränkewahl sind wir alle verschieden. Hier ein paar Grundsätze für Neueinsteiger ins Teetrinken:

- Während Sie sich langsam an regelmäßigen Teegenuss gewöhnen, halten Sie zunächst nur eine kleinere Auswahl von Sorten und Arten bereit.
- Brühen Sie Tee sorgsam auf. Beachten Sie neuzeitliche Aufbrühempfehlungen. Viele Teebücher geben leider längst überholtes Wissen wieder.
- Trinken Sie den ersten Schluck stets mit Konzentration auf die sensorische Wahrnehmung (Geruch, Geschmack, Färbung usw.) des Getränks. Körper, Geist und Seele leben so in Einklang miteinander auf, Sie lernen, besser zu unterscheiden und zu erkennen.
- Entwickeln Sie Ihr persönliches Teeritual. Eine schöne Kanne, die besondere Tasse, ein Teelicht, die geliebte Teesorte. Das alles wiederkehrend zu festen Tageszeiten und Gelegenheiten, vielleicht noch in schönem Ambiente. Ihr Leben hat stilvollen Ausdruck verdient.
- Zu viele Teesorten sind der Frische und des Aromas Tod. Legen Sie für Ihren Bedarf ein vernünftiges Maß frisch verfügbarer Sorten fest. Berücksichtigen Sie dabei auch die Vorlieben anderer Familienmitglieder.
- Abwechslung statt Langeweile in die Teetasse. Entscheiden Sie sich bei Nachkauf auch mal für eine neue, Ihnen bislang noch unbekannte Teesorte. Ihr Teehändler berät Sie gern und fertigt Ihnen bestimmt eine Probe.
- Teekauf ist Vertrauenssache. Kaufen Sie nur herkunftsbekannt deklarierte Teesorten, direkt aus der Kiste oder Vorratsdose eines gut besuchten Teeladens. Viele Teehändler bieten auch Teeversand via Internet-Shop an. Achten Sie auf Vertrauenswürdigkeit der Darstellung. Gute Teeläden pflegen ihr Sortiment und verzichten auf unsachliches Werben und allzu viel teefremden »Schnickschnack«.

Aromatisierter Tee

Manche Teetrinker, besonders jene in Gebieten mit hartem Wasser, werden zu Beginn ihrer Tee-Entdeckung aromatisierte Sorten vielleicht bevorzugen. Die Erfahrung zeigt, dass nach einer gewissen Zeit und besonders nach dem Einsatz wasserenthärtender Filtersysteme meist eine Hinwendung zu den klassischen, nicht aromatisierten Teesorten edler Provenienzen stattfindet.

Blattqualität

Achten Sie beim Kauf auf gut gearbeitete, nicht völlig zu Bröseln zerstückelte Blattstandards, obwohl Bröselqualitäten erheblich billiger sein mögen und zu intensiverem Geschmack und dunklerer Färbung ausziehen. Überwiegend maschinell unter großem Einsatz von Chemie gezogen, geerntet und verarbeitet, vertreiben Tees dieser CTC-Produktion (*Curling – Tearing – Crushing*) Tausende von Arbeitern und Pflückerinnen und somit ihre Familien aus den ländlichen Teegebieten in die Slums der Städte. Ihres Broterwerbs und ihrer Kultur beraubt, sind sie der Verelendung hilflos ausgesetzt.

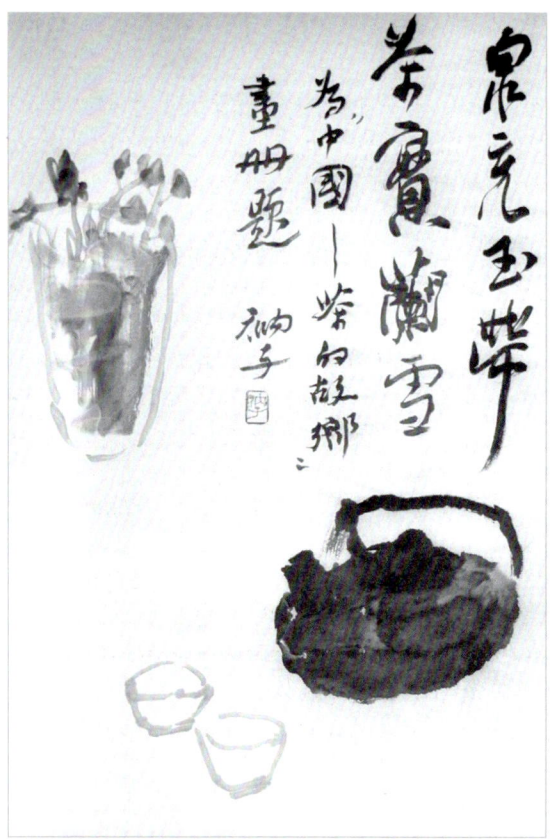

9.1
»Der Frühling erscheint
wie ein Jadestreifen;
Tee duftet mehr als eine
Orchidee unter dem
Schnee.«
Tuschezeichnung von Na Zi.

218

Die verschiedenen Teearten

Im Lebensmittelhandel wird zwischen »echtem Tee« und »teeähnlichen Erzeugnissen« unterschieden.

Echter Tee

Alle Unterarten und Hybriden der *Camellia sinensis*, coffeinhaltig, in den klassischen Verarbeitungsvarianten (s. Kapitel 5):
* unfermentierter Grüner Tee
* halbfermentierter Oolong Tee
* postfermentierter Tee
* vollfermentierter Schwarzer Tee

Unfermentierter Grüner Tee

Grüner Tee wirkt anhaltend mild anregend und ist ein idealer Tagestee mit hohem Vitalwert, der dem Erhalt gesunden Wachstums in allen Körperzellen dient. Zudem wirkt er entzündungshemmend, antimutagen, antikarzinogen, pilzhemmend und vor Karies schützend.

Unter den Grüntees befinden sich auch einige »Juwelen« – besonders schön von Hand verarbeitete Raritäten, die noch heute aus Wildwuchs oder von traditionell bewirtschafteten Teegärten in fast unberührter Hochgebirgsnatur stammen. Für ein Kilo hochwertigen Grünen Tee müssen zwischen 2000 bis 7000 junge Teeblattschüsse sorgsamst gepflückt und unmittelbar verarbeitet werden.
* **Weißer Flush:** Junges Blatt, mit weißpelzigem Kälteflaum behaart, vitalstoffreiche hellgrüne Tasse. Die im beginnenden Frühling handgepflückten Blätter werden ohne weitere Behandlung im Wok getrocknet. Hierunter finden sich viele Raritäten.
* **Gelber Tee**: Hochgebirgs-Morgentaublatt im Spätfrühling gepflückt; gelblich-grüne Tassenfärbung, besonders duftig. Auch hierunter gibt es viele handverarbeitete seltene Sorten.
* **Orchidflush:** Grüner Tee, mit Jasmin- und anderen Blütenbeigaben natürlich beduftet. Gelegentlich auch von Hand fächer-, stern- oder hütchenförmig gebunden. Hierunter besonders viele Raritäten.
* **Sommer- und Herbstflush:** Oft von großflächigem Anbau stammend, weniger duftig-aromatische, etwas kräftigere grüne Tasse der preiswerteren Sommer- und Herbstpflückung.

Halbfermentierter Oolong Tee

- **Halbfermentierter Oolong Flush:** Kurzzeitig in Bastkörben gewelktes und dabei teiloxidiertes, nachfolgend gerolltes und getrocknetes Blatt. An den Blatträndern austretende Zellsäfte oxidieren mit mittlerem Vitalwerteverlust. Gelegentlich mit leicht pfirsichfruchtiger Tasse.
- **Blüten Oolong Flush:** Wie vorstehend, jedoch mit Orchideenblüten während des Welkens duftbereichert (Dung Ti Jade Oolong).

Postfermentierter Tee – Pu' Erh

Eine spezielle Pilzbehandlung verleiht grünem Teeblatt besonders hohen Vitalwert. Es wird in zwei Arten unterschieden:

- **Grüner Pu' Erh Tee:** Aus zarter Frühlingspflückung gedämpftes, mit Pilzkulturen präpariertes und, lange kühl eingelagert, getrocknetes Blatt; teilweise lose, teils zu kleiner Halbschalenform gepresst. Mild mundende, grüne Tasse.
- **Roter Pu' Erh Tee:** Gröbere Sommerpflückung, leicht gewelkt, mit Pilzkulturen präpariert und in Kisten eingestampftes, langzeitlich gelagertes Blatt, das sich schwarz-rötlich oxidierend verfärbt. Kräftig erdig mundende, bräunliche Tasse.

Vollfermentierter Schwarzer Tee

- Mehrstündig gewelktes, kräftig gerolltes, nachfolgend bei 24-28 °C fermentiertes Blattgut. Je nach Fermentierungsintensität teils dunklere, kräftigere Tasse. Ein Teil der Grünteewirkstoffe (Vitamine, sekundäre Pflanzenstoffe, Coffein u. a.) sind oxidativ in Polyphenole umgesetzt. Derzeit sind etwa 800 phenolische Oxidationsprodukte in vollfermentiertem Schwarztee bekannt.

Tipp	Unfermentiertem Grüntee und halbfermentiertem Oolong Tee gebührt gegenüber vollfermentiertem Schwarztee in Bezug auf deren die Gesundheit erhaltende und fördernde Wirkungen höhere Wertschätzung.

Die Teesorten verschiedener Anbaugebiete

Pflanzgut, Klima, Jahreszeit, Bodenfeuchte, Bodenqualität, Höhenlage, Pflückqualität und letztlich auch die Qualität der Endverarbeitung beeinflussen insgesamt die Geschmacksrichtung einer Sorte und deren Infusfärbung. Nachstehend einige der im Handel befindlichen Teesorten:

GRÜNER TEE – unfermentiert	Geschmack	Infusfärbung
CEYLON – GRÜNTEE		
div. Sorten.	herb	grünlich-gelb
CHINA – GRÜNTEE		
Ba Shan Yin Ya	mild, weich, fruchtig	golden-grünlich
Bi Luo Chun	mild süßlich, aromatisch	jadegrün
Chun Mee	frischherb, leicht würzig	grünlich-gelb
Da Zhan Shan	mild fruchtig	smaragdgrün
Ding Gu Da Fang	fein würzig, kastanienduftig	bräunlich-grünlich
Dou Yun Mao Jian	herbfrisch duftig	grüngelb
Green Mu Dan – Teerosen	mild blumig, frisch	gelblich-grünlich, klar
Gui Hua – Ying Mei	angenehm frisch, blumigduftig	hellgrün
Gunpowder – Zhu Cha	würzig-herb	dunkelgrün
Hai Bei Tu Zhu – Teemuscheln	fruchtig fein – herb würzig	grünlich-bräunlich
Huan Shan Snowbuds	fruchtig fein, mild süß	smaragdgrün
Huang Hua Yun Jian	fein, pilzduftig	gelbseidig glänzend
Jade Fan, Jade Rings	fruchtig-blumig mild	jadegrün
Jasmin Chung Hao	zart jasminduftig	jadegrün
Jasmin Mandarin	herbfrisch-jasminduftig	dunkelgrün
Jasmin - Silver Pearl Mountain	zartest jasminduftig	jadegrün
Jiu Hua Mao Feng	mild blumig	jadegrün
Lung Ching	mild aromatisch	hellgrün
Pai Mu Tan – White Tea 1st Grade	weich, mild, zart, blumig	hellgrün
Pai Mu Dan – Teerosen	mild duftig	grüngelblich
PanLongYingHao - Silver Needle	blumig aromatisch	hellgrün
Pi Lu Chun	süßlich, mild	gelbgrün
Pine Needle	mild, fruchtig	gelblich-hellgrün, klar
Pan Long Yin Hao	blumig-aromatisch-fruchtig	hellgrün
Pu' Erh green – grün	mildherb	grünlich
Pu' Erh Gam Fei Cha – rot	herb-rauchig	bräunlich
Quiangang Yiukeng-Silver Pearl	zart duftig weich	jadegrün

San Xia Mao Jian	duftig, mild nussig	hellgelb
Sencha – div. Sorten	herb bis zart blumig	gelbgrün
SongYangYinHou – Affenpfote	zart blumig, duftig	hellgrün
Temple of Heaven Gunpowder	herb	grün
Tian Mu Quing Ding	fein duftig weich	jadegrün
White Monkey	mild nussig, duftig	gelblich
Zhen Bao Ding - Osmanthus	mild, lieblich-süßlich	hellgrün
Xiang Bo Lu	pfirsichduftig	hellgrün-gelblich
Xia Zhou Bi Feng	mild herbfruchtig	grün
Yiu Hua Mao Feng	mild blumig	jadegrün
Yin Zhen – Pine Needle	frisch, mild, fruchtig	hellgrün
Yun Shan – Silver Needle	fein süsslich-spritzig	gelbseidig glänzend
Yong Xi Huo Quing	zart süßlich duftig, leicht	hellgrün

FORMOSA – GRÜNTEE

Chun Mee – kostb. Augenbraue	frischherb, leicht würzig	grünlich-gelb
Pi Lo Chun – Jade Frühling	fruchtig, blumig, fein	grüngelb
Sencha Maa Li	duftig, kräftig	jadegrün

INDIEN – GRÜNER TEE

Assam – div. Sorten	bitter, herb	grüngelb
Darjeeling div. Sorten	blumig bis herb-frisch	grünlich-gelblich
Nilgiri – div. Sorten	bitter, herb	grüngelb

JAPAN – GRÜNTEE

Bancha	flach-herb, spinatig	gelbbraun-grünlich
Genmaicha	süßlich	gelblich
Guricha	fein, fruchtig frisch	hellgelb
Gyokuru	herbtrocken-fruchtig-süsslich	leuchtend grün
Kokeicha	mildherb, spinatig	grüngelb
Kukicha Blattrispen	blumig-fruchtig, mild	gelbgrün
Maccha-Teepulver	herb-bitter	grünlich
Sencha First Flush	frischfruchtig, spinatig	hellgrün
Sencha Second Flush	mildherb, fruchtig	hellgrün-gelbgrün

MALAYSIA – GRÜNTEE

Cameron Hills	mildherb, flach	grüngolden

PORTUGAL / SÃO MIGUEL – GRÜNER TEE

Cha Ghorreana	weich, flach	grüngolden

VIETNAM – GRÜNTEE

Soui Bu	fruchtig, mild, würzig	gelbgrün

OOLONG TEE – halbferm.	**Geschmack**	**Infusfärbung**

CHINA – OOLONG TEE

Gui Hua Se Chung »Kwai Flower«	fein herbfrisch duftig	bernsteingolden
Wuyi Kwanghsi White Downy	aromatisch duftig, mildherb	golden

DARJEELING – OOLONG TEE

Singbulli bio	mild duftig, weich	grüngolden

FORMOSA – OOLONG TEE

Tse Mao Superior	edel pfirsichfruchtig	grüngolden
Pai Mao top-Superior	muskatell-spritzig, fruchtig	grünlich-golden
Dung Ti Jade Cliff-Oolong	zart ochid-duftig	jadegrün
Butterfly of Taiwan top-Oolong	spritzig, fruchtig	bernsteingolden
Wuyi – Oolong	mild blumig	dunkelgolden

SCHWARZER TEE	**Blattstandard**	**Geschmack**	**Infusfärbung**

AFRIKA – SCHWARZER TEE

Kenya	GFOP	mild, spritzig	rötlich-golden
Kenya	BOP+PF	flach	rotgolden

(Sorten anderer afrikanischer Länder befinden sich derzeit nicht lose am europäischen Markt.)

ARGENTINIEN – SCHWARZER TEE

Argentinien	BOP	flach	bräunlich

CEYLON – SCHWARZER TEE

Dimbula	OP+FOP	frisch, zitrusfruchtig	rotgolden
Ceylon lowgrown	OP	kräftig würzig	rotbraun
Ceylon Nurelia	GFOP	zitrusfruchtig, frisch	rotgolden
Ceylon Uva	FOP	kräftig, blumig, beerenfruchtig	gold-rotbräunlich

CHINA – SCHWARZER TEE

Keemun - Qimen Gongfu	OP	mild nussig, honigduftig	goldbraun-rotbraun
Keemun - Maofeng Chuen-Cha	FOP	muskatell-honigfruchtig	tiefgolden-grünbraun

Keemun - MaoFeng Pine Needle	FOP	nussig, mild, weich	tiefgolden-goldbraun
Hunan/Anhui/Guanxi OP	P+OP	flach	rötlich bis bräunlich
Lychee – Lizhi Hong	OP	süßlich-fruchtig	goldbraun
Rauchtee Lapsang Souchong	PS	kräftig rauchig	rotgolden
Rose Congou	OP	zart rosenduftig	braungolden
Sichuan - Chu An Hung	FOP+OP	mild, weich	rotgolden
Yunnan Black	FOP+OP	mild, malzig, rauchig	goldbraun-rötlich

ENGLISH BLENDS – SCHWARZER TEE

English Morning Tea	BOP+FOP	kräftig, zitrusfruchtig	dunkelbraun
English Evening Tee	FOP+GFOP	mild, blumig	dunkelgolden

FRIESISCHE MISCHUNGEN – SCHWARZER TEE

diverse Mischungen	unterschiedlich	unterschiedlich

INDIEN / ASSAM – SCHWARZER TEE

Assam Blatt	GFOP/TGFOP	vollmundig, malzig, würzig	gold/rotbraun
Assam Broken	BOP + BP	kräftig, würzig	gold/dunkel braun
Assam	CTC BP + PF	kräftig, bitter	dunkelbraun

INDIEN / DARJEELING – SCHWARZER TEE

DJ - Autumnal (Oktober)	FOP+GFOP	angenehm würzig, mild, blumig	rotbräunlich
DJ - Broken	BP+BOP	herb	braun
DJ - Fannings	PF+OPF	sehr herb, manchmal blumig	rotbraun-grüngelb
DJ - First Flush	TGFOP	frisch belebend, spritzig, herb	hellgrün-gelb
DJ - Inbetween	TGFOP+GFOP	herbwürzig, fruchtig, blumig	gelblich-bräunlich
DJ - Post Second Flush	GFOP	mild würzig (Regenzeit)	dunkel-goldbraun
DJ - Second Flush	GFOP	blumig, mild fein süßlich	goldbraun
Dooars	FOP+GFOP	mild, flach	goldbraun

INDIEN / SIKKIM – SCHWARZER TEE

Sikkim Temi Upper - First Flush	TGFOP	belebend spritzig, mildherb	hellgrün-gelblich
Sikkim Temi - Second Flush	GFOP	mild blumig, fein süßlich	dunkelgolden

SÜDINDIEN – SCHWARZER TEE

Nilgiri/Tranvancore	FOP	frisch, fruchtig, zitrusfruchtig	goldbräunlich

JAVA – SCHWARZER TEE

Java Broken	BOP	malzig – würzig	gelblich-braun
Java Blatt (Juli-Sept)	GFOP	malzig-honigmundend	grüngolden

MALAYSIA – SCHWARZER TEE

Cameron Hills	BOP	flach	bräunlich

NEPAL – SCHWARZER TEE

Nepal - First Flush	GFOP	weich, spritzig aromatisch	dunkel-grüngolden
Nepal - Second Flush	FOP	weich, würzig, blumig	grüngolden

PORTUGAL / SÃO MIGUEL – SCHWARZER TEE

Cha Ghorreana	BOP,FOP,OP	weich, mild	grün-dunkel-golden

RUSSLAND / GUS – SCHWARZER TEE

Russischer Karawanen Tee	PS	bitter, kräftig, rauchig	dunkelbraun
Grusinischer/Georgischer Tee	OP	leicht, flach	hellbraun

SUMATRA – SCHWARZER TEE

Sumatra Broken	BOP+BP	würzig, kräftig	goldbraun

TÜRKEI – SCHWARZER TEE

Türkischer Tee	OP+BOP	leicht, würzig, flach	hellbraun

VIETNAM – SCHWARZER TEE

Vietnam	OP	flach	rotbraun

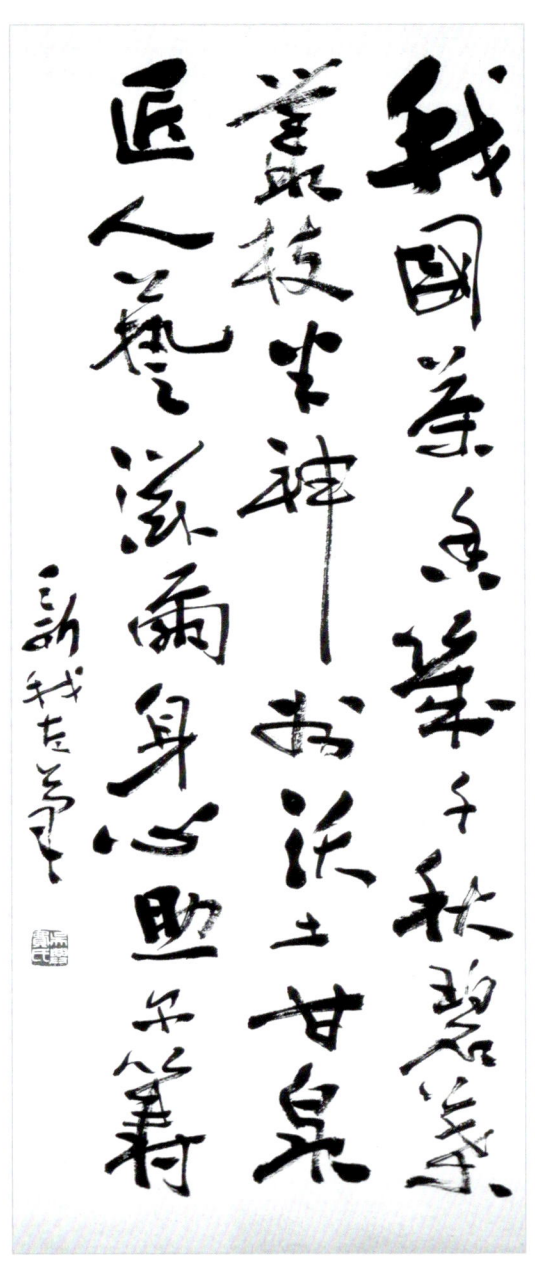

9.2 »Das Aroma chinesischen Tees überdauert tausend Jahre,
grüne Blätter und prächtige Triebe bedecken das halbe Land.
Fruchtbarer Boden, süßer Brunnen und geübte Meister werden
deiner Gesundheit dienen und deine Kraft mehren.«
Kalligraphie von Fei Xinwo.

Teeähnliche Erzeugnisse

- Kräutertee wie Melisse, Brennnessel, Kamille, Minze, Malve, La Pacho u. a.
- Gewürztee wie Fenchel, Anis, Zimt, Nelken, Kardamom u. a.
- Früchtetee wie Apfel, Hagebutte, Schlehen u. a.
- Mate Yerba Tee, coffeinhaltiger Kräutertee aus Südamerika
- Rooibos- oder Rotbuschtee, coffeinfreier Kräutertee aus Südafrika
- SPA-Tees oder auch ayurvedische Tees sind oft Kombinationen aus Kräuter-, Früchte- und Gewürztees.

Kräutertee sind Einzelkräuter und deren Mischungen, mit wenigen Ausnahmen coffeinfrei. Sie werden, gebrauchsfertig getrocknet, auch »Drogen« oder »Drogenmischungen« genannt und wirken vorbeugend gegen Krankheiten, aber auch heilend auf Organe und Gewebe. Einige Kräuter sind aufgrund ihrer arzneilichen Wirkungen vom freien Abverkauf ausgeschlossen. In der Anwendung und Auswahl freiverkäuflicher Teekräuter und deren Mischungen ist folgendes zu beachten:

- Kräuter in der Umgebung wildwachsend zu sammeln oder sie im heimischen Garten zu ziehen ist sinnvoll. Sie können frisch gepflückt als Salat oder Beilage gereicht sowie frisch oder getrocknet zu Teelösungen aufbereitet werden.
- Geprüfte Einzelkräuter und Kräutermischungen nur im Fachhandel kaufen.
- Nicht alle Kräuter oder Kräutermischungen sind für Dauerkonsum geeignet. Vergewissern Sie sich anhand seriöser Fachliteratur über Wirkungen und Gegenanzeigen. Zum Beispiel Johanniskraut: Wegen seiner photosensibilisierenden Wirkung darf es nicht vor dem Aufenthalt in starkem Sonnenlicht konsumiert werden, da sonst erhöhte Sonnenbrandgefahr besteht. Arzt befragen!
- Kräutertee statt Arzneimittelbrühe! Je milder gebrüht, umso besser. Die Kräuter sollen sich frei schwimmend entfalten können, so lassen sich die anzuwendende Menge und die Ziehzeit möglichst gering halten. Dosisempfehlungen des Handels nehmen oft auf die rein heilkundliche Anwendung Bezug.
- Auf die Inhaltsdeklaration bei Teemischungen achten. Manche handelsüblichen Kräutermischungen sehen aufgrund schmückender Blütenbeigaben zwar schön aus, enthalten aber Kräuter, die nicht zueinander passen. Auch die Namen sind oft irreführend. Beispiel: Wohlklingende Bezeichnungen wie »Gute Nacht Tee« signalisieren eine Schlaf fördernde Wirkung. Aus Hopfen, Johan-

niskraut, Melisse, Passionsblumenkraut und weiteren Kräutern bestehend, wirkt er zwar beruhigend, aber nicht einschläfernd. Vergewissern Sie sich, dass in derartigen Mischungen nichts Anregendes enthalten ist. Ziehen sie seriöse Literatur zu Rate, befragen Sie einen Arzt oder einen vertrauenswürdigen Kräuterfachmann.

- Kühl, trocken und dunkel lagern, nicht überlagern. Teeblätter, die in der Tüte fadig hängen, haben durch zu viel Wärme und Licht Insektenschlupf erlitten. Da empfiehlt sich nur wegwerfen und neu kaufen oder umtauschen. Das Schlupfproblem ist weder beim Erzeuger, noch in Ihrem Küchenschrank gänzlich vermeidbar. Die Natur strebt nun mal zu neuem Leben und Insekten deponieren ihre unsichtbaren Eiablagen, wo sie wollen.
- Auf Reinheit, Ingredienzenliste und Haltbarkeitsdatum achten.
- Wenn überhaupt, dann nur natürliche Aromatisierung akzeptieren.
- Kräutertee im Normalgebrauch möglichst ungesüßt trinken. Es gibt keinen gesunden Zucker auf der Welt, der als süßender Zusatz gutzuheißen wäre. Das gilt genauso für Süßstoff.
- Im Geschmack daneben gegriffen? Nicht gleich verzweifeln oder aufgeben. Manchmal wird Ungewohntes nach einigen Tagen zur lieben Gewohnheit. Und erwarten Sie keine Wunderwirkungen von Ihrem Kräutertee.

Rotbuschtee

altniederländisch auch Rooibos genannt (siehe Kapitel »Rooibostee«), ist heute wortwörtlich in aller Munde. Ein preiswerter, coffeinfrei erfrischender Kräutertee, der auch bei Kindern sehr beliebt ist; warm und kalt ein wohlschmeckender Vitalstoffspender. Persönlich trinke ich abends gern einen Rooibos-Karamell oder Rooibos-Vanille ungesüßt. Beim Einkauf auf Rooibos aus bio-organischem Anbau sowie auf natürliche Aromazusätze achten und nicht gleich beim billigsten Angebote zugreifen, sondern die Qualität prüfen.

Mate Tee

(siehe Kapitel »Mate Tee«) enthält neben vielen Mineralstoffen auch anregendes Coffein. In Südamerika ist der Genuss von »Mate Yerba« ebenso populär wie hierzulande Kaffee. Mate dämpft das Hungergefühl. Seine Wirkstoffe beeinflussen den Fettstoffwechsel günstig, sodass er, täglich mehrfach getrunken, auch in Schlankheitsdiäten sehr beliebt ist. Man unterscheidet zwischen »Mate grün« mit milderem Geschmack und »Mate geröstet« mit kräftig herbem Geschmack.

La Pacho Tee Untere Rinde eines Urwaldbaums aus Südamerika mit entzündungshemmender Wirkung (siehe Kapitel »La Pacho«). La Pacho Tee zu trinken ist nicht erst dann sinnvoll, wenn Erkrankungen dies vielleicht nahelegen. Ich trinke La Pacho im Rahmen meiner täglichen Flüssigkeitsversorgung ungesüßt, aber vermischt mit Früchte- oder Rooibostee, denn so schmeckt er mir besser. Die La Pacho Rinde ist coffeinfrei und eignet sich für jede Tageszeit.

Gewürztees haben in orientalischen Ländern eine lange Tradition. Mit zunehmender Verbreitung fernöstlicher Lebens- und Heilweisen finden Gewürztees auch bei uns Anklang.

Manche Gewürztees, beispielsweise ayurvedische Teemischungen mit Zusätzen wie Ingwer, Fenchel, Kardamom, Safran oder Pfeffer lassen sich auch mit gezielter Wirkung einsetzen. Ich empfehle weiterführende Literatur, aus der die Wirkungen verschiedener Gewürze entnommen werden können.

- Teegewürze wie z. B. Yogi- oder Mu-Tee: Je nach Rezept werden Milch, Wasser oder Rotwein zusammen mit den entsprechenden Gewürzen aufgekocht und vor dem Abgießen für etwa drei Minuten noch einige Grün- oder Schwarzteeblätter hinzugefügt.
- Gewürze in Schwarzem und Grünem Tee: dem normalen Teeaufguss werden ein oder mehrere Gewürze zugefügt.
- Geminzter Grüner und Schwarzer Tee: In Tunesien und Marokko ist es üblich, Grün- u. Schwarzteeabgüssen einige Minzblätter (Nanaminze) erfrischend mundend zuzusetzen.
- Gewürzter Früchtepunsch: Früchteteemischungen werden Gewürze wie Zimt, Nelken, Kardamom, Fenchel oder Anis zugesetzt. Das Gemisch wird in Wasser, teilweise auch mit Rotwein- oder Traubensaftanteilen aufgekocht und nach längerer Ziehzeit abgegossen und serviert.

Früchtetee Für Liebhaber fruchtiger Geschmacksrichtungen, besonders aber auch für Kinder geeignet. Früchtetee ist coffeinfrei. Manchmal treten, insbesondere bei Schwangeren und Kleinkindern, bei säuerlich mundenden Früchtetees Verträglichkeitsprobleme auf, die durch Süßen nur schlimmer werden. Ein milder Aufguss oder die Wahl einer anderen Sorte löst das Problem.

Stark wasserhaltige Früchte konnten auf herkömmlichem Weg überhaupt nicht oder nur unter hohen Geschmacksverlusten getrocknet aufbereitet werden. Die moderne Methode der Gefriertrocknung ermöglicht nun die Verwendung von Früchten wie Erdbeeren, Heidelbeeren, Brombeeren, Himbeeren, Kiwis, Mangos und Mandarinen in Teemischungen. Allerdings nur in kleiner Dosis, denn der Preis gefriergetrockneter Früchte ist sehr hoch.

Die meisten Früchtetees basieren auf einer Standardmischung aus Apfel, Hagebutte und Hibiskus. Durch Zugabe von Schlehdorn, Weißdorn, Holunder, Johannisbeeren, diverser getrockneter Früchte, Zitronenstücken oder Orangenschalen sowie einiger »Schmuckblüten« grenzen sich Früchtetees, mit ansprechenden Produktnamen versehen, voneinander ab.

Tipp	Nach längerer Ziehzeit (über 20 Minuten) setzt sich die fruchteigene Süße einiger Mischungen mehr und mehr durch. Pro Liter sind 15-20 g Früchtetee erforderlich. Die Früchte müssen möglichst frei schwimmend ausziehen können, um sich geschmacklich gut zu entfalten.

Früchtetee-Arten

- **Früchteteemischungen und Aromatisierung:**
  Unzählige Früchteteemischungen werden heute naturidentisch, nur wenige natürlich aromatisiert. Ich rate zum Kauf natürlich aromatisierter Früchtetees. Schauen Sie auf die für jedes Produkt gesetzlich vorgeschriebene Deklaration aller Einzelzutaten, die in mengenmäßig absteigender Reihenfolge angegeben sein muss.
- **Früchteteemischungen und Gewürze:**
  Manche Früchtetees enthalten Gewürzzusätze wie z. B. Fenchel, Anis, Nelken, Zimt, Koriander, Pfeffer, Ginseng oder auch Ingwer. Zur Sommerzeit eignen sich weniger stark gewürzte Sorten, da von Gewürzen wärmende Wirkung ausgeht.
- **Urfrüchtetee und Mischungen:**
  Tee von »Ur«früchten, d. h. Einzelfrüchte und deren Mischungen ohne Aromazusätze. Es scheint, als hätte der Handel diese Sparte wichtiger Tees vergessen. Alle setzen auf Aromatisierung.
- **Früchtepunsch:**
  Früchtemischungen, pur oder aromatisiert, werden nach kurzem Aufkochen und 20-30 Ziehminuten je nach Jahreszeit heiß oder auf Eis getrunken. Mit etwas Kandis, Rum, Rotwein oder Traubensaft ergänzt oder durch gelegentliche Zugabe von Zimt, Nelken oder Ingwer kann Früchtepunsch abwechslungsreich zubereitet werden.

10. Weitere Teearten

Rooibostee – das Nationalgetränk Südafrikas

Die Pflanze

Name	Afrikaans: Rooibos, Redbos. Englisch: Redbush. Deutsch: Rotbusch, gelegentlich auch Rooibusch genannt. Lateinisch: *Aspalathus linearis*
Familie	Aspalathusgewächse, zu den Leguminosen zählend. In Afrika in etwa 200 Arten vorkommend.

Hauptvorkommen: Cedarberge in der Kap-Region Südafrika.

Standort	Nicht dauerfeuchte Hanglagen ab 600 m Höhe, Boden leicht sauer, im Winter höhere Niederschlagshäufigkeit, kein Frost.
Aussehen	Stachelige Buschweidenart mit dünnen, rotgetönten, langen, angelrutengleichen Trieben, von denen feine Triebe mit hellgrünen, kiefernadelförmig aufrecht stehenden Blättern von 10-50 mm Länge abzweigen. Diese Blättchen sind fein behaart und weichstachelig zugespitzt. Die Vielzahl dieser Seitenästchen ergibt ein buschförmiges Aussehen von 1-2 m Höhe und ebensolch ausladender Breite. Der Busch gedeiht nur sechs Jahre lang. Er zeigt gelbe, schmetterlingsähnliche Blüten im Oktober. Aus den Blüten entwickeln sich Früchte mit gelbbraunen, hartschaligen Samen. Im siebten Jahr verfärben sich die Blätter feuerrot, der Busch stirbt dann ab. Diese Verfärbung gab dem »Rotbusch« seinen Namen.
Droge	Wässrige Lösung von Kleinschnitt fermentierter und unfermentierter Zweige.

Volkstümliche Bezeichnungen

Massai-, Buschmann-, Rotbuschtee. In Südafrika: Rooibos-, Redbos-, Rotbuschsie, Koopmans-Tea.

Geschichte	Der Arzt *Dr. Nortier* kultivierte den an den nördlich von Kapstadt gelegenen Cedarbergen wild wachsenden Strauch im 19. Jahrhundert. Nach ihm wird der Urstrauch auch *Red Tea Nortieria* oder *Rocksland Nortieria* benannt.
Produktion	Die Pflanze steht, in Feldkultur angepflanzt, ab dem dritten Wuchsjahr in vollem Ertrag. Pro Hektar werden ca. 8000 Büsche gepflanzt. Geerntet wird von Januar bis März durch Rückschnitt auf 35 cm Höhe. Die Abschnitte werden zur Weiterverarbeitung gebündelt. Mit maschinellem Häckseln und Rollen unter mäßigem Andruck wird eine 8 bis 24-stündige Fermentation eingeleitet. Jetzt erst entsteht eine

Rotverfärbung des Welkguts und es entwickelt sich ein fruchtiges Aroma. Danach wird der Feuchtigkeitsgehalt in etwa 8-stündiger Trockenzeit in der Sonne auf 10% reduziert. Zum Abschluss erfolgt maschinelle Sortierung in Größengrade und Reinigung durch Absiebung und Handverlesung. Mittels Wasserdampf erfolgt noch eine Pasteurisation bei 87 °C zur Verhinderung von Schädlingsbefall während der nachfolgenden Lagerzeit.

Handelsarten

Rooibostee pur oder mit Vanille, Bergamotte (Earl Grey), Orange, Zitrone, Karamell, Kirsch, Erdbeere usw. aromatisiert. Neuerdings kommt auch unfermentierter grüner Rooibostee auf den Markt, setzt sich aber aufgrund des weniger guten Geschmacks kaum durch. Als Hülsenfrüchtler trägt Rooibos zur Regeneration intensiv landwirtschaftlich genutzter Flächen bei. Auf unbelastete Rooibossorten aus **bio-organischem Anbau** ist besonders zu achten. Auch sollte Rooibostee lose gekauft werden, da nur so eine gute Qualität wirklich erkennbar ist.

Die Inhaltsstoffe

Die Einzelbeurteilung eines Inhaltsstoffes beschreibt nicht dessen Funktion im komplexen Wirkstoffverbund. Vitamin C und andere Antioxidantien erhöhen beispielsweise trotz ihres sehr geringen Vorkommens in manchen Lebensmitteln die Nahrungseisenaufnahme. Über die Art der Inhaltsstoffe in Rooibos, deren Aufbau und ihr chemisches Profil, liegen Forschungsberichte des *Department of Chemistry* der Universität des *Oranje Free State Bloemfontein/Südafrika*, des *Infruitec Institute* in *Stellenbosch/Südafrika* sowie auch einige amerikanische und japanische Berichte vor. In Bezug auf Rooibostee führen diese u. a. folgende Inhaltswerte auf:

Eisen

(0,035 mg/l), sein Mangel führt zu Blutarmut (Anämie). Eisen ist wichtig zur Bildung des roten Blutfarbstoffs Hämoglobin. Daran gebunden wiederum erfolgt der Sauerstofftransport zu den Körperzellen. Eisenaufnahme muss kontinuierlich erfolgen. In Rooibos und vielen weiteren natürlichen Nahrungsmitteln kommt Eisen in einem Wirkstoffverbund vor. Dies ist eine wichtige Voraussetzung dafür, dass Eisen täglich in hinreichender Menge aufgenommen werden kann.

Fluor

(1,1 mg/l) stoppt das Bakterienwachstum im Mund, sodass Säuren den Zahnschmelz nicht mehr anlösen und entmineralisieren. Rooibostee sollte ungesüßt getrunken werden, da sonst mit den sauren Zucker-Zersetzungsprodukten keine kariesschützende Wirkung mehr

gegeben ist. Bei regelmäßigem Rooibos- und Grünteekonsum soll-
ten keine zusätzlichen medikamentösen Fluorgaben erforderlich sein.
Eine Fluorüberdosis hinterlässt unschöne braune Flecken auf den
Zähnen, »*mottled teeth*«, und gilt als toxisch. Sie wird meist bei über-
höhter Aufnahme von in Medikamenten an Natrium gebundenem
Fluor beobachtet (viele Zahnpasten enthalten NaF).

Kalium (35,6 mg/l) steuert zusammen mit Natrium die Erregbarkeit sowie
den Eiweißaufbau in der Muskulatur. Bei Mangel entstehen kondi-
tionelle Probleme. Kalium steuert die Reizleitung im Nervensystem.
Zusammen mit Kalzium regelt es den Säure-Basen Haushalt.

Kalzium (5,45 mg/l) ist der wichtigste Aufbaustoff für Haut, Haare, Knochen
und Nägel und ist ein wichtiger Faktor bei der Blutgerinnung. Kinder und Jugendliche haben einen erhöhten Bedarf wie auch schwangere und stillende Frauen. Wichtig in Zusammenhang mit Kalzium
ist Vitamin D, welches die Kalziumeinlagerung ins Knochensystem
fördert. Darum sollte auf hinreichende Sonneneinstrahlung geachtet werden. Kalziummangel verursacht Muskelkrämpfe und Osteoporose sowie die früher gefürchtete Rachitis.

Kupfer (0,35 mg/l) fördert die Hämoglobinbildung und den Eiweißstoff-
wechsel sowie die Eisenresorption. Kupfermangel bewirkt ein erhöhtes
Osteoporose- und Knochenbruchrisiko.

Magnesium (8,35 mg/l) beugt Krämpfen, insbesondere auch der Herzmuskulatur, vor.

Mangan (0,2 mg/l) wichtig zur Entgiftung des Körpers über die Lebertätig-
keit. Mangan optimiert auch die Vitamin B1-Verwertung.

Natrium (30,8 mg/l) erhält die Gewebespannung, fördert die Erregbarkeit aller
Muskeln und Nerven. Bei Mangel entstehen Krämpfe, Kreislaufpro-
bleme, Kopfschmerz.

Zink (0,2 mg/l) wichtig zur Entgiftung des Körpers über die Lebertätig-
keit. Reguliert die Fruchtbarkeit bei Mann und Frau, fördert das
embryonale und kindliche Wachstum. Zink fängt als Antioxidans freie
Radikale ein. Ferner aktiviert es viele Enzyme, fördert die Ge-
schmacksempfindung, senkt die Infektionsanfälligkeit und begünstigt
schnelle Wundheilung.

Vitamin C (bis zu 150 mg/l) Skorbut-Epidemien auf den Fernost- und West-
indienseglern sind als klassische Vitamin C Mangelerkrankungen leid-
voll in die Geschichte eingegangen. Vitamin C, chemisch Ascorbin-
säure genannt, hält die Fresszellen des Immunsystems auf Trab. Als

Antioxidans fängt es krebs- und rheumavorbeugend freie Radikale aus den Körpergeweben ein. Es erhöht ferner die Eisen- und Kalziumaufnahme und wirkt gegen Orangenhaut. Vitamin C senkt die Blutgerinnungsneigung.

Phenolcarboxylsäuren

Pilzabtötende, antibakterielle, antiviröse Wirkung, unterstützen die Aktivität anderer Biostoffe, erhöhen die Widerstandskraft der Darmschleimhäute gegen Parasiten. Wirksam gegen Darminfekte und Durchfall.

Querzetin, Querzitrin

Zwei Flavonoide mit krampflösender Wirkung, die auch durch Hemmung der Monoaminoxidase (MAO) die Ausschüttung des »Glückshormons« Serotonin im Gehirn fördern. Durch Hemmung der MAO entstehen weniger Darmkrebs u. a. hormonbedingte Krebsarten wie z. B. Brustkrebs. Rooibos für Diabetiker: Gemeinsam mit den in Rotbusch enthaltenem Luteolin und Rutin senken Querzetin und Querzitrin den Blutzuckerspiegel.

Rutin (Vitamin P)

Ein Antioxidans aus der Gruppe der Flavonoide, Krebs vorbeugend, indem es aggressive freie Sauerstoffverbindungen (freie Radikale) abfängt. Indem es die Permeabilität der Blutgefäße erhöht, fördert es die Sauerstoff- und Nährstoffversorgung der Zellen. Zudem beugt Rutin auch Bluthochdruck und Durchblutungsstörungen vor und verlängert die Wirkung des Vitamin C.

Flavonone

In Rooibos finden sich zwei Flavonone, die in anderen Lebensmitteln bislang nicht nachgewiesen werden konnten. Sie sind u. a. an der Bildung des süßen, fruchtigen Geschmacks beteiligt. Eine Süße, die keine Kariesprobleme schafft.

Nothofagin, Aspalathin

(0,74 % der löslichen Substanz), sie werden als Allergiehemmer angesehen. In Südafrika gilt Rooibos darum auch als Antiallergicum.

Ätherische Öle

bestimmen nicht nur das Aroma eines Getränks, sondern regen zudem wichtige Schleimhautsekretionen an und verbessern somit die Immunabwehr. Da sie sich schnell verflüchtigen, sollte Rooibostee stets frisch gebrüht in abgedeckter Kanne serviert werden. Aromasichere Verwahrung ist auch für den trockenen Blatt-Tee erforderlich, bei dessen Kauf man sich erntefrischer Bio-Qualität vergewissere.

Allgemeine Beurteilung

Ernährungsphysiologisch besehen, steht mit Rooibostee ein hervorragendes basisches Getränk zur Verfügung, das zur Stärkung des Immunsystems beiträgt. Rooibos enthält kein anregendes Coffein und ist mit seinem fruchtigen Geschmack, warm und auch kalt getrunken, ein ideales Getränk nicht nur für Kinder, Schwangere und Stillende. Auch der Grüntee- oder Schwarzteetrinker weiß ihn als willkommene Ergänzung sehr zu schätzen.

Zubereitung

8-15 g/l (ca. 3 geh. Essl.) siedend überbrühen, je nach gewünschter Stärke 10-15 Minuten ziehen lassen und über einen Filter abgießen. Ein zweiter Aufguss kann erfolgen, bringt aber nicht mehr viel Geschmack. Wer auf höchstmögliche Qualität Wert legt, trinkt Rooibostee stets frisch gebrüht. Bei längerer Aufbewahrungszeit fertig gebrühten Tees gehen durch Oxidation Wirksamkeiten verloren.

Rooibos auf Eis

Zur Vermeidung von Wirkverlusten ist es sinnvoll, den fertigen Tee durch viel Eiszugabe schnell abzukühlen.

Aufbrühstärke

Bereiten Sie Rooibos, wie alle anderen Tees, stets mild mit so wenig Blatt wie nötig zu. In noch ungesättigter Lösung verhält sich das Getränk stoffwechselaktiver und ist somit, auch wenn mich hierfür manche Teehändler wegen möglicher Geschäftsschädigung tadeln, ernährungsphysiologisch wertvoller.

Variationen Rooibostee kann warm oder kalt pur getrunken oder auch gemischt mit hellen Fruchtsäften zu angenehmen Mixdrinks verwandelt werden. Als Zusatz zu Bowlen- oder Punschgetränken senkt er die Alkoholisierungsgefahr und sorgt für mehr Fitness unter den Teilnehmern auf Feiern und Festen.

Vermeiden Sie, wenn irgend möglich, jegliches Süßen, denn Zucker reagiert sauer und reduziert so die die Fitness und Abwehrkräfte aufbauende Wirkung des Rooibostee. Im Mix mit natursüßen Säften erübrigt sich die Zuckeranwendung ohnehin.

Rooibos aromatisiert

Im Handel werden heute viele, zumeist mit naturidentischen Aromen gemischte Sorten angeboten. Man überbietet sich geradezu mit exotischen Namensgebungen. Natürliche Aromatisierungen zeichnen sich durch eine zurückhaltende, angenehm natürliche Duft- und

Geschmacksqualität aus, die jene des Rooibos nicht vollständig überlagern sollte.

Preis   100 g bestverlesener Bio-Rooibostee aus neuer Ernte kosten derzeit im Fachhandel ca. 2,50 Euro. Kilopackungen sind etwa 20 % preiswerter. Umgerechnet kostet 1 Liter Rooibostee nur 20-25 Cent.

La Pacho – Tee vom »Baum des Lebens«

Die Pflanze

Name   La Pacho, Guayacan, Pau d'Arco
              Lateinische Bezeichnung: *Tabebuia serratifolia*
Familie   *Bignoniaceae*
Verbreitung   Regenwälder von Argentinien bis Mexiko, vereinzelt auch in trokkenen Tropenwäldern
Bodenanforderung: Kalk- und eisenhaltige Böden
Größe   Baum von bis zu 20 m Höhe und 70 cm Umfang
Alter   Im kühleren Gebirge bis zu 700 Jahre
Blatt   Es besteht aus fünf ovalen bis elliptischen, fliederähnlichen Einzelblättern. Einige Unterarten verfügen auch über siebenteilige Blätter mit gezahntem Rand.
Blüte   Insekten fressende, fünfblättrige Trompetenform in einfachem, trugdoldigem Blütenstand. Rosarot-tiefrote Blütenkrone von Dezember bis Februar.
Droge   Innere Rinde von rotbrauner Färbung

Einige Inhaltsstoffe

Wirkstoffe in Drogen isoliert zu beurteilen, ergibt ein unvollständiges Bild. Aus der Gesamtheit natürlichen Vorkommens ergeben sich Synergiewirkungen, welche die Heilwirkung eines Einzelstoffes oft verstärken und übertreffen.

Chlorid   reguliert die Flüssigkeitsverteilung innerhalb und außerhalb der Körperzellen. Bei Mangel entstehen auch Verdauungsprobleme und Muskelschwäche.

Eisen   Für den Sauerstofftransport im Blut verantwortlich wird Eisen, durch Vitamin C unterstützt über die Darmpassage aufgenommen. Mangel bewirkt neben allgemeinem Leistungsabfall auch Appetitlosigkeit und Müdigkeit. 1 kg La Pacho enthält 250 mg Eisen.

Fluor	Vorbeugend gegen Karies härtet das an Kalium und Kalzium gebundene Fluorid aus La Pacho Rinde den Zahnschmelz. Im wirkstofflich miteinander verketteten Verbund unterstützt Fluor die Eisenaufnahme, fördert die Wundheilung und schützt in der Schwangerschaft vor Anämie (Blutarmut).
Jod	fördert die Tätigkeit der Schilddrüse, die ihrerseits das Tempo der Energiegewinnung aus der Nahrungsaufnahme bestimmt. Jodmangel ist meist auch die Ursache der Schilddrüsenvergrößerung. Er kann aber auch zu verminderter Stoffwechselleistung, Müdigkeit, Antriebslosigkeit und Konzentrationsmangel führen.
Kalium	pro 1 kg La Pacho Rinde = 180 mg. Es reguliert den Wasserhaushalt der Körperzellen und fördert die Übertragung von Gehirnimpulsen über das Nervensystem. Kalium begünstigt einen stabilen Herzschlag und normalen Blutdruck und ist im Magen-Darm-Trakt wichtiger Bestandteil der Verdauungssäfte. Es schützt vor Schäden an der Herzmuskulatur, Muskelerschlaffung, niedrigem Blutdruck sowie vor Pulsschwankungen, Appetitlosigkeit und Verstopfung.
Kalzium	45 g pro 1 kg. Es ist der wichtigste Aufbaustoff für Knochen und Zähne. Kalzium stabilisiert die Zellmembranen und dichtet die Blutgefäße. Im Nervensystem sorgt es für die störungsfreie Übertragung von Impulsen auf die Muskulatur.
Kobalt	sorgt unter anderem als Baustein von Vitamin B12 für dessen Wirkung. Es fördert den Eiweißstoffwechsel sowie die Aufnahme von Eisen und Jod. Bei Kobaltmangel entsteht Blutarmut.
Kupfer	Obwohl nur in geringsten Spuren in La Pacho Rinde vorkommend, ist es maßgeblich an der Bildung roter Blutkörperchen beteiligt. Zudem fördert Kupfer die Sauerstoffversorgung aller Körperzellen. Kupfermangel führt zu Blutarmut, Störungen im Knochenwachstum und zu unregelmäßiger Hautpigmentation.
Magnesium	ist ein Baustein für Knochen und Zähne, erhöht die Erregbarkeit der Muskulatur und Nerven, hemmt die Blutgerinnung und schützt vor Infarkt und Thrombosen. Magnesium stärkt das Immunsystem. Bei Mangel können Muskelzucken, Herzrhythmusstörungen, Muskelkrämpfe und Bewusstseinstrübungen auftreten.
Mangan	fördert die Zellentgiftung und unterstützt die körpereigene Abwehr; ist am Aufbau von Bindegewebe, Knochen und Knorpeln beteiligt und aktiviert viele wichtige Enzyme für lebenserhaltende Stoffwechselleistungen. Manganmangel liegt oft bei Störungen in der Fruchtbarkeit vor.

Phosphate	wichtiger Bestandteil der Knochen. Unterstützt die Energiegewinnung und -umwandlung sowie die Tätigkeit von Gehirn und Nerven. Phosphormangel führt zu Muskeldystrophien sowie bei gleichzeitigem Mangel an Vitamin D zu Rachitis.
Selen	Ein Schutzstoff gegen schädliche Schwermetallwirkungen. Setzt die Schadwirkung vieler Schwermetalle herab und verhindert die Zerstörung wichtiger Fettsäuren an der Zelloberfläche. In Regionen mit selenreicher Ernährung kommen Infarkte und Brustkrebs bedeutend seltener vor als in selenarmen Vergleichsgebieten.
Zink	unterstützt den Eiweiß- und Kohlenhydratstoffwechsel, fördert die Wundheilung, erhält die Fruchtbarkeit von Mann und Frau gleichermaßen. Zinkmangel führt zu erhöhter Stress- und Infektionsanfälligkeit, Appetitlosigkeit, Haarausfall und schlechter Wundheilung.
La Pachol	ist ein pflanzlicher Wirkstoff mit antibiotischer und tumorhemmender Wirkung. Selbst in minimaler Dosis von nur 1 mg/kg ist La Pachol noch hochwirksam.

Derivate des Phenols sind z. B. Vanillin, Vanillinsäure, Anisaldehyd, Abkömmlinge von Naphtochinonen und andere mehr.

Abwehrstärkende und wundheilende Stoffe

Bislang wurden 20 chemische Verbindungen aus La Pacho Rinde isoliert. Unter anderen auch die als Immunstimulans bekannte Veratrumsäure und Veratrumaldehyd.

Gerbstoffe	im Gesamtgehalt zwischen 10 - 18 % schwankend. Als Adstringens fördern sie die Wundheilung bei Hautleiden. Bei nässenden Hautausschlägen und Ekzemen wirken Gerbstoffe lindernd.

Wirkung von La Pacho-Extrakten

Mit der Akzeptanz der Urwaldmedizin tut sich die von wirtschaftlichen Interessen mitbestimmte westliche Medizin immer noch sehr schwer, obwohl z. B. das von ihr gegen Malaria u. a. Tropenerkrankungen verwendete Mittel Chinin, das 1820 aus der Chinarinde isoliert wurde, ebenfalls eine solche ist. Zusammengefasst beschreiben medizinische Autoren derzeit folgende La Pacho-Wirkungen:

Entgiftend – Basen bildend – das Immunsystem stärkend – anregend – schmerzstillend – blutdrucksenkend – harntreibend – wundheilend – entzündungswidrig – revitalisierend – antitumoral – fiebersenkend – antibakteriell – pilztötend – blutreinigend – hautreinigend – gegen Angst und depressive Stimmungen wirksam und vieles mehr.

Bislang vorliegende Untersuchungen

- Antitumorale Aktivität – nachgewiesen durch Zell- und Tierversuche am *National Cancer Institute*, USA.
- Wachstumshemmung verschiedener Tumorarten – *C. F. de Santanas* Untersuchungen fettlöslicher und wasserlöslicher La Pacho Auszüge.
- Tumorhemmende Wirkung – Nachweis durch *Dr. Theodore Meyer / Universität Tucuman*. Er isolierte aus der Rinde La Pachol mit tumorhemmender Wirkung.
- Nach *Dr. Morm Farnsworth / Universität von Illinois* und *Dr. James Duke* enthält La Pacho Rinde einen Wirkstoff, der die Krebstherapie effektiv unterstützen kann.
- Nach *Prof. Paulo Martin*, medizinischer Forschungsbeauftragter der brasilianischen Regierung, verwenden die Callawaya-Indianer roten La Pacho erfolgreich gegen Leukämie u. a. Krebserkrankungen.
- *W. Accorsi*, Sao Paulo: Experimente mit La Pacho ergaben bei Krebs eine schmerzlindernde Wirkung sowie Anstieg der roten Blutkörperchen. Er berichtet ferner von positiven Ergebnissen bei Diabetes, Rheuma und Geschwüren.
- Der deutsche Arzt *Dr. Theodor Binder* bezeichnet La Pacho als Spurenelement- und Mineralstoffspender sowie als Adjuvans in der Krebsbehandlung.
- *K. A. Duke* berichtet über Verminderung von Candida-albicans-Pilzerkrankungen.
- *S. Oga und T. Sekina*: Tierversuche an Ratten ergaben entzündungshemmende Wirkung des Extrakts.
- Eine Antibiotische und keimtötende Wirkung wurde auch durch *Dr. Theodore Meyer / Universität Tucuman*, nachgewiesen. Er isolierte aus La Pacho Rinde das antibiotisch wirkende Chionon / Xyloidin.
- *Cancer News Journal* / Frühjahr 1992 veröffentlichte einen Bericht, wonach La Pacho hilfreich in der Behandlung von Diabetes mellitus, Anämie, Gastritis, Bronchitis und von Allergien einsetzbar ist.
- Die *Dietmann Research Foundation* / Los Angeles berichtet von stimulierender und vorbeugender Wirkung auf den Verdauungstrakt sowie auf Leber, Darm und Gallenblase.

In der Heilkunst der Guarini und Tupi-Indianer Südamerikas wird die innere, rötlich färbende Rinde des La Pacho Baumes auch äußerlich zur Wundheilung eingesetzt. Sie bezeichnen den La Pacho Baum als den »Baum des Lebens« sowie auch als »Baum der Götter«.

La Pacho Tee stärkt das psychische Wohlbefinden:

Es ist allgemein bekannt, wie wichtig eine täglich hinreichende Mineralstoffzufuhr für den Erhalt eines gesunden Befindens ist. La Pacho enthält reichlich Mineralstoffe. Körper und Seele sind dichter miteinander verstrickt, als uns bewusst ist.

Achtung! Die von mir vorstehend notierten medizinischen Indikationen beruhen zumeist auf der Anwendung starker La Pacho Auszüge, zu welchen zuvor ärztlicher Rat einzuholen ist. In weiten Verbraucherkreisen besteht heute glücklicherweise wieder eine Rückbesinnung auf die Mittel der Natur; sprechen Sie dennoch jede Selbstmedikation mit dem Arzt Ihres Vertrauens ab.

Die Zubereitung von La Pacho Tee

Für normalen Genuss 3-4 gehäufte Teelöffel (6-8 g) La Pacho Rinde pro Liter auf siedend heißes Wasser geben. Die Ziehzeit sollte mit nur 10 Minuten einen milden Abguss als vorbeugendes Gesundheitsgetränk ergeben. Für medizinische Zwecke käme die doppelte Dosis und Ziehzeit bei vorherigem Abkochen zur Anwendung.

La Pacho Handelsprodukte

In guten Teefachgeschäften erhalten Sie La Pacho pur oder die von mir entwickelte Teemischung La Pacho-Melange, die sich besonders als wohlmundender Durstlöscher eignet.

Im Handel befinden sich zusätzlich eine Reihe von Tabletten- und Pulverprodukten. Hierzu fragen Sie bitte unbedingt einen entsprechend kundigen Arzt. Auch sind dies Medikamente, die einer recht großen Menge getrunkenen Wassers bedürfen, um zur Wirkung zu kommen.

Handelsnamen für La Pacho Tee sind:

- La Pachotee
- La Pacho colorado (Rot La Pacho)
- La Pacho Rindentee
- Roter La Pacho Tee
- Ipes
- Ipé Roxo / La Pacho Iperoxo (Ipe = Rinde, Roxo = rot)
- Paoheebo
- Pau d'Arco (Bogenholz)
- Bow Stick
- Taheebo

La Pacho Tee – wo kaufen

Meiden Sie billige La Pacho Sorten aus zweifelhafter Quelle, sondern kaufen Sie La Pacho Tee nur lose abgewogen in gut besuchten Geschäften. Dort können Sie die Qualität auch direkt in Augenschein nehmen. Im seriösen Fachhandel wird zudem strikt auf Hygiene und Tee gerechte Lagerung geachtet. Zu lange und feucht aufbewahrter Tee birgt die Gefahr von Pilzbefall und Schimmelsporenbildung.

Billig angebotener La Pacho entstammt mitunter der Schälung von Bäumen aus brutal abgerodeten Urwaldflächen. La Pacho wird naturgerecht aus der Unterrinde von lebenden Bäumen gewonnen. Die der Baumrinde zugefügte Wunde wächst wieder zu und erlaubt ein erneutes Ernten. Für ein wenig mehr Geld wird somit der Raubbau am Regenwald nicht noch belohnt und dem Weltklima vielleicht etwas geholfen.

Zur Haltbarkeit

Bei trockener Luft und Dunkelheit ist La Pacho mehrere Jahre lang haltbar. Bitte nicht zu warm, zu feucht oder unter dauerndem Lichteinfluss lagern und vor fremden Düften schützen. Teetüten stets bis auf den Tee herunterwickeln, sodass kein Luftpolster darin bleibt.

Mate Tee – Folia Mate – Jesuiter-Tee

10.1 Mate-Gefäße. Die Kalebasse links ist mit einem Silberrand verziert.

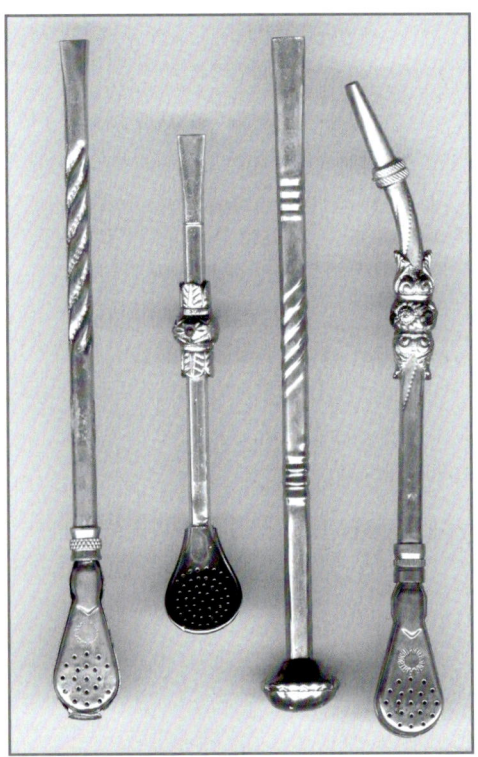

10.2 Saugrohre mit Siebansatz.

Geschichte

Grabbeigaben in Südamerika beweisen, dass Mate seit der indianischen Frühzeit bekannt ist. Die Eingeborenen pflegen noch heute ein altes Mate-Ritual. In gemeinsamer, schweigender Runde trinken sie »*mate con bombilla*« in ähnlicher Weise wie nordamerikanische Indianer gemeinsam die Friedenspfeife rauchten. Das heute gebräuchliche Mate-Trinkgefäß ist eine Kalebasse, die harte Schale des Flaschenkürbis (*Lagenaria*), und dazu gehört ein Silber-Saugrohr (*Bombilla*) mit Siebansatz. Die Kalebasse geht auf die Criollo-Indianer zurück, die Bombilla wohl auf die Spanier.

Yerba Mate ist auch unter der Bezeichnung »Jesuiter-Tee« in Europa bekannt geworden. Von 1609 bis 1773 besaß ein auf dem heutigen Gebiet von Paraguay angesiedelter Jesuiten-Staat das Monopol zur Mate-Produktion. Der Tee wurde damals von den Jesuiten nach Spanien und Portugal verschifft. Doch der Orden wurde 1773 wegen seines sozialen Engagements vom Papst aufgelöst und musste den Staat in Südamerika zugunsten einer weniger friedvollen christlichen Besatzung aufgeben.

Heute ist Mate das Nationalgetränk aller Argentinier. Sein Konsum ist darüber hinaus über ganz Südamerika verbreitet.

Die Pflanze

Name	*Ilex paraguayensis*
Familie	*Aquifoliaceae* / Ilexgewächse
Volkstüml. Namen:	Matetee, Paraguaytee, Jesuitertee, Terere, Yerba Mate
Droge	junge Blätter und Knospen, lat.: Folia Mate
Herkunft	Südamerika, Urwald des Paranabeckens
Geruch	nicht besonders angenehm, leicht rauchig
Geschmack	süß-säuerlich, leicht rauchig
Coffeingehalt	0,3 - 1,5 %, gebunden an Chlorogensäure
Polyphenole	8 - 11 %
Andere Inhaltsstoffe	freie Chlorogensäure, wenig Theobromin und Theophyllin, Gerbsäure, Spuren von ätherischem Öl und Vanillin
Handelsbezeichnungen	Mate grün: »Mate Taragin« Mate geröstet: »Mate real«

Inhaltsstoffe   Coffein und Gerbstoffe mit langanhaltend anregender Wirkung. Einige Verfasser bezeichnen Yerba Mate auch als Vitaminquelle für die Landbevölkerung. Angesichts der hohen Erhitzungstemperaturen bei der Herstellung von Mate ist ein nennenswerter Vitamingehalt zu bezweifeln. Sonstige verlässliche Werte liegen mir trotz vieler Recherchen nicht vor.

Wirkungen   Amagrum – Bittermittel, Magensaft- und Speichelfluss fördernd. Hilft, schwer verträgliche Speisen leichter zu verdauen.
Tonikum – kräftigend, stärkend.
Diuretikum – entwässernd.
In Europa wird Mate auch bei Reduktionsdiäten als Hunger dämpfendes Tagesgetränk empfohlen.

Produktionsmenge
Jährlich werden in Südamerika etwa 300 000 Tonnen hergestellt.

Anbau   Mate wird in Argentinien und Brasilien kaum noch von den wild wachsenden 6-14 m hohen Urwaldbüschen gepflückt. Vielmehr findet heute intensiver Anbau in Plantagenbewirtschaftung statt.

Pflückung   Von den in Kultur stehenden Büschen hackt man ganze Zweige ab, deren Blätter der Weiterverarbeitung zugeführt werden.

Verarbeitung   Überwiegend findet heute Verarbeitung zu grünem Mate (Mate Taragin) statt. Eine zweite Produktionsvariante ist der geröstete Mate (Mate real). Doch muss für beide Varianten zuerst der Roh-Mate hergestellt werden.

Fermentieren zu Roh-Mate

Nach dem Abschnitt werden die beblätterten Äste für ca. 1 Minute auf 400°C erhitzt. Das bewirkt eine Verminderung des Wassergehaltes von 60 auf 25%. Danach erfolgt ein weiteres Antrocknen für 1-2 Minuten mit 80°C heißer Luft auf etwa 15% Restfeuchtegehalt. Nach Abkühlung wird die Trocknung für weitere 4 Std. bei 80°C Heißluft bis auf 8-9% Restfeuchte durchgeführt. Nachfolgend werden Blätter und Stengel mit Walzen stark zerkleinert und die groben Stengelteilchen abgesiebt. Nun erfolgt die Fermentierung des Roh-Mate
a) bei Zimmertemperatur für mehrere Monate oder
b) in Warmluftbehandlung (50-60 °C) für 30-45 Tage.

Mate grün – Mate Taragin

Nach Abschluss der bei relativ geringer Blattfeuchte lange während Fermentation wird durch weiteres Zerkleinern, Absieben und Mischen der eigentliche grüne Mate (Mate Taragin) mit abschließender Endtrocknung auf 2-3 % Restfeuchtigkeitsgehalt gewonnen.

Geschmack und Duft

süß-säuerlich, etwas rauchig.

Mate geröstet – Mate real

Dieser entsteht durch hartes Anrösten der Roh-Mateblätter bei höherer Temperatur im Endtrocknungsprozess.

Geschmack und Duft

entsprechend kräftiger rauchig.

Instant-Mate   In Europa weniger bekannt, wird er durch Wasserdampfdestillation aus Mate gewonnen. Mittels Ethylether erfolgt die Herstellung eines Aromakonzentrats, das zur Herstellung von Instant-Mate verwendet wird.

Unterschied zu Schwarztee und Grüntee

Von den 250 bislang bekannten Aromakomponenten in Mate kommen 144 auch in Schwarzem Tee vor. Der wesentliche Unterschied zwischen Mate und Schwarzem Tee liegt darin, dass er bedingt durch die wesentlich höhere Verarbeitungstemperatur sofortigen, vollständigen Enzymverlust erleidet. Hieraus erklärt sich die geringe Fermentaktivität im nachfolgenden Verarbeitungsgang. Auch kommt die anregende Coffeinwirkung aufgrund der im Mateaufguss sofortlöslichen Chlorogensäurebindung kräftiger und schneller als bei Grüntee zustande und sie fällt auch entsprechend schnell, ähnlich wie nach Kaffeegenuss wieder ab.

Zubereitung

Durch Infusion (Übergießen) mit heißem oder kaltem Wasser entsteht das Mategetränk, das besonders in Paraguay, Brasilien und Argentinien wegen seines erfrischenden Geschmacks und angenehmen Geruchs sehr geschätzt wird. In Südamerika ist es üblich, kleine Kürbisgefäße halbvoll mit Mateblättern zu befüllen. Darauf wird heißes bis siedendheißes Wasser gegeben. Mit dem Saugrohr, an dessen Ende eine Sieblochung das Aufsaugen von Blättern beim Trinken verhindert, wird Mate in starker, absudähnlicher Form schluckweise aufgenommen. Mehrfach nachfolgend wird siedendes Wasser nachgefüllt und der immer schwächere Mate getrunken. So kommt eine größere, in Tropenklima vor Flüssigkeits- und Elektrolytverlust schützende wirkstoffliche Aufnahme zustande.

Die südamerikanische Zubereitung in kräftigst mundender Absudform halte ich im gemäßigten mitteleuropäischen Klima für nicht ratsam. Ich empfehle einen milderen Abguss mit nur 3-4 geh. Teelöffeln = 6 g/l siedend heiß zu übergießen und nach maximal 5 Minuten Ziehdauer abzugießen.

Neuerdings kommt Mate, wie andere Teearten auch, aromatisiert in den Handel, für Puristen sicherlich ein Graus. Ich würde unbedingt auf eine natürliche Aromatisierung achten.

Pu' Erh Tee – postfermentierter Tee

Geschichte und Sortenherkunft

Pu' Erh Tee ist eine Teesorte aus der südchinesischen Provinz Yunnan, der Urheimat des Quinmao-Teebaumes. »*Tee der Kaiser*« wird Pu' Erh Tee traditionell genannt. Auf Kantonchinesisch wurde Pu' Erh Tee als *Bolei* bezeichnet.

Erste schriftliche Erwähnung findet Pu' Erh Tee im Wörterbuch des chinesischen Gelehrten *Kuo P'o* aus dem Jahre 350 n. Chr., der den Tee als medizinischen Trunk pries. Ein Tee, der seinen Angaben zufolge von großen grünen Blättern gewonnen wurde, die, zu einem Kuchen gepresst, solange fermentiert wurden, bis sie eine rote Färbung annahmen. In einer Auflistung aller Naturschätze des Landes notiert ferner der Gelehrte *Li-Chi-Lai* Mitte des 12. Jahrhunderts, der Zeit der Südlichen Song-Dynastie, folgendes: »*Pu Tee ist seit der Ära der Tang-Dynastie im Gebiet von Xibo sehr beliebt.*« Zhao Xuemin, chinesischer Arzt und Pharmazeut (1719-1821) erwähnte Pu' Erh Tee in seinem heute noch in China angewandten Standardwerk für TCM (traditionelle chinesische Medizin) wie folgt:

> *»Dieser Tee ist wie kein anderer ein wirksamer Feind unnützen und schädlichen Körperfetts. Er unterstützt das Yin und das Yang und schafft so, wenn der Mensch ihn regelmäßig trinkt, ein langes, gesundes Leben.«*

Mit dieser Meinung und möglicherweise regelmäßigem Pu' Erh Konsum wurde er 102 Jahre alt.

»Xibo« ... so wurde früher die nach Tibet hin gelegene westliche Region Yunnans genannt. Hier lebten zur Tang-Dynastie (618-906) viele unterschiedliche Nationalitäten friedlich miteinander – eine Zeit, in der Kunst und Kultur dank eines friedvollen, den schönen Künsten zugewandten Kaiserhauses reich erblühte. Erst später, zur Zeit der Ming- und Qing-Dynastie, wurde für *Bolei Tee* die heute gebräuchliche Bezeichnung *Pu' Erh* gleichlautend mit dem Namen der chinesischen Präfektur im Distrikt Simao, in welcher Pu' Erh Tee hergestellt wird, gewählt.

Die Pflanze

Für Pu' Erh Tee werden die in Urwäldern von Yunnan auf bis zu 2000 Meter Höhe großblättrig wachsenden Dayeh-Teebäume bepflückt. Es sind dieselben, die auch das Teegarten-Pflanzenmaterial für Grünen, Schwarzen oder Oolong-Tee liefern. Die Blätter sind länglich-oval spitz zulaufend, immergrün und stehen wechselständig. Die weiße, intensiv duftende Blüte ist fünfzählig, die nachfolgenden Früchte dreikantig holzig. Sie enthalten drei bis vier Samen. Heute werden nur noch für einige wenige, besonders edle Pu' Erh Tees wild wachsende Teebäume bepflückt. Vielmehr wurden im Verlauf der letzten tausend Jahre Teegärten in den Bergen Yunnans industriefern angelegt, in denen heute für preiswertere braune Pu' Erh Tee Sorten rationell gepflückt werden kann.

Pu' Erh Tee – zu welcher Teeart zählt er?

Über Pu' Erh Tee etwas Genaues herauszufinden, ist selbst im heutigen Informationszeitalter ein schwieriges Unterfangen. Die Chinesen behandeln seine Herstellung seit Jahrhunderten wie ein Staatsgeheimnis. Auch ist nach wie vor nicht sicher, ob in allen Pflückgebieten die Nachbehandlung zu Pu' Erh Tee in gleicher Weise erfolgt. Zu unterschiedlich sind zudem die im Handel erhältlichen grün und braun verarbeiteten Qualitäten.

Nach mir vorliegenden, einigermaßen zuverlässigen Berichten aus dem Herstellungsgebiet stellt Pu' Erh Tee eine eigenständige Teeart dar, die sich von Grünem, Schwarzem oder halbfermentiertem Oolong Tee unterscheidet. Pu' Erh Tee ist ein »**postfermentierter Tee**«, denn er wird in einem besonderen Nachverfahren mit Mikroorganismen behandelt. Ferner wird berichtet, dass einige Pu' Erh Tees auch von nach der Pflückung mit Edelschimmel behandelten Teeblättern stammen sollen.

Die Veredelung zu Pu' Erh Tee

Über das für uns nur schwer einsehbare Verarbeitungsverfahren und die Tradition der Sorte äußerten sich die von mir um Auskunft gebetenen Teepartner der *China National Native Produce and Animal By-Products Import & Export Corporation* und die zuständigen *Branch Offices Corporations* per Fax original wie folgt:

»*The production processes are the following:*
Fresh leaves pre-frying in stirring, twisting & rolling, first sun-burning, re-twisting & rolling, drying and forming, this is called Qing Mao Tea.
Then, by controlling temperature, controlling dampness, supplying oxygen, artificially infecting bacterial spawn and after-fermenting,

with the comprehensive action of microbes and enzymes, the enzyme and non-enzyme of the polyphenol, compound in the sunburnt tea became Pu' Erh Tea's special quality.

Pu' Erh Tea is divided into two kinds including tea in bulk and compressed tea and over tea varieties. Compressed tea includes Pu' Erh Tuo Tea (Bowl-shaped), tea pie (Round shape), tea blocks (square shape), brick tea (rectangular shape) etc.

Pu' Erh Tea's shape is thick and full, its color is sparkling or brown madder, drinking Pu' Erh Tea with original mellow fragrance, people will have sense of well being and delightfulness.

Pu' Erh Tea enjoys high reputation in the country and abroad and has been appraised in all ages. South Song Dynasty poet Wang Yu once sang the praises of the tea: "More fragrant than orchid flowers in royal garden; More impeccable than the mid-Autums full moon; People are reluctant in taste, worrying about no longer present: The precious gift can be only dedicated to white-haired parent."

In Quing Dynasty the tea was the tribute to empereors. As in Ruan Fu's (1825) Story of Pu' Erh Tea "Pu' Erh Tea is famous for its fragrance and especially precious in the capital." Pu' Erh Tea was described in Cao Xucqin's "A Dream in Red Mansions" revealing its famous and precious features. Pu' Erh Tea was vividly recorded in Qing Dynasty scholar Zhao Xuemin's (1765) Supplement to Compendium of Materia Medica that the tea was excisive for its fragrance, effective in sobering up; it is expectorant and good for digestion, clearing stomach and promotion of production of body fluid.

Pu' Erh Tea has won good graceful name from consumers in more than twenty countries and regions since it entered into international market. Clinic tests made by a French Hospital proved that it is effective in fat metastasis, it can reduce blood fat by 20 % and repidly cut down alcohol content in blood. Test of therapist Emil Caroby in French San Anthony Medical department proved that body weight of more than 40 % selected patients who drink Pu' Erh Tea (Pu' Erh Tou Tea) reduce in different extent. The effect saw more obvious in patients between 40 and 50 years old. Expecially it reduces content of cholesterol, trithioglyceride and uric acid in varying degrees. Clinic tests conducted by Yunnan Kunming Medical College also proved that the tea is more effective in treatment of hyperlipemia based on 55 cases than Autouming (a good medicine in treatment of hyperlipemia) in 31 cases its function of reducing cholesterol is almost the same with that of Autouming: there is no side effect in long term taking. Recent year's research and tests demonstrated sterilization function of the tea. Taking dense tea four times a day

(100 g tea boiling with 700 ml water) can cure bacterial diarrhea. Drinking Pu' Erh tea regularly can prevent diarrhea. Pu' Erh Tea is praised as "Beauty tea", "slimming tea" and "health Tea" in foreign countries. It is a kind of favorable health drinking to the people.«

Zwei Verarbeitungsphasen bis zum Pu' Erh Tee

Die aus Urwaldpflückung oder von Teegärten frisch gepflückten Teeblätter werden nach kurzem Anwelken während des ca. 1-2 stündigen Transports in einer ersten Phase zum sogenannten Quing Mao Tee verarbeitet. Das gestaltet sich folgendermaßen:

1. pre-frying in stirring	–	Vordämpfen
2. twisting & rolling	–	elliptisches Rollen
3. first sunburning	–	Vortrocknung an der Sonne
4. re-twisting & rolling	–	nochmaliges eliptisches Rollen
5. drying and forming	–	in Warmluft rollt sich das Blatt zur endgültigen Form zusammen

Erst in einer zweiten Verarbeitungsphase entsteht durch postfermentierende Nachbehandlung aus dem Qing Mao Tee der eigentliche Pu' Erh Tee:

6. Die noch halbfeuchten Teeblätter werden mit einem Teepilz (Kombucha u. a.) beimpft. Für die Dauer des nachfolgenden noch-Feuchtseins initiiert diese Pilzbeimpfung fermentative und auch natürlich konservierende Aktivitäten ähnlich wie es in der Herstellung von Kefir, Yoghurt oder milchsauer eingelegtem Gemüse durch Beimpfung mit entsprechenden Kulturen in ernährungsphysiologisch äußerst positiver Weise der Fall ist.

Zwischen zwei unterschiedlichen Fermentierungsverfahren ist zu unterscheiden:

Roter Pu' Erh Tee

In Kisten postfermentierend eingestampfte Einlagerung beimpfter Qing Mao Blätter. Ein vereinfachtes Verfahren für mäßigere Blattqualitäten. Das nachfermentierende Einlagern erfolgt für mehrere Jahre in kühlen, dunklen Bergfelshöhlen der Provinz Yunnan. Die Blätter trocknen langsam durch und geben den Mikroorganismen so genügend Aktionszeit, auf das »Stampfgut« fermentierend einzuwirken. Es entsteht je nach vorher angewandter Rollintensität ein feines bis grob krauses, rötlich-braun oxidiertes Blatt, das einen für roten Pu' Erh Tee typischen, ledrig-erdigen Duft und Geschmack annimmt.

10.3
Pu' Erh Tributtee
»Goldene Melone«.

Grüner Pu' Erh Tee

Qing Mao Tee wird halbfeucht beimpft und zu kleineren oder größeren Teekuchen halbschalenförmig mit 3-15 cm Radius oder zu rechteckigen »*Bricks*« gepresst. Dann folgt, wie vorstehend beschrieben, langjährige Einlagerung in kühlen, gut durchlüfteten Bergfelshöhlen. Bedingt durch die kleinere Halbschalenform sowie aufgrund der zuvor zeitlich geringeren Welkzeit zeigt das nach Reifung abgießende Blatt grünliche Färbung. Es mundet je nach Blattqualität mehr oder weniger angenehm wie Grüner Tee.

Zu Zeiten der Tang-Dynastie und noch lange danach musste kostbarer Pu' Erh Tee dem Kaiserhof als Tributtee geliefert werden. Pu' Erh hat seither auch den Beinamen »*Tee der Kaiser*«.

Ursprung der Postfermentierung von Teeblättern?

Teeblätter mit Mikroorganismen (Teepilz) zu beimpfen ermöglichte auch eine Haltbarkeit über viele Jahre ohne nennenswerten wirkstofflichen und geschmacklichen Verfall. So wurde früher mittels Teepilzbehandlung auch Frischgemüse konserviert. Erst die Erfindung anderer Konservierungsmittel und -verfahren und der Gefriertechnik machten diese natürliche, auch auf den friesischen Inseln und Halligen noch bis 1920 angewandte Prozedur überflüssig. Einzige Bedingung war die abgedunkelte, saubere Lagerung und Temperierung auf etwa 18 Grad, wie in den kühlen Höhlen Yunnans gegeben.

Eine andere Methode der Haltbarmachung ist das milchsaure Beimpfen von Milch und Gemüse (Yoghurt, Kefir, L+ milchsauer eingelegte Gemüse/Gemüsesäfte/Sauerkraut). L+ Milchsäure entwickelnde Kulturen werden heute z. B. auch zur Symbioselenkung geschädigter Darmfloren und unterstützend in Immuntherapien angewandt.

Die Wirkung von Pu' Erh Tee

»*Natur und Heilen*«, Ausgabe 4/99, vermerkt zu Pu' Erh Tee Folgendes:

»*Der Pu-Erh-Tee reguliert die Energien, welche die Abläufe in unserem Körper steuern, und er hat eine besondere Wirkung auf Leber, Galle, Darm und das allgemeine Wohlbefinden. Seit Jahrhunderten wird der Pu-Erh-Tee in China traditionell zum Abbau von Fett, zur Entgiftung des Körpers sowie Steigerung der Lebensenergie getrunken ...*« Und weiter heißt es: »*Die grünen Teeblätter werden gepresst und unter kontrollierten Bedingungen verwandeln spezifische Bakterienstämme den grünen Tee in den roten Pu-Erh Tee, ohne dass die Wirkstoffe verloren gehen. Die Nachfermentation und Lagerung kann bis zu 60 Jahre dauern. Während dieser Zeit entwickelt der Rote Tee sein eigenes Aroma, ähnlich wie guter Wein. Er wird wertvoller im wahrsten Sinne des Wortes. Seine Heilkräfte und sein Preis steigen.*«

Klinische Studien am *Kunming Medical Institute* sowie am

St. Antoine Hospital in Paris berichten über Pu' Erh Tee:

1. Senkung bei überhöhten Cholesterin-, Triglycerid- und Harnsäurewerten durch eine Förderung des Leberstoffwechsels. (St. Antoine Hospital, Paris: 3 Tassen täglich = 13% niedriger Blutfettgehalt/Monat. Ferner wird von Senkung im Triglycerid- und Harnsäurebereich bei $^2/_3$ aller Patienten berichtet. Eine Studie in Kunming zeigte mit Pu' Erh Tee bei Lipämie höhere Wirkung als nach Einsatz sonst angewandter Clofibrate). So wurde zum Beispiel Blutalkohol doppelt so schnell abgebaut. Es erfolgte ebenfalls ein schnellerer Abbau von Giftstoffen im Darm. Die Förderung des Leberstoffwechsels bewirkt eine große Zahl weiterer konstitutionell positiver Reaktionen.

2. Fettgewebeabbau bei ansonsten normaler Ernährung, damit adäquat einhergehende Gewichtsreduktionen. Und zwar: Stark Übergewichtige = 9 kg/monatliche, Mittelübergewichtige = 5,8 kg/monatliche, nur leicht Übergewichtige = 2,8 kg/monatliche Abnahme. In Paris bauten die Patienten bei sonst unveränderter Ernährungsweise monatlich zwischen 3,2 bis 10,8 kg ihrer Fettpölsterchen ab, eine Gewichtsreduktion, die als »dauerhaft« bezeichnet wird. Nach westlich-medizinischer Ansicht wird diese Wirkung auf einen gesteigerten Leberstoffwechsel, nach chine-

sischer Heilkunde hingegen auf eine Verbesserung im Energie-fluss zurückgeführt.

3. Acht französische Ärzte berichteten in einem Selbstversuch von doppelt so schnellem Alkoholabbau nach Aufnahme von Pu' Erh Tee. Innerhalb von zwei Stunden senkte sich der Alkoholpegel des Blutes um durchschnittlich 0,45 Promille.

4. Noch unbestätigte Berichte sprechen Pu' Erh Tee auch Alters-prozesse verlangsamende, ja sogar eine diese umkehrende Wir-kung zu. Es könne bei täglichem Konsum arteriosklerotischen Prozessen und anderen Zivilisationskrankheiten wirksam begeg-net werden, heißt es.

Weitere Meinungen zu Pu' Erh Tee:

5. Prophylaxe gegen Infektionen.
6. Bakteriostatische Eigenschaften.
7. Senkung der Blutfettwerte.
8. Beschleunigte Verarbeitung fetter Speisen. Verbesserung im Ver-dauungsbereich. Regt die Sekretionsleistungen an.
9. Nur geringe anregende Wirkung über den Hirnstoffwechsel. An-geblich auch abends trinkbar (hierzu bin ich skeptisch).
10. Niedriger Gerbstoffgehalt, daher angeblich gute Verträglichkeit. (Anm.: das möchte ich für Roten Pu' Erh Tee nur eingeschränkt gelten lassen.)
11. Entgiftung und Entschlackung.
12. Stärkung des Immunsystems.

Pu' Erh Tee in der traditionellen chinesischen Medizin (TCM):

Quellen aus der traditionellen chinesischen Medizin heben beson-ders hervor, dass Pu' Erh Tee eine fettabbauende, Cholesterin senken-de und Alkohol abbauende, Leber stärkende Wirkung besitze. Das würde ich aber nicht zum Anlass nehmen, dem Alkohol übermäßig zu frönen, da dies ja mit Pu' Erh Tee ausgeglichen werden könne!

Coffeingehalt in Pu' Erh Tee

Der Coffeingehalt in Pu' Erh Tee wird als vermindert angegeben und liegt zwischen 1-2 %. Ich würde darum zur Vermeidung von Ein-schlafproblemen Pu' Erh nicht am späten Abend trinken, da bekanntlich nach der Aufnahme von Tee-Coffein eine anhaltende Belebung des Gehirnstoffwechsels stattfindet.

Geschmack

Den Geschmack verschiedener Pu' Erh Tees empfinde ich als sehr unterschiedlich. Von ledrig-erdig des **Roten Pu' Erh**, gleich den Düften einer Sattelkammer, bis hin zum angenehm grün-grasigen Geschmack eines **Grünen Pu' Erh Tees,** der in kleiner Halbschalenform angeboten wird. Eine wesentliche Geschmacksverbesserung ergibt sich durch die Beimischung von Pfefferminzblättchen.

Tipps für den sinnvollen Gebrauch

Aufbrühzeit und Blattmenge

Pu' Erh Tee sollte man nicht als Arzneimittel in kräftiger Absud-Lösung, sondern als konstitutionell förderliches Getränk zur Lenkung der Schleimhautsymbiose, mild gebrüht als 100 °C - 4 Minuten Abguss trinken. Verwenden Sie nicht mehr als 6-8 g/l.

Zucker und andere Zusätze?

Ich empfehle ungesüßten und auch sonst unverfälschten Genuss.

Grüner oder Roter Pu' Erh Tee?

Der etwas teurere Grüne Pu' Erh Tee mundet angenehmer. Rote Pu' Erh Tees riechen gelegentlich etwas muffig. Ein Duft, den mancher von uns vielleicht als Eigenart einer vermeintlich »guten Arznei« deutet und so akzeptiert.

Belastung mit Rückständen?

Mich macht ein allzu unangenehmer, ledrig-erdiger Duft eher misstrauisch. So ließ ich vor einiger Zeit verschiedene Pu' Erh Teemuster auf mögliche Belastungen, insbesondere auf ihren Aflatoxingehalt analysieren. Das Ergebnis bestätigte meinen Verdacht, dass einige Sorten mit mehr als 40 Gammagramm Aflatoxin zu hoch belastet waren. Als eher unbelastet haben sich die etwas teureren Sorten herausgestellt.

Sensationsmeldungen in der Boulevard-Presse

Sensationsmeldungen über vermeintlich hohe Gewichtsreduktionen nach Pu' Erh Tee beurteile ich skeptisch. Aus dem Zusammenhang gerissen, schaden solcherart Berichte eher, als dass sie dem Thema nützen. Und sie sorgen dafür, dass bewährte natürliche Methoden vielen bedenklichen Chemo-Anwendungen mit noch unkontrollierbareren Nebenwirkungsrisiken das Feld überlassen.

Meiner Meinung nach ist gut gearbeiteter Pu' Erh Tee, in Maßen (nicht Massen) getrunken, ein der Gesundheit in vielerlei Weise zuträgliches Getränk. Ich trinke Pu' Erh warm oder im Sommer auch auf Eis sowie im Mix mit etwas Pfefferminze. Für eine reine medizinische Indikation, so rate ich, sollte stets der Hausarzt als kontrollierender Begleiter einer Kuranwendung konsultiert werden. Vor allem sollten Sie, wenn Sie sich für Pu' Erh Tee entscheiden, in Ihre Überlegungen gleichermaßen einige wichtige Ernährungsregeln mit einbeziehen. Diese lauten:

- isolierte Zuckerarten möglichst meiden (Zucker in jedweder Form). Auch Alkohol ist ein Zucker.
- Feinmehle möglichst meiden. Mehr Vollwert-Getreideprodukte.
- Äußerst kritisch gegenüber trägen, tierischen, sowie stark erhitzten Fetten sein.
- Gewürze und Kräuter bevorzugen. Normales Kochsalz gegen Meersalz austauschen.
- Natürliche, bio-erzeugte Nahrung bevorzugen.
- Genießen Sie Obst und Gemüse reichlich.

Cystus

Name	Cistrose
lateinisch:	*Cystus - Cistus incanus ssp. tauricus*
Standort:	magnesiumreicher Boden, sonnige Hänge in Südeuropa
Erscheinung:	grau behaarte Cistrose, Strauch von bis zu 1 m Höhe
Blatt	oval-lanzettlich
Blüte	rosarot, aromatisch duftig
Geschichte	Im 4. Jh. v. Chr. wurde das Harz der Pflanze nach Ägypten und in den Sudan exportiert und dort als Mittel gegen Bakterien- und Pilzbefall eingesetzt. Seit dieser Zeit findet Cystus auch als Genuss-Tee Verwendung. Die älteste und zugleich häufigste Anwendungsart ist

der wässrige Extrakt von Cystusblättern und Zweigen. Die Zweige und Blätter wurden fünf Minuten in Wasser gekocht und als Sud bei Infektionen und zur Infektionsprophylaxe in Form von Körperwaschungen etwa bei Wöchnerinnen angewendet. Zum Schutz vor Infektionen wurden auch Breiumschläge direkt auf offene Wunden gelegt.

Biochemie Der therapeutische Nutzen von Cystus ist auf den hohen Gehalt an Polyphenolen zurückzuführen, die in ihrer pharmazeutischen Wirkung als bakterientötend bekannt sind. Phenolische Verbindungen, früher auch als Vitamin P bezeichnet, besitzen Vitamincharakter und stärken die körpereigene Abwehr. Neuere Untersuchungen sprechen den Phenolen auch eine Verringerung des Darmkrebsrisikos zu.

Cystusblätter haben unter allen bislang bekannten Pflanzen den höchsten Polyphenolgehalt.

Therapeutische Einsatzmöglichkeiten von Cystus

Hauterkrankungen

Seit der Antike wird Cystus wegen seiner keimtötenden Wirkung gegen Bakterien, Pilze und Viren eingesetzt. Neuzeitliche Untersuchungen bestätigen die seither beschriebenen Wirkungen.

In Laboruntersuchungen wurde die bakterizide Wirkung auf den Akne-Erreger nachgewiesen und daraufhin Cystus-Sud im Rahmen einer Studie an Patienten der *Hautklinik Bad Rothenfelde* angewandt. Bei verschiedenen Hauterkrankungen wurden hervorragende Ergebnisse erzielt.

Neurodermitis

Der Hammer Kinderarzt *Prof. G. Wiese* konnte in einer umfangreichen Studie eine rasche und dauerhafte Besserung des Hautzustandes bei Schulkindern mit ausgeprägter Neurodermitis belegen. Bei diesen Kindern vorher angewandte medikamentöse Dauertherapien hatten nicht zum Erfolg geführt.

Schleimhauterkrankungen

An der *Universität des Saarlandes* wurde Cystus mit Erfolg gegen Mandel- und sonstige Entzündungen in Mund und Rachen eingesetzt. Nach drei Behandlungstagen waren Schmerzen erheblich gelindert oder verschwunden, die Entzündungen deutlich rückläufig. Zudem berichten Zahnärzte von einer guten Karies- und Parodontoseprophylaxe bei Anwendung von Cystuslösungen. Die Erfolge führten dazu, Cystus-Lösungen auch bei bakteriell bedingten Schleimhautreizungen im Genitalbereich sowie bei Hämorrhoiden anzuwenden. Zwei Feldstudien hierzu sind in Österreich in Arbeit. Obwohl deren Ergebnisse noch ausstehen, berichten Praktiker bereits über beachtliche therapeutische Erfolge.

Traditionelle Zubereitung

Cystusblätter werden mit Astwerk nach der Ernte im Schatten an frischer Meeresluft getrocknet. Es haben sich folgende Zubereitungen bewährt:

Sud-Bereitung

Zunächst eine Handvoll Kraut (ca.10 g) mit 100-200 ml Wasser 5 Minuten kochen. Nach Abkühlung durch ein Sieb abgießen. Der Sud ist im Kühlschrank etwa zwei Tage haltbar.

Teeabguss Cystus wie Schwarzen Tee zubereiten, aber nicht länger als 5 Minuten ziehen lassen, da sonst Bitternis einsetzt.

Anwendung innerlich

Tonsillitis, Entzündungen des Mund- und Rachenraumes:
täglich 3 - 5 mal mit lauwarmem Sud gurgeln.
Parodontose, Gingivitis (Entzündung des Zahnfleischsaumes),
Karies-Prophylaxe:
täglich 3 - 5 mal mit dem Sud lauwarm spülen.
Akne vulgaris:
mehrmals täglich als Teeabguss trinken.
Schleimhautschutz im Magen-Darm-Bereich:
mehrmals täglich als Genuss-Tee.

Anwendung äußerlich

Hämorrhoiden, Dekubitus (Geschwürbildung der Haut infolge Druckeinwirkung, besonders bei längerer Bettlägerigkeit), bakteriell bedingte Schleimhautreizung im Genitalbereich:
täglich 1-3 Sitzbäder mit Sud 1:10 verdünnt.
Akne vulgaris:
Sud-Waschungen mit hartem Schwamm (z. B. Luffa-Gurke).
Neurodermitis, Windeldermatitis, Wunddesinfektion, Intertrigo (Hautwolf):
behutsame Waschungen mit 1:10 verdünntem Sud
(an der Luft trocknen lassen).

10.4 »Kaiser Qianlong probiert Tee.«

Qianlong, ein Kaiser der Qing-Dynastie, war für seine Liebe zum Tee bekannt
und erfreute sich noch im hohen Alter bester Gesundheit und Tatkraft. Vor der
Übergabe des Throns an seinen Sohn Jiaping im Jahre 1795, als der Kaiser 85 war
und ganze 60 Jahre regiert hatte, bemerkte ein altgedienter Minister: »Ein Land
könnte ohne einen Kaiser keinen einzigen Tag überdauern.« Qianlong lächelte
und sprach: »Ohne Tee könnte ein Kaiser keinen einzigen Tag überdauern.«

11. Tee in der Gastronomie und Hotellerie

Einfach grausam, was uns Teetrinkern von Gastronomen heute oftmals vorgesetzt wird.

Im Extremfall liegt vor dem Gast ein Teebeutel und dazu wird eine Tasse einmal heiß gewesenen Wassers gestellt. So geschehen z. B. auf Sylt zum Preis von 2,80 €. Da ist wirklich große Teenot angesagt.

Ronnefeld in Frankfurt ist zu danken, dass überhaupt ein wenig Teekultur in breitere Gastronomieschichten Einzug hielt. Wenngleich oft noch im Teebeutel, so befindet sich in denen der Firma Ronnefeld doch ganz ordentliche Blattware. Ein Samowar liefert dem sich selbst bedienenden Gast am Buffet heißes Wasser dazu.

Oft meinen es kaffeekundige Bedienstete auch zu gut mit dem Gast. Dann hängen in der viel zu kleinen »Geizkragenkanne« gleich zwei Teebeutel feinst krümeligen Inhalts. Eine ungenießbare Brühe entsteht, die nur noch mit viel Milch und Zucker trinkbar wird. Auch ist es unschön, die bereits verstrichene Ziehzeit beim Servieren nicht mitgeteilt zu bekommen. Und wenn gar noch die Teeblätter lose in der Kanne schwimmen, dann freue ich mich doch einfach wieder auf meinen häuslichen Teegenuss. Da kann ich alles so haben, wie ich es liebe.

Den Vogel schoss einmal das teuerste Hotel der Welt – es steht am Persischen Golf in Dubai – von der Teekanne. Ich hatte einen Darjeelingtee bestellt. Serviert wurde ein Earl Grey Tea lose auf dem Blatt schwimmend. Erst nach mehrmaliger Beschwerde kam der deutsche Geschäftsführer und behauptete weiterhin, ein Irrtum sei ausgeschlossen. Auf meine Bitte, doch ein neues Teepaket zum Vergleich aus dem Magazin holen zu lassen, willigte er des Sieges sicher ein. Das Päckchen Darjeeling kam und ein Vergleich mit dem Teeküchen-Dosenvorrat ergab, dass sich der falsche Tee darin befand. Man entschuldigte sich nun und servierte neu. Ach ja, der richtige Tee war wieder ein *Ronnefeld* aus Frankfurt am Main.

Manche Hotels gehen wieder dazu über, zur Nachmittagszeit eine richtige Teestunde anzubieten, mit prima gebrühtem Tee nach Wahl, kleinen Kuchenstücken oder Gebäck dazu. An den kleinen Dingen merkt man doch, wieviel Wert ein Haus auf seinen Ruf und die Zufriedenheit seiner Gäste wirklich legt. Es muss ja nicht gleich wie im »*Raffels*« in Singapur zugehen – ein eigener Teekellner zelebriert dort absolut professionell den Tee direkt vor dem Gast.

Zu fragen wäre noch, warum in vielen Häusern Tee mehr kostet als Kaffee, da Tee doch im Einkauf zumeist billiger ist.

Ja ja, die Teekultur erblüht zu Hause doch am besten. Üben wir uns in Nachsicht mit den Gastronomen und Hoteliers. Ich bilde seit Jahren gastronomischen Nachwuchs an Hotelfachschulen aus und erlebe eine sehr rege, interessierte Schülerschaft. Allerdings glaube ich: Wer selbst ausschließlich Kaffee trinkt, der kann als Gastronom oder als Händler die Teekultur nur unvollkommen vermitteln.

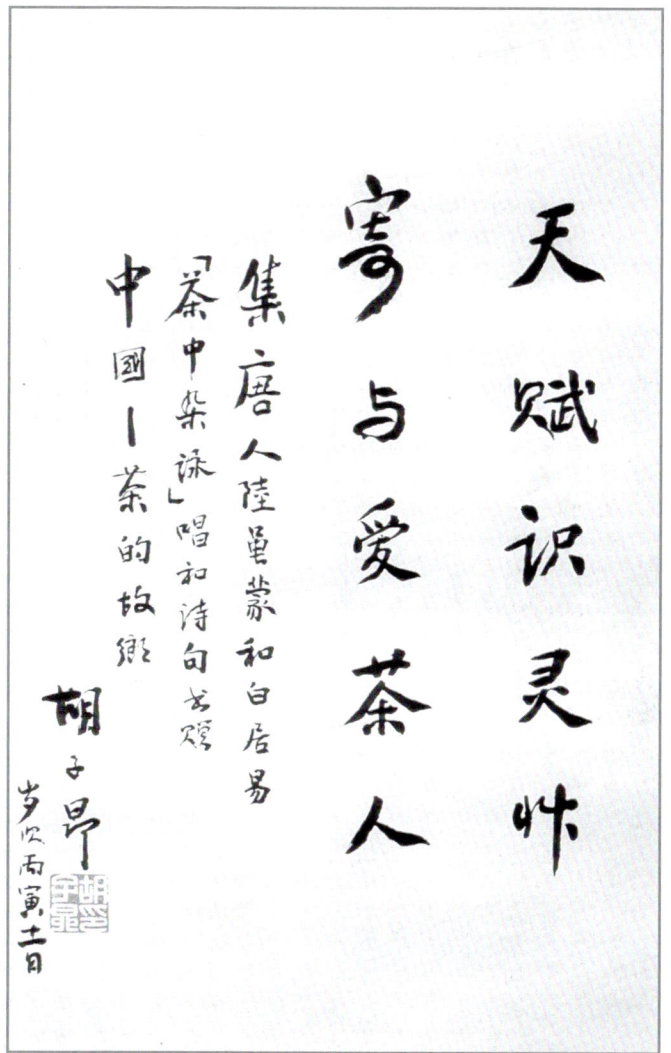

11.1 »Das feenhafte Kraut, himmlisches Geschenk, für meinen Freund, den Menschen, der Tee schätzt.« Zeilen aus einem Gedicht des Poeten Lu Guimeng aus der Tang-Zeit. Kalligraphie von Hu Zi'ang.

12.   Verschiedene Teerituale

Mit der Verbreitung der Teekultur haben sich in diversen Regionen der Erde sehr unterschiedliche Teerituale entwickelt. Diese orientierten sich teils an den Landesgewohnheiten, an den wirtschaftlichen Möglichkeiten sowie an vorherrschenden soziokulturellen Strukturen. Einige Teerituale möchte ich nachfolgend anführen.

Chinesische Teestunden

Vor ungefähr 1000 Jahren beschrieb der chinesische Buddhist und Literat *Lu-Yün* die Teezubereitung so:

> *»Um Tee zu bereiten, röste einen Teekuchen, bis er rötlich wird, zerbröckle ihn in kleine Stücke und lege diese in einen Porzellantopf. Gieße kochendes Wasser darauf und füge Zwiebeln, Ingwer und Orange hinzu.«*

Es schloss sich in der Song-Ära eine Zubereitungsart an, die auf geschlagenem grünem Teepulver basierte. Bis schließlich der Holländer *Nieuhof* in Reiseberichten aus Peking erwähnt, dass Tee auch mit Milch getrunken wird. 1659 berichtete ein Jesuit, dass die Chinesen bei großer Eile als Ersatz für eine Mahlzeit einfach zwei Eigelb mit etwas Puderzucker in die Tasse Tee schlagen würden.

Früher hieß es in China, dass den Erstabguss der Eunuch tränke. Den Zweitabguss reiche man dem Kaiser und seiner Familie. Einen Drittabguss tränken die Konkubinen des Kaisers.

Nachstehend einige Arten chinesischer Teezubereitung, die heute üblich sind.

Blattaufguss in der Teekanne

Die Chinesen verwenden eine für europäische Verhältnisse recht kleine Teekanne nebst henkellosen Teeschälchen. Sie spülen das Geschirr heiß ab, geben sodann Teeblätter in die Kanne und überbrühen mit der Hälfte des nötigen Wassers. Ein bis zwei Minuten später wird mit frisch siedendem Wasser aufgebrüht und nach einer Minute wird ein erster Tee getrunken. Die erste Schale ist der »Tee des Wohlgeruches«. Nachdem die Blätter ein zweites Mal aufgegossen sind, wird nach längerer Ziehzeit der »Tee des Wohlgeschmacks« serviert. Ein dritter Aufguss ergibt dann den »Tee der langen Freundschaft«. In einigen Gegenden folgen noch zwei weitere Abgüsse. Wichtig ist, dass eine etwas größere Teeblattmenge verwendet wird und dass die

12.1 Chinesischer Deckelbecher. Porzellan mit blauem Dekor, ca. 1600 n. Chr.. Solche Becher wurden von China nach Indonesien gebracht, um die dort lebenden Holländer mit Gebrauchsgeschirr zu versorgen. SAMMLUNG G. W. PEITSCHER.

Teekanne klein ist, sodass die Teeblätter jedes Mal trocken fallen und nicht zu sehr ausziehen. Natürlich eignen sich für diese Methode nur Grüner Tee und halbfermentierter Oolong Tee.

Blattaufguss im Deckelbecher

Viele Chinesen füllen sich morgens einige Blätter in einen abgedeckelten Teebecher und geben erstmals nur heißes Wasser darüber. Die Teeblätter öffnen sich bei diesem Erstabguss gar nicht vollständig und bleiben am Becherboden liegen. Der Tee wird darüber abgetrunken. Abgedeckelt bleibt der Rest stehen, bis bei erneutem Teedurst nochmals heißeres Wasser über die Blätter gegeben wird. So wiederholt sich dieser Prozess bis zu fünfmal am Tag mit ansteigender Aufgusstemperatur.

12.2
In Yunnan gefertigter
Ziegeltee wird in Dosen
verpackt.

12.3 und 12.4 »Tuocha«, Ziegeltee aus Yunnan.

Teeziegelmethode

In einigen Teilen Chinas wird auch heute noch Tee stückweise vom
trockenen Teeziegel abgebrochen, in Wasser aufgelöst und mit Milch
oder Yakbutter und Gewürzen vermengt getrunken – eine Teeflüs-
sigkeit, die gelegentlich auch ranzig schmeckt und sich dem europäischen Geschmacksempfinden gänzlich entzieht. Besonders die no-
madisierenden Bergvölker im Tibetanischen nutzen die Ziegelme-
thode. Da aber die ranzige Butter krebserzeugende Substanzen enthält, ist hier leider auch eine der höchsten Leberkrebsraten der Welt
zu verzeichnen.

12.5 Die Blätter besonders kostbarer Teesorten werden zu kunstvollen Gebilden mit einem Faden zusammengebunden und einzeln aufgebrüht. Die trockene »Knospe« rechts verdreifacht beim Aufbrühen ihr Volumen und bringt eine eingearbeitete rote Blüte hervor. Hier wurde sie zur Verdeutlichung in eine mit Wasser gefüllte Glasschale gelegt, statt, wie eigentlich üblich wäre, in eine schöne Teeschale.

Besondere Tee-Raritäten

Für sehr seltene, im Vorfrühling gepflückte Hochgebirgstees haben die Chinesen eine besonders schöne Art der Blattverarbeitung entwickelt. Sie binden die Blättchen nach Dämpfung von Hand gerollt zu kleinen Fächern, Sternen, Rosen, Kugeln oder Zylindern und trocknen diese im Wok. Gelegentlich werden junge Blätter auch zu kleinen Tee-Schmetterlingen gebunden oder auf feinen Bambushölzchen zu Spiralen gedreht und getrocknet. Raritäten solcher und anderer Art werden in einer Kanne oder Teeschale, besser noch in einem Glas, mehrfach mit siedendem Wasser übergossen. Einige dieser Teerosen, -fächer oder -körbchen lassen in der Teeschale eine kleine Blüte sich ballonähnlich entfalten und an einem Fädchen aufsteigen, ein aromatischer und ästhetischer Genuss zugleich. Einige solcher Raritäten-Sorten sind zum Beispiel: Yunnan – Jade Fan Teefächer, Huan Shan Green Mu Dan-Teerosen, Yunnan Jade Butterfly, Silver Pearl Mountain.

Japanische Teestunden

In meinen Händen halte ich eine Schale Tee. Seine grüne Farbe ist wie ein Spiegel der Natur, die mich umgibt. Ich schließe die Augen. Tief in mir finde ich die grünen Berge und das klare Wasser ihrer Quellen. Ich sitze alleine oder im kleinen Kreise lieber Menschen, werde still und fühle, wie all' dies ein Teil von mir wird.

Das Wundervollste für Menschen, die wie ich dem Tee-Weg folgen, ist ein Gefühl der Einheit von Gastgeber und Gast, geschaffen durch die »Begegnung von Herz zu Herz« sowie »durch das Erlebnis des Teilens einer Schale Tee«.

So beschreibt das Tee-Erlebnis *Soshitsu Sen XV*, oberster Teemeister der japanischen Urasenke-Teeschule, Nachkomme des Zen-Teemeisters *Rikyū* in 15. Generation.

Das Chanoyu

Nirgendwo auf der Welt trägt Tee soviel zum kulturellen Leben des Landes bei wie im Chanoyu, der bis heute lebendig gebliebenen japanischen Teezeremonie.

Hier haben die Zubereitung und das Trinken von Tee eine ästhetische Bedeutung erlangt und sich zu einer Kunst und Philosophie entwickelt. *Chadō*, der Tee-Weg. Vielleicht haben Sie ja schon einmal davon gehört? Ein Hauch von Exotik und ein Zauber des Geheimnisvollen umweht diesen Kult rund um den Göttertrank Tee.

Die traditionellen Wurzeln

Die Wurzeln der japanischen Teezeremonie sind tief in der chinesisch-japanischen Geistesgeschichte, im Shintoismus und Konfuzianismus, besonders aber auch im Taoismus und in den verschiedenen Richtungen des Buddhismus zu finden. Der Tee-Weg ist nur einer von zahlreichen Schulungswegen im Zen-Buddhismus, von denen im Westen das Bogenschießen *(Kyudo)*, die Schreibkunst *(Shodo)*, die Schwertkunst *(Kendo)* und die Blumensteckkunst *(Ikebana)* bekannt sind. Auf die Menschen des Westens mag es vielleicht übertrieben wirken, der Zubereitung und dem Genuss einer Schale Tee so viel zeitraubende Aufmerksamkeit zu widmen. Was haben sich die Japaner nur dabei gedacht?

12.6 Einige Utensilien für die Japanische Teezeremonie wurden hier, ohne einer bestimmten Vorschrift zu folgen, auf dem *Tana*, einem Holztischchen, arrangiert: Eine rote Lackdose, das *Chaire* mit dem Teepulver; davor das aus drei Federn bestehende *Habōki*, ein Staubbesen. Das *Chawan*, die Teeschale, ist in der von den Teemeistern bevorzugten Raku-Keramik gefertigt, der Löffel zum Herausnehmen des Tees ist aus Elfenbein gearbeitet. Der *Chasen*, ein Bambusquirl, wird in dem roten Lackbehälter aufbewahrt. Davor liegt ein *Kōgō*, ein Weihrauchdöschen, ebenfalls eine Lackarbeit. Sᴀᴍᴍʟᴜɴɢ Exɴᴇʀ.

Die überlieferten Werte

In der japanischen Teezeremonie sind materielle Werte anderen untergeordnet. Eine tragende Rolle spielen Werte, die in unserer westlich-materialistischen Zivilisation weitgehend in den Hintergrund getreten sind:

Harmonie und Ehrfurcht vor der Größe der Schöpfung,
äußere und innere Reinheit,
Stille und Frieden der Seele und der Welt,
Achtsamkeit.

Achtsam zu handeln bedeutet, im Alltag unwillkürlich ablaufende Tätigkeiten wie Atmen, Gehen oder eben auch die Zubereitung von Tee *bewusst* auszuführen. Für den Pragmatiker geht es eher um

12.7 Japanische Teeschale, vor 1656 gebrannt von Ninsei, einem berühmten Keramik-Meister.
Keramik, bemalt in Blau, Grün und Eisenrot. Wellen und „Drei-Tage-Mond". NATIONAL MUSEUM TOKYO.

Erfolg und Geld, um Werte wie schneller, weiter, höher ... und reicher. Der Buddhist sieht hingegen in der Gier nach Leben, die das menschliche Ego in den Mittelpunkt stellt, die wahren Ursachen für alles Leid.

Wird eine Schale Tee im Einklang mit den Regeln der Teezeremonie zubereitet, dann ist keine Bewegung, kein Handgriff des Teemeisters willkürlich. Was den Betrachter beeindrucken mag, ihm vielleicht als nicht besonders schwierig erscheint, bedarf dennoch eines langwierigen Lernprozesses. Ein Schüler auf dem Tee-Weg lernt, die Dinge zu ordnen, sie zeitlich genau aufeinander abzustimmen, das soziale Miteinander zu kultivieren. Im *Chanoyu* geschieht alles mit einer Ästhetik, in der Achtsamkeit, Ehrfurcht, Harmonie, Reinheit und Stille natürlichen Ausdruck finden. Hohes Ziel des Tee-Bewusstseins ist es, alle diese Erfahrungen auch in das Alltagsleben einfließen zu lassen.

Zeremonien-Tee

Zeremonien-Tee ist schon vom Erscheinungsbild, aber auch vom Geschmack her anders als der, den wir sonst genießen. *»Schaum aus flüssiger Jade«* nennen ihn die buddhistischen Mönche. Mit dem *Chasen*, einem Pinsel oder kleinen Besen aus Bambus, wird pulverisierter Grüner Tee, *Maccha* genannt, in der Trinkschale schaumig aufgeschlagen. In zartem Grün leuchtet er nun aus der Teeschale entgegen. Geschmacklich ähnelt Maccha Grünem Blatt-Tee, allerdings wesentlich kräftiger, fast spinatig mundend.

Chadō – der Tee-Weg

Tieferer Sinn einer rituellen Teezubereitung ist es, innerhalb der Welt und der Gemeinschaft mit den Mitmenschen der inneren Ruhe des eigenen Geistes gewahr zu werden. Hieraus ergibt sich die wesentliche Bedeutung des Tee-Weges auch für unsere heutige, von Hektik und Unkonzentriertheit bestimmte Zeit. Mit der Schale Tee, in der sich gleichsam auch die Natürlichkeit und Einfachheit aller Dinge ausdrückt, soll eine friedvolle Stimmung erzeugt werden. Durch die Zeremonie eröffnet sich im Verlauf des Weges auch ein Zugang zur eigenen Mitte. Das schafft Abstand zur Enge quälender Alltagsprobleme, bewirkt mehr Gelassenheit gegenüber den Gegebenheiten des Lebens. Was immer wieder ärgert und Sorgen bereitet, wird relativiert.

Der große Tee-Philosoph *Kakuzō Okakura*, der den Völkern des Westens bereits um die Jahrhundertwende (19./20. Jh.) östliches Denken nahebrachte, formulierte dies folgendermaßen:

> *»Die nicht die Kleinheit großer Dinge in sich fühlen, die werden auch die Größe kleiner Dinge in anderen übersehen.«*

Der Tee-Weg ist aber auch ein nicht enden wollender Schulungspfad mit dem Ziel, der Vollkommenheit möglichst nahe zu kommen. Eine Aufgabe, die jedem Menschen lebenslang gestellt ist und die das Leben selbst zur Schulung und Kunst-Schöpfung macht. Demnach wird ein »Tee-Mensch« auch fernab seiner Teetasse und des Rituals in den alltäglichen Handlungen und dem ihnen vorgeschalteten Denken stets eine Übungsmöglichkeit für den wahren Tee-Weg sehen. So öffnen sich ihm immer wieder neue, spannende Begegnungen und Erfahrungen – besonders auch viele unerwartete.

Seken no wabi – gelebtes Tee-Erleben

Das ganze Leben ist gelebte Tee-Kunst. Eine Erkenntnis, die auch den westlichen Künstler und Teetrinker *Joseph Beuys* mit der japanischen Tee-Kunst verband, indem er meinte, dass jeder einzelne Daseins-Moment im Leben eines Menschen ein wichtiger, nicht vom Ganzen ablösbarer Baustein im »Gesamtkunstwerk Leben« sei.

Abschließende Betrachtung

Vielen westlich-pragmatisch denkenden oder jedem Trend nacheifernden Menschen mögen die vorstehend aufgeführten geistigen Inhalte der japanischen Teezeremonie in oberflächlicher Betrachtung zu kompliziert oder gar unverständlich erscheinen. Schnell sind sie dann dabei, sich über Unverständliches zu belustigen. Aber betrachten wir doch einmal unsere eigenen täglichen Rituale:

Es beginnt mit der morgendlichen Routine des Aufstehens und dem Zähneputzen, der fest zementierten Art des Frühstückens. Im Büro folgt der Ritus, mit dem wir alle Dinge auf dem Schreibtisch morgens anordnen und zum Feierabend wieder abräumen. Pausen vollziehen wir mit geregelten Abläufen. Ritualgleich legen wir zu Hause den Mantel ab, ziehen nach vorgegebenem Bewegungsmuster die Hausschuhe an, entfalten die Zeitung und stecken das Zigarettchen an … Zu schlimmen, auffälligen Macken mutiert das alles, weil wir es oft automatengleich ohne Bewusstseinsempfindung oder mit etwas völlig anderem im Kopfe tun!

So besehen, haben viele Menschen sehr ausgeprägte Macken. Und das Schlimme daran ist: Sie vermögen daran kaum noch etwas zu ändern, weil sie den sprichwörtlichen Schlüssel hierzu bereits vorzeitig verloren haben oder verloren glauben.

Die regelmäßig geübte Teezeremonie bietet in der japanischen Kultur eine Art Brücke, um sich all der kleinen unbeachteten Dinge des Alltags bewusster zu werden und sie in konzentriertem Handeln ablaufen zu lassen. Sich auf die vermeintlich unbedeutenden Dinge zu konzentrieren bedeutet auch, das verheerende tägliche Gedankengewitter, das unser Gehirn durchschnittlich sechzigtausendmal am Tag durchzuckt, auf ein wieder erträgliches, konzentrationsfähiges Maß zu reduzieren. Das macht einen in sich ausgeglichenen Menschen aus, dessen Gelassenheit sich auf seine Mitmenschen positiv überträgt. Insofern scheint mir die japanische Teezeremonie ein sehr bedeutendes, eigentlich auch westliches Anliegen zu sein.

Ich trinke meinen Tee – und vergesse den Lärm der Zeit.
Mehrfach täglich …

An einer original-japanischen Teezeremonie kann man im *Museum für Kunst und Gewerbe* an der Universität Hamburg sowie am *Botanischen Institut* in München oder an der *Hochschule Hannover* teilnehmen. Zur Sommerzeit findet gelegentlich auch eine japanische Teezeremonie auf Sylt statt. Die japanische *Urasenke-Stiftung* unterhält mehrere Stützpunkte in Deutschland. Info über Termine und Orte erhalten Sie im Internet unter: www.urasenke.de.

Für die japanische Teezeremonie wird benötigt:

1 Maccha-Teepulver
1 Bambus-Teebesen
1 Bambus Teaspoon
1 weite Teeschale aus Steinzeug

Ganz originalgetreu gehalten wären es gar 24 Gerätschaften, die zum stilechten Genuss gehören.

Ich verwende japanische Kaltwetter-Schattentees des Sencha-Typs. Angenehm mild mundet mir ein Sencha Kukicha, der aus der Blattrispensortierung kaltwettergepflückter Blätter besteht.

Viele Teetrinker mögen eher den milderen chinesischen Grüntees oder der stilvollen Friesischen Teerunde mit Schwarzem Tee geneigt sein. Die ganze Teekult-Pracht des Fernen Ostens hat einmal Friedrich Wilhelm II. versucht, im Teehaus von Schloss Sanssouci nachzuempfinden. Ein wunderschönes Gartenhaus, das zu besichtigen wirklich lohnt. Doch mit den Inhalten der Teezeremonie hat diese »Prunklaube« nun wirklich nichts gemein.

Tibetanischer Buttertee

12.8 Tibetanischer Buttertee.

Die Menschen im Hochland Tibets pflegen heute noch die gleiche Teetradition wie vor Jahrhunderten. Vermutlich war Tibet auch das erste Land außerhalb Chinas, das schon im 7. Jahrhundert n. Chr. Tee kennen lernte. Der Sohn des tibetanischen Königs *Srong-Tsen-Gam-Po* (629-698 n. Chr.) führte den Ziegeltee in seiner Heimat ein. Seitdem ist Tee das Nationalgetränk der Tibetaner, von dem sie noch heute 30 bis 40 Tassen täglich trinken. Das ergibt mit 12 kg den höchsten Pro-Kopf-Verbrauch weltweit. Wie tief Tee in die tibetanische Kultur eingebettet ist, zeigt sich auch in der Sprache. Beispielsweise werden 8 km Wegstrecke in »3 Tassen Tee« ausgedrückt, und selbst im Nationalepos Tibets ist Tee verwurzelt.

In einer ersten englischen Reisebeschreibung über die Grenzgebiete zwischen Tibet und Indien wird berichtet, dass die Berglandbewohner Tibets morgens fünf bis zehn Tassen Tee tränken. Der Rest des Tees würde dann mit gemahlener Gerste verrührt, bis eine Paste entsteht. Tee-Extrakt wird mit 30 g Teeziegel-Bruchstücken und 30 g Soda in 1 Liter Wasser aufgekocht, gewürzt und gesalzen. Später, für Teegenuss, wird dieser Extrakt im Verhältnis 1:10 mit heißem Wasser und ranzig riechender Butter zu Tee verrührt, bis eine kakaoähnliche Färbung einsetzt. An dieser Zubereitungsform hat sich unter den tibetanischen Völkern bis heute nichts verändert. Nach dem Trinken verbleibt auf den Lippen ein Fettfilm. Dieser schützt die empfindlichen Lippen in großer Gebirgshöhe vor der starken UV-Einstrahlung.

Vor einiger Zeit stellte die Weltgesundheitsorganisation unter den Tibetanern eine der höchsten Leberkrebsraten fest. Fachleute begründen diese mit dem Dauerkonsum ranziger Yakbutter, die nach oft stundenlanger Erhitzung und Überlagerung krebserzeugende Stoffe enthält.

Dem Gast wird allerdings der einmalige Konsum dieses Getränks weitaus weniger schaden als die Folgen seiner Ablehnung, an einer tibetanischen Teerunde teilzunehmen. Denn es gilt in Tibet als eine besondere Ehre, zum Tee geladen zu werden.

Englische Teestunden

Im Jahre 1661 wurde, wie bereits berichtet, die portugiesische Königstochter *Katharina von Braganza* Gemahlin des englischen Königs *Charles II.* Sie siedelte samt einer Kiste Tee von Portugal nach England um und führte die Teekultur bei Hof ein. Es war Grüner Tee.

12.9 Viktorianischer silberner Teekessel aus Birmingham, England, 1868.

Der schon von den Holländern zuvor nach England exportierte Tee, später von der *East India Company* direkt importiert, diente der Frauenbewegung als Ernüchterungsgetränk. Er wurde im Volk derart populär, dass manche Familie ein Viertel ihres Einkommens dafür ausgab. Die Männer suchten weiterhin ihre angestammten Kaffeehäuser und Clubs auf, in denen sie Kaffee tranken. Frauen hatten dort keinen Zutritt und tranken zu Hause Tee. Im 19. Jahrhundert entwickelte sich unter der Herzogin von Bedford der *Afternoon Tea*, der zwischen dem Lunch und dem frühabendlichen Dinner nur mit einem Bisquit einzunehmen war. Später folgte der *Five o'Clock Tea*, eine rituelle Teestunde, zu der die gesamte Nation zugleich Tee trank und hierzu Sandwiches, Bisquits, Shortbread (Sandgebäck), Toast oder Scones (leichte Milch-Teebrötchen) reichte. Später folgte der *Early*

12.10 Originelle Teekanne aus England, ca. 1730 -1780.   12.11 Teekanne aus England, ca. 1830.

Morning Tea, direkt am Bett getrunken, gefolgt vom *Breakfast Tea* zum Frühstück. Den Tag beendete schließlich ein *High Tea*, der zum Abendessen gereicht wurde. Täglich mehrfach wiederholte sich so britischer Teegenuss, der heute 171 Mio. Tassen täglich beträgt und aus dem englischen Leben nicht mehr wegzudenken ist.

Im Jahre 1717 eröffnete *Thomas Twining* einen ersten *Tea Room*, den auch Frauen aufsuchen durften. Teegenuss prägte mehr und mehr auch das Freizeitvergnügen der Engländer, die sich ab 1750 gern auch open-air in *Teagardens* trafen. Hierzu spielte in den Parks ein Orchester auf und die Besucher ließen sich mit ihren Familien an Tischen oder direkt auf dem Rasen bei mitgebrachten Köstlichkeiten *for a nice cup of tea* nieder. Ein locker-vergnügliches Ritual, das heute noch in England von vielen Hotels mit dem *Afternoon Tea* im Belle Époque Flair als Tanztee gepflegt wird.

Engländer mögen morgens und über Tag einen kräftig färbenden, voll und malzig mundenden Tee. Diesem fügen sie nach Belieben Zucker, Milch, Sahne oder Zitrone zu, wobei sie zuerst die Milch in die Tasse geben und dann den Tee eingießen. Sie bevorzugen heute neben afrikanischem Tee auch Ceylon- und Assamtee aus der CTC-Produktion, feinste Aussiebungsgrade intensivster Auslösung. Zur feineren Teestunde wechseln sie, gutes Teewasser vorausgesetzt, auf Darjeelingtee höherwertiger Blattgrade, die mit bernsteingoldener Färbung und herbspritzigem Aroma unter den anspruchsvollen Teetrinkern auch zwischen den Mahlzeiten beliebt sind. Zwischendurch genießen sie auch Earl Grey Tea, Schwarzer Tee mit Bergamotte-Citrusöl aromatisiert. Zum *Five o'Clock Tea* werden in England seit jeher nur kleine Kuchenstücke gereicht. Ein englischer Kuchentel-

12.12 Teeschalenbehälter aus Leder, ca. 33 cm lang und 13 cm hoch mit einem Durchmesser von 19 cm. Daneben eine chinesische Porzellanschale mit Symbolen, die Glück und Wohlstand versprechen. Kasachstan um 1900.
Die Kasachen und Kirgisen zählen zu den klassischen Reitervölkern Zentralasiens. In geschmückten Lederbehältern konnten sie sogar zerbrechliche Teeschalen sicher transportieren. HAMBURGISCHES MUSEUM FÜR VÖLKERKUNDE.

ler ist gegenüber deutschen Ausmaßen durchweg um 5 cm im Radius kleiner.

There is always time for tea-time, heißt es in England. Und je nach Feinheitsgrad der Teegesellschaft fanden sich immer wieder auch mal ein Gläschen Whisky, Sherry oder Rum zum Tee oder direkt in selbigem mit ein. In einer kritischen Buchbeschreibung wurden einmal die Gesichter Tee trinkender englischer Damen der feinen Gesellschaft mit jenen von Kamelen arabischer und tibetanischer Teekarawanen gleichgestellt.

Orientalische Teestunden

Von den Ländern des Orients bauen nur die Türkei und Persien für den Eigenbedarf Tee an. Starke Konsumenten sind im Verlauf des 20. Jahrhunderts aber auch die Ägypter, Marokkaner und Tunesier geworden.

Einzig die Marokkaner trinken Grüntee. In den anderen orientalischen Ländern wird ein Dekokt (Abkochung mit ca. 15 Minuten Ziehzeit) aus Schwarztee zubereitet mit maximaler Auslösung der Teewirkstoffe. Die hohe Auslösung von Coffein bewirkte z. B. bei Tunesiern ein höheres Vorkommen von Arteriosklerose, die wiederum bei den Grüntee konsumierenden Marokkanern nicht festzustellen war.

Tunesien / Marokko – geminzter Tee

Tunesiern und Marokkanern ist gemein, Tee mit Minzblättern anzureichern. Das ergibt einen angenehm erfrischenden Geschmack. In letzter Zeit hat sich die Unsitte breit gemacht, dem geminzten Tee hohe Zuckeranteile hinzuzufügen.

Ägypten, Türkei, arabische Länder, Persien – Schwarzer Tee

In all diesen Ländern wird ein sehr starker Teesud aufgekocht und in ein bis zu einem Viertel mit Zucker gefülltes Glas gegeben. Ein Blick auf die Zahn- und sonstige Gesundheit dieser Teetrinker verrät die Folgen des unsinnig hohen Zuckerkonsums. Speziell in Persien fügen sich Teetrinker gern noch Kardamom und andere Gewürze in den Tee. Dazu werden geröstete Pistazien gereicht.

Russische Teestunden

12.13 In der der Türkei 1980 angefertigte Nachbildung eines alten russischen Samowar.

Als Vorläufer Russlands entdeckten die Völker der Mongolei bereits um 1000 n. Chr. den Ziegeltee als offizielles Zahlungsmittel auf Märkten.

Die russische Teestradition beginnt mit dem Jahr 1567. Zu dieser Zeit hatte der chinesische Großkahn dem Gesandten des Zaren 200 Pakete Tee als Präsent nach Russland mitgegeben. Doch der traute sich nicht, das Geschenk an seinen Herrn weiterzuleiten, weil er den Inhalt für schnödes Gras hielt. Schließlich erhielt der Zar das Präsent und der Gesandte erläuterte bei Hof die richtige Art der Zubereitung.

Die Menschen in den GUS-Staaten trinken heute etwa viermal so viel Tee wie die Deutschen. Auf Reisen begegnet man überall dem Samowar, gefüllt mit heißem Wasser und einem obenauf stehenden Kännchen Teesud. Tee wird aus Gläsern getrunken. Gesüßt wird mit Marmelade, die man löffelweise in den Mund nimmt. Alternativ zu Marmelade wird auch Kandis verwendet.

Heute wird in Russland hauptsächlich Schwarzer Tee aus Anbaugebieten in Georgien und Grusinien getrunken. Die GUS-Länder importieren aber auch viel Tee aus China und Indien. Besonders beliebt sind die gebröselten Broken-Tees mit starker Auslösung.

Friesische Teestunden

Die Wurzeln der friesischen Teekultur liegen in der calvinistischen Mäßigkeitsbewegung, die von den Niederlanden ausgehend Ostfriesland erfasste. Der calvinistische Glaube, der sich von Holland aus auch über Ost- und Nordfriesland ausbreitete, forderte von den Gläubigen ein sünden- und alkoholfreies Leben. Vielerorts wurde das Teetrinken auch den in Mäßigkeitsvereinen organisierten Frauen im wahrsten Sinne des Wortes schmackhaft gemacht. Endlich konnten auch sie einmal ohne Scham zu empfinden und ohne Begleitung der Männer ausgehen und unter sich sein.

Tee ostfriesisch aus der Kanne

- Teekanne mit heißem Wasser vorwärmen.
- Pro Tasse einen Teelöffel Blätter in die Kanne geben.
- Für die Teekanne kommt nach alter Tradition ein weiterer Teelöffel Blätter dazu.
- Mit etwas siedendem Wasser angießen.
- Nach ein- bis zwei Minuten siedendes Wasser auffüllen.
- Kandisstücke in kleine Tassen legen.
- Tee durch ein Sieb heiß darüber geben.
- Ein laut vernehmbares Knacken des Kandis läutet nun die Teestunde ein.
- Bei Bedarf etwas Sahne mit dem Sahnelöffel seitlich in die Tasse geben, sie zieht in Wolken durch den Tee.
- Statt der Sahne einen Spritzer frischer Zitrone zugeben.
- Wer es mag, gibt etwas Rum oder Köm in den Tee.
- Tee in aller Ruhe und Gemütlichkeit genießen.

- Wenn die Kanne halb leer ist, wird nochmals mit siedendem Wasser aufgefüllt und Tee nachgeschenkt, solange nicht die Tasse umgedreht oder der Teelöffel quer über die Tasse gelegt wird.

Ansatz von Teesud im Treckpott

Für eine andere Brühmethode, die wohl von Holland ausging, wurde eine gute Handvoll Teeblätter (meist hochlöslicher Blattstaub vom Boden der Teekrämerbüchsen – Gruss/Teegrüss) direkt in den *Treckpott*, von Kritikern wegen der vermeintlich sinnlosen Geldausgabe für Tee einstmals auch *Bankruutsketel* genannt, gegeben. Ganztags surrte über dem Herd der Sudkessel und stand für Teestunden bereit. Solch Teestaub, dessen starke Auslösung später zu dem Ausruf »oh Graus« führte, wurde auch als »Armeleutetee«, der für die »gemeinen (einfachen) Leute« bestimmt sei, bezeichnet. Zum Trinken wurde ein wenig Sud aus dem Treckpott über ein Sieb in mit erhitzter Milch befüllte Teetassen gegossen. Durch das vorherige Einfüllen der Milch wurde auch eine Dunkelfärbung des weißen Porzellans, die von der Gerbstoffreaktion mit hartem Teewasser stammt, verhindert. Schon die alten Chinesen schwenkten ihre weißen Schalen einmal mit Milch aus, bevor sie Tee hineingaben.

Tee richtig anzusetzen und für genügend Zutaten zu sorgen, gehörte bei den Friesen zu den Aufgaben der Großmutter im Hause.

* Eine Handvoll Teeblätter oder Teegrüss in den »Treckpott« geben.
* 1 Liter Wasser darauf füllen und auf dem Herd einmal kurz aufkochen.
* Den Treckpott abgedeckt stehen lassen und heiß halten.

Tee in Tassen serviert

* Zur Teestunde Milch oder Wasser erwärmen oder aufkochen.
* Teetassen zu ¾ mit heißem Wasser oder Milch füllen.
* Vom Treckpott über ein Sieb Teesud zugeben, bis die Farbe stimmt.
* Tee in der Tasse zusammen mit einem Stück Gebäck servieren.
Bei Tisch stehen Zucker und Zitrone sowie die Keksdose zur Selbstbedienung bereit. Es gilt jedoch als unhöflich, sich ein zweites Mal aus der Keksdose zu bedienen.

Die Hausfrau schenkt bei geselliger Teerunde solange Tee nach oder serviert neu befüllte Tassen, bis ihr die umgedrehte Tasse oder ein quer darüber liegender Teelöffel Kapitulation signalisiert. Tagsüber ist es üblich, nur eine Tasse langsam zu trinken, um danach wieder seinen Aufgaben nachzugehen.

Zum Ausklang

Ludwig Uhland

Teelied

Ihr Saiten, tönet sanft und leise,
vom leichten Finger kaum geregt!
Ihr tönet zu des Zärtsten Preise,
des Zärtsten, was die Erde hegt.

In Indiens mythischem Gebiete,
wo Frühling ewig sich erneut,
O Tee, du selber eine Mythe,
verlebst du deine Blütezeit.

Nur zarte Bienenlippen schlürfen
aus deinen Kelchen Honig ein,
Nur bunte Wundervögel dürfen
die Sänger deines Ruhmes sein.

Wenn Liebende zum stillen Feste
in deine duft'gen Schatten fliehn,
Dann rührest leise du die Äste
und streuest Blüten auf sie hin.

So wächsest du am Heimatstrande,
vom reinsten Sonnenlicht genährt.
Noch hier in diesem fernen Lande
ist uns dein zarter Sinn bewährt.

Denn nur die holden Frauen halten
Dich in der mütterlichen Hut;
Man sieht sie mit dem Kruge walten
wie Nymphen an der heil'gen Flut.

Den Männern will es schwer gelingen
zu fühlen deine tiefe Kraft;
Nur zarte Frauenlippen dringen
in deines Zaubers Eigenschaft.

Ich selbst, der Sänger, der dich feiert,
erfuhr noch deine Wunder nicht;
Doch, was der Frauen Mund beteuert,
ist mir zu glauben heil'ge Pflicht.

Ihr aber möget sanft verklingen,
ihr, meine Saiten kaum geregt:
Nur Frauen können würdig singen
das Zärtste, was die Erde hegt.

Ihnen allen, verehrte Leserinnen und Leser, die Sie mir durch diese Lektüre bis hierhin gefolgt sind, wünsche ich allezeit eine gute Tasse Tee.

Herzlichst – Ihr Ernst Janssen

Literaturangaben

ADRIAN, G. / Temming, R. L. / Vollers, A., 1989: Das Teebuch

ADRIAN, Hans G., 1970: Lieben Sie Tee?

ALLEIJOS, 1977: T'u Ch'uan

ALLOM, Thomas, 1843: China Illustrated

ALTONAER MUSEUM in Hamburg, 1977: Tee, zur Kulturgeschichte eines Getränks

BALKUMARI, Ananja,1999: Das Wunder von Darjeeling

BANERJEE, G., 1992: The Assam Directory & Tea Areas Hand Book 1992-93m 62nd. Ed.

BANERJEE, B., 1992: Selection and breeding of tea in: K.C.Willson and M.N.Clifford, eds: Tea, London, Chapman, & Hall.

BACKER, Gerhard, 1983: Besinnliche Teestunde

BERNEGG, Sprecher v., 1936: Tropische und subtropische Weltwirtschaftspflanzen

BLOFELD, John, 1999: Das Tao des Teetrinkens

BLOFELD, John, 1985: The Chinese Art of Tea

BODENSTEINER, S., 1999: Tee in aller Welt

BÜRGIN, Dr. E.C., 2001: Kaffee

BURGESS, A./STELLA /BEAAUTHÈAC/ BROCHARD/DONZEL,1991: Das Buch vom Tee

CALCUTTA TEA TRADERS ASS. – Tea Digest, 1975

CARTER, Tina M., 1994: Teapots

CHINA – HOMELAND of TEA, sec. Edition. 1994

CHOW, Kit/Kramer Ione, 1990: All the Tea in China

DELIKAT, VEB, 1981: Kleine Teekunde

EHMCKE, F., 1991: Der japanische Tee-Weg

EMMERSON, R., 1992: British Teapots & Tea Drinking

ERDBERG, Eleanor von, 1993: Zur Kunst Ostasiens

EXNER, Walter, 1990: Kirschblüten und Ahornlaub

FLORAL REGISTER & Auctarium – Part I, London ~ 1850

GOTO/KANAYA/HARA, 1991: Proc. of the international Symp. on Tea Science, Shizuoka

GOULLON, Francois le, 1829: Der elegante Theetisch

HADDINGA, Johann, 1977: Das Buch vom ostfriesischen Tee

HAMBURGISCHES MUSEUM FÜR VÖLKERKUNDE, 1984, Führer durch die Sammlungen

HAMMITZSCH, Horst, 1988: Zen in der Kunst des Tee-Weges

HERTZER, Karin, 1998: Geheimnisvoller Grüner Tee

HOFMANN, P./GEHRING, Dr. W. G.,1998: Richtig Trinken – vom Wasser bis zum grünen Tee

HUGH, R. 1990: Kleine Expedition ins Tee Paradies.

KLEINER, Peter, 1989: Tee und Teedosen

KÜRSCHNER, Joseph, 1901: China

LOHIA, A.K., Darjeeling Planters Ass., 1999: Darjeeling Tea

LUDWIG, O., 1995: Der Thüringer Kräutergarten – von Hexen Heilkräutern u. Buckelapothekern

LUMMEL, P., 2002: Kaffee, vom Schmuggelgut zum Lifestyle-Klassiker

LYONS, S./PETRUCELLI, R.J., 1980: Die Geschichte der Medizin im Spiegel der Kunst

MANN, H.H., 1935: Tea soils. Techn. Comm. 32. Imp. Bureau of Soil Science, Harpenden, UK

MANN u. GOKHALE, 1960: Soils of tea growing tracts of India.

MARBY, Heidrun, 1972: Tea in Ceylon – Geooecological Research, Vol 1

MARONDE, Curt, 1973: Rund um den Tee

MATSUSAKI, T./HARA, Y./SUSUKI, T., 1987: Nippon Nogeikagaku Kaisha

MUSEUM BOYMANS, van Beuningen, 1978: Thema Thee

MERZENICH, B. u. IMFELD, AL 1986: Tee, Gewohnheit und Konsequenz

NAKAMURA, Y.: Proc. of International Tea-Quality, Human Health Symposium, pp. 227-238

NEUHAUS, R., /SCHMIDBERGER, E., 1998: Kasseler Silber

NICOLIN, Marianne, 1987: Tee für Genießer

NOBUKO, IDE, 1993: Ranji, The Roots of Modern Japanese Commercial Graphic Design

NICKOL, Dr. Martin, Bot. Garten Univ. Kiel, 1999: Camellia Sinensis

OGUNI, Dr. Itaro/Hara, Y, 1990: Green Tea has many medicinal activities for preventing disease such as cancer, cardio-vascular diseases and diabetes

OGUNI, Dr. Itaro/CHENG, ShuJun, 1991: Annual Report of the Skylark Food Sience Institute

OGUNI, Prof. Dr. Itaro: Grüner Tee und die menschliche Gesundheit, Jap. Tea Exporters Ass.

OKAKURA, Kakuzo, 1955: Das Buch vom Tee

OTHIENNO, C.O., 1973: Physical characterisation of soils, in Ann Rep, Tea Research Institute of East Africa, Kericho, Kenya 38-41.

PETTIGREW, Jane, 1997: Tee – Das Handbuch für Genießer

POLT-HEINZL, E./SCHMIDJELL, C., 1998; Tee, eine kleine Kulinarische Anthologie

PÜTZ, Jean/KIRSCHNER, M., 1998: Grüner Tee, Ginseng, Ingwer, Algen

RANGANATHAN u. NATESAN, 1985: Potassium nutrition of tea, in Potassium in Agricult., ed. R. D. Munson, Agron. Soc. of America, 981-1022.

UBENAUF, Inge, 1983: Vom höchsten Genuss des Teetrinkens

SCHAEFFNER 1997: Getränkeführer Tee

SCHAPIRA, Joel 1975: The Book of Coffee and Tea

SCHLEINKOFER, Otto F., 1924: Der Tee

SCHMIDT, Rainer: Der Tee-Kompass

SCHNEIDER, Sylvia: Tees zum Wohlfühlen – Magische Kräuter aus aller Welt

SCOTT, R.M.1962: Summary of the soil survey observations on the Sambret valley.

TEMMPESTINI, M.M. – Il Tè, 1998.

TEUFL, Cornelia, 1996: Tee – die kleine Schule

THOMSON, John, 1898: Through China with a Camera

UNGER, Dr. Erich, 1932: Der Tee – eine wirtschaftsgeografische Studie

VOLLERS, Arend, 1996: Tee – alles Wissenswerte

VOLLERS, Arend, 1998: Die Kunst, Tee richtig zu genießen

WASSENBERG, Karl, 1991: Tee in Ostfriesland – vom religiösen Wundertrank zum profanen Volksgetränk

WELLS, Tony, 1995: Shipwrecks & Sunken Treasure in Southeast Asia

WICHL, L., 1989: Teedrogen Handbuch f. d. Praxis

WIGHT, W., Gilchrist, R.C.H.H., & Wight,J. 1963: Note on the colour and quantity of the tea leaf. Emp.f.Experm. Agricult. 31:124-126

ZITTLAU, Dr. Jörg/DANKWITZ, Dorothee, 1999: Zeit für Tee

ZITTLAU, Dr. Jörg, 1998: Grüner Tee – Gesundheit aus der Natur

Bildquellen

Allom, Thomas. China Illustrated 2.14, 2.24

Archiv Felicitas Hübner Verlag 12.3, 12.7, 2.1, 2.2, 2.3, 2.4, 2.7, 2.11, 2.12, 2.13, 2.31, 4.10, 4.12, 4.13, 8.17, 10.2

Boege, Bert 4.1, 4.5, 4.11, 4.14, 4.20, 4.29, 4.32

Camerapix Publishers International, Kenya 4.30, 4.31

Carter, Teapots 2.28, 6.2, 12.9, 12.13,

China – Homeland of Tea 2.5, 3.7, 3.8, 3.11, 3.13, 4.6, 4.7, 4.8, 4.9, 5.1, 5.2, 5.3, 5.4, 5.5, 5.6, 9.1, 9.2, 10.3, 10.4, 11.1, 12.2, 12.8

Deutsches Teebüro Titelseite »Grüner Tee«, 3.2, 3.3, 3.5, 3.9, 3.10, 3.12, 4.15, 4.16, 4.17, 4.18, 4.21, 4.22, 4.23, 4.24, 4.25, 4.26, 4.27, 4.28, 6.3, 6.4 , 6.6, 6.7, 6.9

Emmerson, British Teapots & Teadrinking 12.10, 12.11

Hamburgisches Museum für Völkerkunde 12.12

Hübner, Peter Titelseite »Teezeremonie«, 2.10, 2.18, 2.23, 2.32, 2.33, 2.35, 2.36, 2.6, 2.8, 2.9, 8.1, 8.10, 8.12, 8.13, 8.14, 8.15, 8.2, 12.1, 12.4, 12.5, 12.6

Janssen, Ernst 2.15, 3.4, 3.6, 4.33, 4.34, 4.35, 4.36, 6.5

Kuhaupt, Christina 4.19, 8.11, 8.16, 10.1

Kürschner, J., China 2.16, 2.17, 2.19, 2.20, 2.22, 2.25, 2.26 , 2.30, 4.3

Schindler, H., Monografie des Plakats 2.29

Simonsohn, Barbara 8.7, 8.8, 8.9

Staatliche Museen Kassel 8.3, 8.4

Staatsbibliothek Berlin, Preußischer Kulturbesitz 2.21

Thomsen, John. Through China with a Camara Titelseite »Chinesische Teehändler«, 2.27, 2.34, 4.2

Trotz sorgfältiger Recherche war es nicht in allen Fällen möglich, die Rechteinhaber zu ermitteln. Berechtigte Ansprüche werden selbstverständlich im Rahmen der üblichen Vereinbarungen abgegolten.

Index

A

Alexis, russ. Zar 45
Alkaarts 50
Almeida, Luis d' 30, 44
Alterung 12, 172
Antioxidantien 155, 156, 159, 162, 170
Aufbrühtemperatur 173, 184

B

Banerjee 78
Bankruutsketel (Bankrottkessel)
    52, 163, 275
Banks, Sir Joseph 82
Bentinck, Lord William 58
Berliner Blau 48, 64
Bertoni, S. 205
Bingen, Hildegard von 33, 34
Blutdruck 173
Blutzucker 172
Bodenqualitäten 76
Bodhidharma 17
Bontekoe, Cornelius 50, 163
Botaro, Giovanni 44
Braganza, Katharina von 49, 270
Brombeerblätter 167
Bruce, Robert 16, 57, 82
Buchenblätter 83, 168
Buhrmann Kramer, Pieter u. Gerjet 52
Buttertee 269
Buurmann 169

C

Calvin, Johannes 35
Calvinisten 47, 50, 163
Camellia sinensis
    var. assamica 73, 81
    var. bohea 73, 78
    var. japonica 73, 80
Carson, Rachel 133
Cassel, Carl Philipp 56
Chadō 28, 264, 267
Chanoyu 29, 264
Charles II., engl. König 49, 270
Charlton, Andrew 83
Chasen 29, 266
Cholesterin 173
Churchill, Winston 68
Cleyer, Andreas 117
Coffein 154, 160, 161, 168, 192, 194,
    196, 228, 252

Covilhao, Pedro de 41
Cruz, Caspar da 44
CTC-Verfahren 111, 115, 118, 119, 218

D

Deckelbecher 137, 261
Degustation 135
Dermatologie 171
Deutscher Teeverband e. V.
    129, 130, 131, 134
Dhool 124
Diaz, Bartoloméo 41
Dirx, Nicolas 50
Dohm, C. W. 72
Doornkaat-Koolmans, Jan ten 65

E

Eckermann, Johann Peter 56
Eelking, Max von 168
Eisai, jap. Mönch 26, 81
Eison, jap. Mönch 26
Entgiftung 157

F

Fachausdrücke
    qualitätsbezeichnend 139
    sortentypische Beschreibung 138
Fair-Trade 134
Firmen 128
    Ataku 116
    Behrens 130
    Brooke Bond 112
    Buhle, H. C. 128
    Bünting 130
    Great Atlantic & Pacific Tea Company 58
    Hälsson & Lyon 128
    Harrison & Lake 106
    James Finlay & Co 112
    Kairiyama 116
    Lipton Co., Thomas J. 63
    Ronnefeld 258
    Twinings 63
    Wesenberg, F. P. 128
Flüssigkeitsaufnahme 12, 171, 173, 174, 190
Fontane, Theodor 56
Food and Drug Administration (FDA)
    205, 207
Friedrich II. 52, 54
Frois, Luis 44
Fugger 41

G

Gama, Vasco da 41, 43
Gastronomie 258
Gifteinsatz 133
Gips 48, 64
Goethe, Johann Wolfgang von 56
Goujaud, Aimé 115
Grünspanpulver 48, 64

H

Handelskompanien
    Assam Tea Company 59, 83
    East India Company (EIC)
        36, 46, 48, 51, 58, 62, 83, 270
    Königlich-Preußisch Asiatische Compagnie
        52
    Vereenigde oostindische Compagnie
        (VOC) 35, 41, 50, 72, 117
Hanway, Jonas 51
Heine, Heinrich 56
Hertz, Henriette 56
Hideyoshi 28
Hnatiuk, Wladimiro 115
Honig 197
Hybriden 58, 66, 83, 91

I

Ignatjew, russ. General 63
Imfeld, Al 112

J

Jat 83
Johnson, Samuel 51, 165

K

Kaempfer, Engelbert 46, 51, 72
Kang-hsi, chin. Kaiser 23
Karawanentee 45
Katechine 154, 158, 172, 183, 184
Kinder 156, 171, 174, 193
Kissayoki 26, 81
Klimabedingungen 76
Klonen 84
Kobbe, Theodor von 168
Kolumbus, Christoph 41, 43
Konfuzius 19
Köppen 169
Krankheiten 207
    Allergie 195
    Arteriosklerose 156, 173, 272
    Coronarerkrankungen 160, 173
    Diabetes 172
    Gicht 168
    Haut 171

Herz-Kreislauf 170, 195
Infarkt 156, 161, 173
Infektionen 171
Karies 156, 160, 171, 193, 273
Krebs 156, 157, 158, 159, 170, 270
Malaria 167
Nieren 195
Osteoporose 156
Rheuma 156
Schlaganfall 156, 173
Seuchen 32, 47, 155, 163
Skorbut 42, 47, 155
Tuberkulose 167
Krebsforschung 161, 162, 171, 173
Kuo P'o 17, 246

L

Lao-tse 19
Leibniz, Gottfried Wilhelm 50
Lessing, Gotthold Ephraim 56
Li-Chi-Lai 26, 246
Linné, Carl von 72, 73
Linschoten, Jan Huyghen van 44
Lipton, Thomas J. 63, 106
Llamás, Antonio de 115
Loayza, Francisco 119
Londoner Teebörse 83, 138
Lu-Yün (Lu Yu) 20, 260
Luther, Martin 34

M

Maccha (Matcha) 266, 268
Maffei, Giovanni Pietro 44
Magellan (Magalhães), Fernão de 42
Merzenich, Bernd 112
Milch 199, 275
Missionare 30, 38, 43, 44, 113, 242

N

Nachzucht 84
Nahrungsmittelvergiftung 172
naturidentisch 126
Naville, Jorge 115
Nieuhof, Johan 45, 260
Nobunaga 28
Nortier, Dr. 231

O

Olearius, Adam 45, 51
Opium 37, 56, 63
Opiumhandel 58, 82, 128
Opiumkrieg 57, 58, 127
Oranien, Prinz von 35, 41

P

Perry, Matthew C. 61
Pestizide 177
Pflanzenkrankheiten 88, 176
   Rostpilz 106
   Schädlinge 87
Pflückzeiten
   Ceylon/Sri Lanka 108
   China 94
   Indien 103
Popow (Popoff), Gebr. 63
Pückler-Muskau, Hermann Fürst von 56

Q

Quinmao-Teebaum 74, 78

R

Radikale 157, 158, 170, 172, 234
Rambach 168
Ramusio, Giovanni Batista (Giambattista) 44
Raucher 170
Rechteren, van 45
Reil, Johann Christian 165
Reischauer, Edwin O. 29
Ricci, Matteo 38, 44
Richard, David 207
Rodrigues, Joao 30, 44
Rückstandsbelastungen
   93, 133, 134, 175, 176, 177, 178, 253
Ruggieri, Michele 39, 44

S

Saichō 26, 80
Säure-Basen-Gleichgewicht 13, 156
Schiffe
   Ariel 64
   Burg von Emden 53
   De junge Berend 53
   Fiery Cross 64
   König von Preußen 52, 53
   Lord of Isles 59
   Oriental 59
   Prinz Ferdinand 53
   Prinz von Preußen 53
   Stornoway 59
   Teaping 64
Schiller, Friedrich von 56
Schopenhauer, Christiane 56
Schortinghuis, Wilhelmus 52, 163
Schwangerschaft 194
Scott, David 82
Seladon 23
Shen-nung, chin. Kaiser 19

Shennong 79
Shi-huang-ti, chin. Kaiser 16
Shomū, jap. Kaiser 26
Signaturenlehre 33
Sklaven 36
Skorbut 163
Smouchen 49, 168
Steinthal 62, 103
Stevia rebaudiana 205, 207
Stiftung Warentest 177
Stölcke 62
Storkow, Wassili 45
Stress, oxidativer 170
Süßstoff 201–204
Süßstoffverband e. V. 201

T

Taylor, James 106
TCM (traditionelle chinesische Medizin)
   246, 252
Teataster (Teekoster) 128, 135, 137, 138
Tee-Weg 100
Teeanbau 76, 86
   bio-organisch 86, 88, 176, 177
   konventionell 86
   Mineraldünger 175
   Nährstoffe 175
Teeanbaugebiete 91
   Afrika 111
   Argentinien 115
   Australien 116
   Bangladesh 116
   Brasilien 116
   Ceylon 67
   China 92, 95
   Ecuador 116
   Europa 86
   Formosa/Taiwan 99
   Indien 101, 104, 105
   Indonesien 117
   Japan 100
   Korea 118
   Malaysia 118
   Mittelamerika 118
   Myanmar 120
   Nordamerika 86
   Papua Neuguinea 118
   Peru 119
   Portugal – São Miguel 119
   Sumatra 118
   Thailand 120
   Vietnam 120

Teearten 217
  aromatisiert 126
  Blüten- und Gewürztee 126, 229
  Echter Tee 219
    halbfermentiert / Oolong 123, 220
    postfermentiert / Pu' Erh 122, 220
    unfermentiert / Grüner Tee 121, 219
    vollfermentiert / Schwarzer Tee
    124, 220
  Früchtetee 229
  Kräutertee 227
  La Pacho 229, 236–241
  Mate 228, 242
  Pu' Erh 99, 122, 246
  Rooibos 70, 228, 231
Teeblüten 75
Teebörse 58, 83, 127, 128, 135, 138
Teegerbstoffe 157, 160
Teegeschirr 179, 212
Teemeister, chin. 26
Teemeister, jap. 27
  Jō-ō 28
  Okakura, Kakuzō 15, 29, 68, 267
  Rikyū, Sen Soeki 28, 264
  Shukō, Murata 27
  Soshitsu Sen XV 264
Teepilz 122
Teerituale
  chinesisch 260
  englisch 270
  friesisch 274
  japanisch 264
  orientalisch 272
  russisch 273
  tibetisch 269
Teesorten
  Grüner Tee 221
  Oolong Tee 223
  Schwarzer Tee 223
Teesteuer 16, 65, 67, 70
Teeverkostung 127, 135, 137
Teewirkstoffe
  Grün-, Schwarztee 154, 162, 170, 173
  La Pacho 236
  Mate 243
  Pu' Erh 251
  Rooibos 232
Teezeremonie, jap. 29, 30, 70, 264
Teeziegel 269
Teezubereitung
  Aufbrühtemperatur 184

Blattmenge 182
  Ziehzeit 182, 184
Temperamentenlehre 32, 50
Thea assamica 16, 57
Thea japonica 25
Thea sinensis 16, 25
Torre Mar, Benjamin de la 119
Transfair-Tea 134
Treckpott 188, 275
Tributgärten 92
Tributtee 80, 92, 97
Trinkwasser 12, 13
Tscha-king 20
Tulp, Nikolas 50
Twining, Thomas J. 271

U
Uhland, Ludwig 56
Unverträglichkeit 196
Urasenke-Stiftung 264, 268

V
Valignano, Alessandro 39
Varnhagen, Rahel 56
Verbraucherschutz 134, 177
Vitamine 155

W
Waldschmiedt 163
Wasseraufbereitung 12
Wasserhaushalt 172
Wasserqualität 12, 188
Welser 41
Wildwuchs 74

X
Xavier (Xaver), Franz 43, 44
Xibo 246
Xuemin, Zhao, chin. Arzt 246

Y
Yoshima, Shogun 27

Z
Ziegeltee 21, 45, 66, 262, 269
Ziehzeiten 185
Zitrone 200
Zucker 197
Zuckerarten 198
Zuckeraustauschstoffe 202, 205
Zweitaufguss 184

Die Teevolution. mono.

Wenn Teeblätter

Glück haben,

landen sie in einer

mono-Teekanne

www.mono.com

Wilfried Rappenecker

Yu Sen – Sprudelnder Quell

Shiatsu für Anfänger

Wilfried Rappenecker

Fünf Elemente und zwölf Meridiane

Ein Handbuch für Shiatsu, Akupunktur und Körperarbeit

Das Standardwerk für eine Shiatsu-Aus-bildung und jeden, der Zugang zum Shi-atsu finden möchte. Die detaillierten, meist ganzseitigen Abbildungen erleich-tern das Lernen. Der Inhalt orientiert sich an den Ausbildungsprogrammen namhafter Shiatsu-Schulen in Europa und den USA.

Wilfried Rappenecker ist Arzt für Allge-meinmedizin. Als Leiter der *Schule für Shiatsu Hamburg* und Mitbegründer der *Gesellschaft für Shiatsu in Deutschland (GSD)* gilt er als einer der profiliertesten Vertreter professioneller Shiatsu-Thera-pie. Seit 1999 unterrichtet Wilfried Rap-penecker regelmäßig an den Internatio-nalen Shiatsu-Schulen Padua und Graz.

164 Seiten, 116 Abbildungen 22 x 27 cm
ISBN 3-927359-05-X

Die Lehre der Fünf Wandlungsphasen bietet in einzigartiger Weise Zugang zu einem ganzheitlichen Verständnis der Lebenssituation eines Klienten, zeigt Wege zur Behandlung auf und ist oft Be-standteil von Shiatsu-, Akupunktur- und anderen Körpertherapie-Ausbildungen. Dieses Buch weist sehr ausführlich in die Theorie der Fünf Elemente ein, wobei die Manifestationen der Elemente im Körper und in der Psyche des Menschen einen besonderen Schwerpunkt bilden. Dieser Titel ist auch in einer **Cassetten-version für Blinde und Sehbehinderte** erhältlich beim Bayerischen Blinden- u. Sehbehindertenbund e.V., www.bbsb. org.

160 Seiten, 40 Abbildungen, 17 x 24 cm
ISBN 3-927359-09-2

Shizuto Masunaga

Meridian Dehnübungen

Masunaga, der Begründer des weltweit verbreiteten Zen Shiatsu, ent-wickelte die Meridian Dehnübungen anlehnend an traditionelle öst-liche Methoden und schuf so ein vollständiges Übungssystem zur Selbsthilfe, aber auch für Therapeuten und Sportler.

Im Gegensatz zu westlichen Übungssystemen geht es nicht darum, Bewegungsab-läufe nur nachzuahmen oder in bestimmten Körperregionen zu kontrollieren, son-dern den Körper als Einheit so zu bewegen, wie er es möchte. Damit werden Bewe-gung, Atmung und Imagination in Einklang gebracht.

Die Übungen wirken immer auf den gesamten Menschen und sind eine Wohltat für Körper und Geist, denn sie fördern Entspannung, Beweglichkeit und Vitalität, stär-ken Ausdauer und Gesundheit.

224 Seiten, 250 Abb., 17 x 24 cm, ISBN 3-927359-08-4

E.J. Eitel

Feng Shui oder Die Rudimente der Naturwissenschaft in China

Der Missionar E.J. Eitel studierte Feng Shui jahrzehntelang in China und verfasste die einzige detaillierte Aufzeichnung der chinesischen Lehre der Harmonie zwischen Mensch und Natur, die zu der Zeit entstand, als China noch davon beherrscht war. Der historische Text ist jedoch mehr als eine wissenschaftliche Studie. Der Autor ermöglicht ungewollt Einblicke in das Denken einer Epoche, in der viele der heute herrschenden Mißstände konkrete Formen bekamen. Die einzige deutschsprachige Ausgabe des erstmals 1873 in London veröffentlichten Buches erscheint hier bebildert mit Stahlstichen von Thomas Allom aus 1843 und Fotos von Ernst Boerschmann, entstanden während einer China-Reise von 1906 bis 1909.
134 Seiten, 30 Abbildungen, ISBN 3-927359-10-6

Walter Exner

Kirschblüten und Ahornlaub

Die im Jahre 1235 entstandene Sammlung *Hyakunin isshu – Hundert Gedichte –* ist die bedeutendste Gedichtsammlung Japans vom 7. - 13. Jh. Die Gedichte verleihen den Empfindungen Ausdruck, die für alle Zeiten ihren festen Platz im menschlichen Gemüt einnehmen und keiner Wandlung unterworfen sind. Das macht den Reiz jener Dichtung aus, die zu dem Besten zählt, was in japanischer Sprache verfasst worden ist und ihren Rang bis heute ungeschmälert behalten hat. Sie erscheinen hier in einfühlsamer und silbengetreuer Übertragung, bebildert mit *Katagami*, Papierschnitten, die sich zum Ende des 19. Jh. aus den japanischen Färberschablonen zu einer eigenen Kunstform entwickelt haben.
156 Seiten, 16 Abbildungen, 16 x 16 cm, Leinengebunden mit Schutzumschlag, Siebenberg-Verlag ISBN 3-87747-011-4

Felicitas Hübner Verlag
www.huebner-books.de